陳木杉著

從函電史料觀抗戰時期汪精衛集團治粵梗概

宋晞題簽

臺灣學生書局印行

自序

近年來隨着檔案史料的公佈及言論尺度的放寬，海峽兩岸歷史學者對反面歷史人物的研究，如汪精衛之流，有愈來愈受重視之趨勢。筆者不揣淺陋於民國八十四年二月由學生書局出版《從函電史料觀抗戰時期的蔣汪關係》一書，引起學界不少讀者的迴響，給予本人莫大的鼓勵。

今再以《從函電史料觀抗戰時期汪精衛集團治粵梗概》爲題出版續集，是希望引用台灣地區第一手《汪僞資料檔案》中，上百封關於汪精衛與廣東省的函電史料，進一步研析比對，逐一探討日僞侵略廣東眞相及汪精衛控制廣東的手段與方法，例如研究汪對廣東省的黨、政、軍、財經、金融、警特、文教、宣傳、僑務等問題的運作梗概，藉此讓世人知曉日本侵華眞相、中國抗日的決心，淪陷區的實況，進一步促使兩岸公開《汪僞檔案》史料，使抗日戰史的研究趨於全面性與眞實性。本書得以順利付梓出版，承蒙宋師旭軒賜予題封及台灣學生書局丁文治先生的鼎力支持，謹致由衷的感謝。

陳木杉

民國八十五年七月五日謹誌於斗六市國立雲林技術學院

從函電史料觀抗戰時期汪精衛集團治粵梗概

目錄

廣東省陳主席耀祖玉照

委員兼財政廳長汪宗準

委員兼民政廳長王英儒

委員兼建設廳長張幼雲

委員兼教育廳長林汝珩

委員兼秘書長周應湘

委員兼警務處長汪屺

委員兼特派交涉員周秉三

委員兼廣州市長周化人

廣東省政府委員黃子美

廣東省政府委員鮑文

廣東省政府正門

廣東省政府

廣東省政府成立典禮攝影

廣東省第一次市縣長會議
全體出席長官合攝

廣東省第二次市縣長會議陳主席致詞

廣東省第三次市縣長會議陳主席致詞

東亞新聞記者大會開會情形

交接沙面英租界行政權典禮

沙面特別區署首次舉行昇旗禮

廣東全省第十五次運動大會會場全景

汪主席檢閱本省童軍

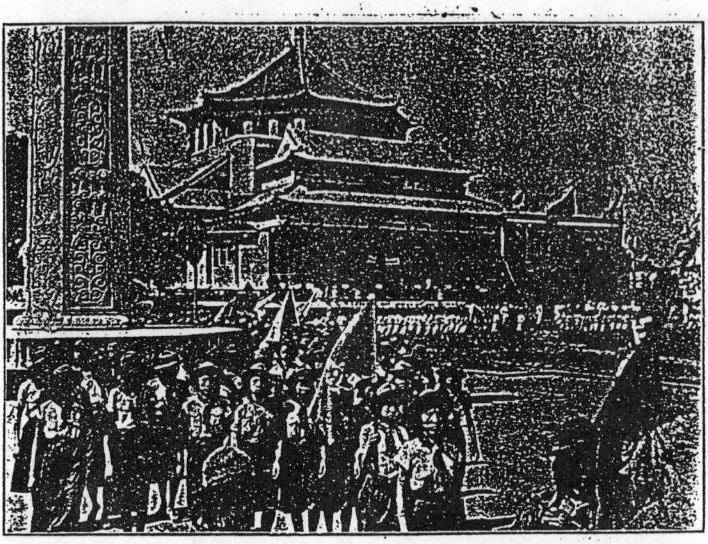

受檢童軍舉行分列行陣

廣東各界慶祝中日締約週年紀念大會盛況

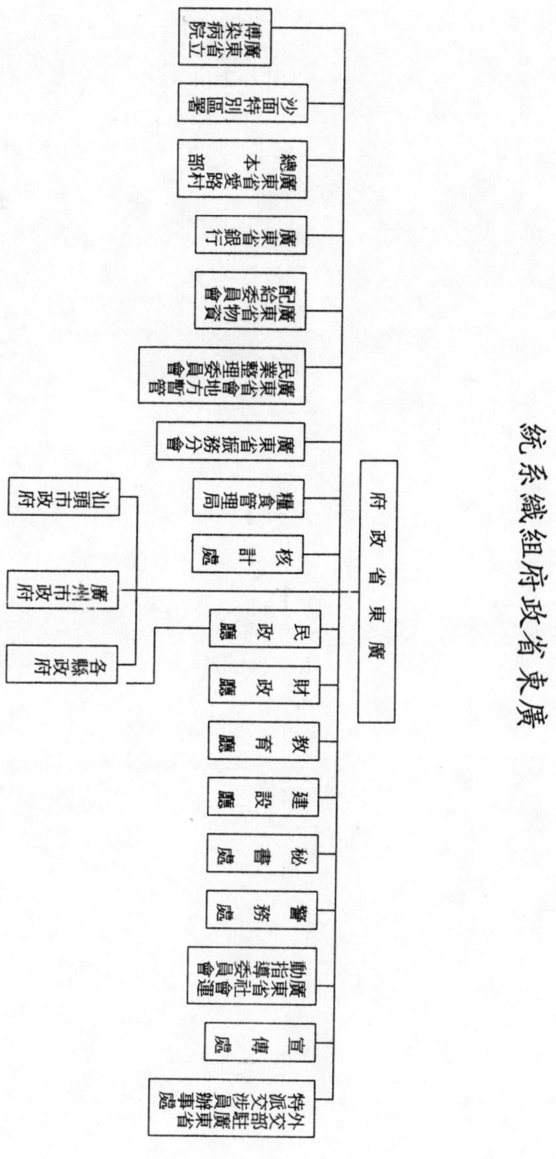
廣東省政府組織系統
廣東省政府
廣東省立傳染病院
沙面特別區署
廣東省愛路村總本部
廣東省銀行
廣東省物資配給委員會
廣東省會地方暫管民業整理委員會
廣東省振務分會
糧食管理局
核計處
民政廳
財政廳
教育廳
建設廳
秘書處
警務處
廣東省社會運動指導委員會
宣傳處
外交部駐廣東省特派交涉員辦事處
汕頭市政府
廣州市政府
各縣政府

第一章　緒言

從民國二十七年（一九三八）十二月十八日汪精衛叛離重慶國民政府開始，至二十九年（一九四〇）三月三十日以所謂「還都」形式僭立「汪僞政權」於南京起，一直到三十四年（一九四五）八月十六日終隨日本戰敗而潰散，其間歷時六年七個月。綜觀汪僞政權之歷史，從形成到覆沒的過程，與從抗戰到勝利，係同一歷史過程之兩面。因此研究汪僞政權之歷史，至少有幾項作用：其一、藉以瞭解日本侵略中國眞相；其二、更加肯定抗戰決策之正確與價值；其三、有助於瞭解淪陷區內實際狀況；第四、使抗戰史研究趨於全面性。

筆者以《從函電史料觀抗戰時期汪精衛集團治粵梗概》爲題，是希望引用台灣地區第一手的《汪僞資料檔案史料》中上百封關於汪精衛與廣東省的函電史料，進一步研析比對，分成八章十八節，逐一探討日僞侵略廣東眞相及汪精衛控制廣東的手段與方法，例如對粵省黨政、軍人事的佈局運作梗概，對粵省財政、經濟、金融的掌控梗概，對粵省的警政、特工、軍訓運作梗概，對粵省的文教、宣傳、僑務涉外問題的運作梗概等等，藉此讓世人瞭解日本侵華眞相及中國抗日的決心和淪陷區的實況，最後期盼促使海峽兩岸史政當局能進一步公開《汪僞檔案》史料，使抗日戰史的研究能眞正趨於全面性，以還民國史和中國現代史本來之面貌。

第二章　研究動機與方法

第一節　研究動機與目的

湯恩比於史學研究中，論及處理一國的歷史，指出兩大重點：第一，沒有一個國家的歷史，能由國內一切事務的變化，來說明一切。歷史的造成，不是單獨由於國內的力量，而是由於更廣泛的因素，特別是外在的關係。第二，由於這種廣泛因素所形成的單獨事件，一定要在全體的、綜合的、統盤的衡量下，才能瞭解這些單獨事件的演變和意義。這位英國著名的歷史家又指出：在任何歷史研究中，要瞭解某一特定人物，在某一特定事件中所表現的行為，一定要把他對手方的行為和反應，以及在行為時所處的全面環境和綜體情況，鑑衡至當，否則無法得其要領。

我們討論抗戰時期的中國（一九三七至四五年），就要本此精神，有此認識。

中國自鴉片戰爭以來，即受外來列強的壓迫。研究中國歷史，如不體認這點，就無法知其底蘊。不平等條約使列強損害了中國在政治、經濟、司法各方面的主權。這不平等條約直到第二次大戰後期，一九四三年一月十一日由英、美與中華民國締結平等新約後，方告完全取消。

在中國的國際關係上，日本、蘇俄、英國是三大剋星。這三強侵略中國的方法，各不相同，但欲損害中國，攫取特權的目的，則並無異旨。

第二次中日戰爭時，日本為中國的對敵，明槍交戰，壁壘分明。蘇聯的情形不同。蘇聯名為中國的朋友，事實上祇是利用中國抗日，來防禦其東方的敵手—日本。同時趁機扶植中共，赤化中國。佯結為友，實為內敵。但自一九四一年四月十三日蘇聯和日本簽訂中立協定以後，中蘇關係，破綻立顯。所以一九四一年是關鍵性的一年。

一九四一年一月，中共公開反抗中央，新四軍在蘇北作亂，叛跡顯然。同年十二月，日本偷襲珍珠港。蘇聯認為日本的命運，已經註定，必為美國擊敗。因之，蘇聯不必再依靠蔣委員長所領導的「舊中國」，而全力支持以毛澤東為首的「新中國」。蘇聯所企求的，不是統一的中華民國，而是赤化的蘇維埃中國！

日本進襲珍珠港以後，英美與中國結為盟邦。英國在遠東作戰，目的為保持固有帝國主義的利益，英國迄今仍保有香港。美國對遠東並無殖民地主義的野心，但以美英傳統歷史關係，尤以所持的遠東政策，往往桴鼓相應，所以中國對美國也無法完全放心。加以戰時民族主義的高潮澎湃，沒有一個國家為保衛獨立自由，而對外作戰時，能容忍另一外力的壓迫或干涉！

我們一刻不可忘記：抗戰時南京有一以汪精衛為首的偽政權。中央政府為消滅這偽政權，自身一定要保持獨立自主的立場和國權。有一次，周恩來親口對季辛吉說：「蔣介石先生具有堅強的民族自尊心。」毛澤東對日本的一個政客訪問團也說到：「蔣先生是一位愛國者。」這種由蔣總統在戰時領導全民，發揚蹈厲自尊自主的精神，在我們研究戰時中美關係時，特別在檢討史迪威事件，和馬歇爾使華調解國共問題時，必須牢記在心，不可或忘。

在國際間打交道時，欲把盟國的「友誼勸告」和「政治干涉」，劃分清楚，十分爲難。自美國參議院調查委員會公佈了中央情報局在海外的一切秘密活動後，我們殊覺觸目驚心，回想美國於戰時在中國的所作所爲，不能一概認爲心地純善，一無他意。

研究歷史的第二個重點，就是在研究個體時，必須體驗全體的局勢和發展。我們不能見樹不見林，我們以手指指望月亮，眼光應集中在月亮，而不能集中在手指。如祇望手指，而不望月亮，不但見不了月亮，連自己的手指，也覺茫然迷目了！

這個比喻，可適用於我們討論抗戰時期的中國。戰時中國最先關切的，是軍事第一，勝利爲先。除此之外，都爲次要。以軍力和物力言，中國實非日本之對手。祇是因爲中國有堅苦卓絕的賢明領袖，用能領導全國，萬衆一心，抵抗到底，獲致勝利。但在作戰時，任何政府，難以討好人民。征兵要求人民的生命，徵糧要奪人民的生計，怎能博得萬家歡心！

這種瞭解戰時全般情況的前題，在討論每一特定問題，或某一特定人物時，必須先有體會。因爲歷史事實，祇有在全面局勢的範疇中，才能顯出其意義，也祇有具體敘述的事實中，才能體驗歷史的眞諦。一九三七至四五年的戰時中國，其最要目的，是不屈不撓，與盟邦並肩作戰到底，決不中途妥協。在這八年之中，中國艱苦備至，危險百出。但政府立場，堅定如一，貫徹始終。我們知道堅強的領導，爲政府抵抗外侮唯一的先決條件。政府戰時措施，無法盡如人意。但為贏得勝利，一切瑕疵，當難苛責！

我們知道戰時欲實行民主，實非其時。譬如組織聯合政府，無論結果如何，勢必減削戰時中國政府所必需的堅強領導中心。當一所房屋著火時，最要緊的，如何撲滅火燄。決不容許大家商量，議論盈庭，勸告救火的首腦，如何掌握或讓大家分掌水管，或討論這救火機，是否該上些機油！

歷史是連貫的，無法一刀兩斷。但是瞭解其中變化過程，不妨分別時期，予以斷代處理。一九三七至四五年，是中國抗戰時期。一九四五至四九年，是中國復員時期。中國抗戰勝利，是一九三七至四五年的獨特表現，也是中華民國的輝煌成功。一九四五至四九年，中國復員戡亂工作，未能悉如人意，導致失敗，咎有攸歸。但於此，我們仍不能不記住湯恩比的所說：一國的歷史，不能自免於外力的影響，同時研究某一事件，不能不聯想到其他有關一連串的事件，互為依伏，相為表裡。研究一個人的行為，不可不同時研究對手的行為和反應。眞理不能在某一單獨個體中存在，一定要在全體綜合的局勢中，通盤觀察，方能得其全盤眞相。

祇有在個體研究和全般瞭解的深度檢討和衡量中，我們才能體驗一些變演的眞相，才能為歷史作一公正的交代！

基於上述研究歷史，必須掌握：㈠內在與外在關係，㈡單獨與整體事件之關係，筆者多年來努力蒐集抗戰時期之史料，在偶然的機會蒐集到《汪僞資料檔案史料》其中數百封係第一手之函電史料；更有上百封是汪精衛與廣東省有關之函電史料，為使抗戰前後個體的歷史研究與全般歷史眞相，更加大白，筆者乃不揣淺陋先以函電史料爲核心，試以—《從函電史料觀抗戰時期汪精衛集團治粵梗概》爲題，希望作爲研究抗戰歷史的起點，進而作爲駁正中共曲解抗日戰史之鐵證，也是筆者撰寫本書最大的動機與目的。

第二節　研究方法與步驟

本書以《從函電史料觀抗戰時期汪精衛集團治粵梗概》爲題，所採取的研究方法與研究步驟，大致如下：

壹　研究方法

一、歷史研究法：先就抗戰歷史之背景、經過、結果，作一深入之研讀與瞭解，並對汪精衛及汪僞人物之個人歷史與廣東省的歷史背景，作一深入的研閱，側重其在抗戰前後的互動關係，配合當時國際局勢背景，作全般之觀察，以求資料之齊全。

二、內容分析法：就汪與廣東地區的汪僞政權人物往返之函電史料內容，加以分析比對考證，以求歷史之眞實。

三、統計分析法：希望將所有汪精衛在抗戰期間與廣東省有關之函電史料，加以分類統計後，作爲解釋史料之依據。

四、比較分析法：希望將海峽兩岸歷史學界有關抗戰時期汪精衛與廣東省有關係之論著，加以蒐集比較，並和函電史料加以印證，以求歷史原貌。

貳　研究步驟

一、先蒐集國內外有關抗戰時期汪與廣東省關係之論著，筆者已先後從法務部調查局蒐集到《汪僞檔案資料》，並從國史館、中國國民黨黨史會、中研院近史所、中央圖書館、行政院大陸委員會、美國國會圖書館、日本東洋文庫、大陸南京第二歷史檔案館等單位，蒐集到有關抗戰時期汪精衛與廣東省有關係之書籍與論文期刊多種。

二、先就原始（第一手）史料，精讀比對，略作統計。僅就函電史料所論及的重點，列爲本書研究之項目，大綱如下：

(一)汪僞集團與廣東黨務人事問題之關係
(二)汪僞集團與廣東省政人事問題之關係
(三)汪僞集團與廣東軍政人事問題之關係
(四)汪僞集團與廣東經濟運作問題之關係
(五)汪僞集團與廣東財政運作問題之關係
(六)汪僞集團與廣東金融運作問題之關係
(七)汪僞集團與廣東警政治安問題之關係
(八)汪僞集團與廣東特務工作問題之關係
(九)汪僞集團與廣東軍事訓練學校之關係

(十) 汪僞集團與廣東高等教育問題之關係

(十一) 汪僞集團與廣東文化宣傳問題之關係

(十二) 汪僞集團與廣東華僑事務問題之關係

上述每一項目，擬列入八大章十八小節大綱之中，按章節順序逐一撰寫，而在每一專文之後，筆者儘量附上原始函電史料或圖片加以佐證。

三、將所蒐集來之函電史料，參考其他相關論著，在註解中予以說明，使史料更加清晰易讀，使眞相更加浮現，對於無法考證或加註之史料，則以「待查」註明，供日後補正。

第三節　粵省史地之背景

壹　兩廣沿革名稱

春秋以前或謂之「雕題」，後稱「百越」。秦始皇平定，置南海、桂林、象郡。漢初爲南越國，武帝元鼎五年，伏波將軍路博德出桂陽（今連縣），下湟水；樓船將軍楊僕出豫章，下橫浦；歸義侯二人—戈船、下厲將軍，出零陵，或下離水，或抵蒼梧；馳義侯因巴蜀罪人，發夜郎兵，下牂牁江：咸會番禺（廣州）。南越平，遂置儋耳、珠崖，南海、蒼梧、九眞、鬱林、日南、合浦、交阯九郡。❶

三國屬吳。晉爲湘、廣二州。唐貞觀置嶺南邊，咸通分爲嶺南東道、嶺南西道。五代屬南漢。宋淳化爲廣南路，至道分爲廣南東路，廣南西路。元以後因爲廣東、廣西省。蓋以漢廣信縣（蒼梧）分畛也。以其原爲粵（越）地，故稱「東粵」、「西粵」；廣東簡稱「粵」，廣西便簡稱「桂」，因特產桂、秦爲桂林郡也。❷

貳　形勢完固，自成一地理環境，而攻守在因時勢

五嶺障其北，漲海環其南，自成奧區。趙佗王南越數十年，五代劉隱亨國四世。但盧循、徐道覆圖江東而敗，文天祥、張世傑存晚宋而亡。而黃巢、洪秀全自桂出湘，擾亂半天下。國民革命，以廣東爲策源地，推翻滿清，開創民國；革命軍北伐，亦以嶺南而統一全國。蓋嶺北爲兩湖、鄱陽盆地，一越盆舷，即可利用贛湘二水，風趣長沙、南昌，直達長江也。❸

參　廣東主要都市

廣州市，別名五羊城、穗城、越城、番禺、南海。秦漢南海郡治，東漢末徙交州治此。三國吳分交州立廣州。當東、西、北三江之會，南臨漲海，自秦迄今，爲嶺南政治經濟交通文化中心，兼擅海外貿易之盛，更爲中國唯一長久旺盛不衰之都市。虎門爲珠江口要塞，東南黃埔港，爲國民革命軍誕育地。城北白雲山，俯瞰全市，遠眺虎門。東北黃花岡有七十二烈士墓。越秀山有鎭海樓，山前爲宏偉中山紀念堂。六榕寺和花塔，梁大同造。光塔唐代伊斯蘭教建。光孝寺五代南漢劉嚴造。海幢寺即南平王府址。

中山縣，民國十四年紀念　國父，香山改名。東南翠亨村爲　國父與中國革命流血第一

人之陸皓東故里。伸出海中之半島曰澳門，與舊屬寶安之香港，夾珠江東西遙峙。西南新會之崖門，爲陸秀夫負宋帝昺沈海處。

曲江即韶關，城在北江上源湞、武二水之會。東北由梅關入贛，西北由屛石入湘，爲粵北第一重鎮。南六十里南華寺，乃禪宗六祖慧能南來演法道場，爲嶺外禪林之冠。

惠陽、潮安、高要，爲粵東西重鎮，南海（佛山）、汕頭、湛江、爲三大商場。海南島爲我國第二大島—僅次於臺灣，漢武平南越，置珠崖、儋耳兩郡。

粵東民衆物阜，接受海洋文化最早，近代人文鼎盛。明代中葉有陳白沙、湛甘泉理學，清代阮元督學兩廣，設學海堂，學風自此益盛。番禺陳澧，南海康有爲，新會梁啓超，皆卓然有成。其接受新思想，融會舊傳統，而推翻專制，創造民國，　國父其導師也。❹

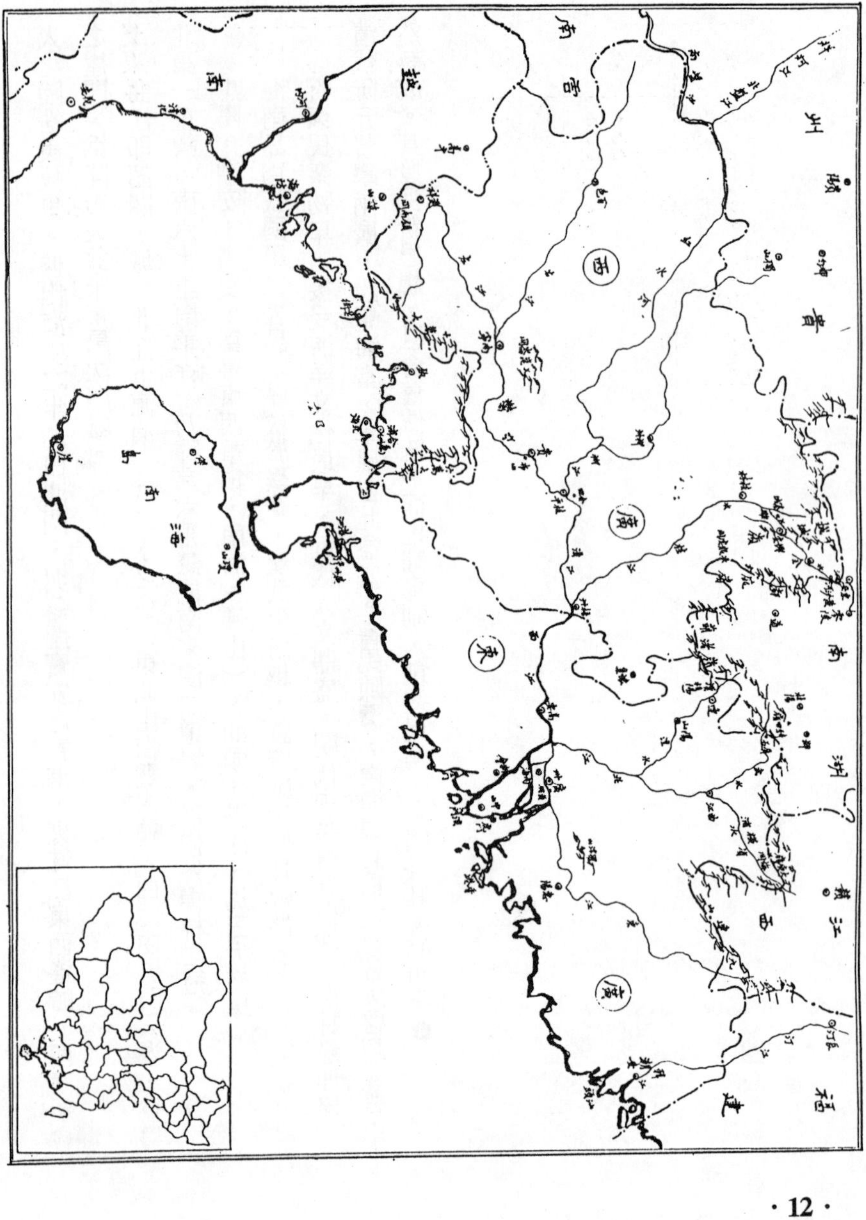

肆　現今中共治下的廣東省地方組織概況表

廣東省

縣級以上行政區劃❺

廣州市（省會副省級市）	番禺市　從化市　增城市　花都市
深圳市（副省級市）	
珠海市	斗門縣
汕頭市	澄海市　潮陽市　南澳縣
韶關市	樂昌市　仁化縣　南雄縣　始興縣　翁源縣　曲江縣　新豐縣　乳源瑤族自治縣
汕尾市	陸豐市　海豐縣　陸河縣
東莞市	
中山市	
江門市	台山市　新會市　開平市　恩平市　鶴山市
佛山市	順德市　高明市　南海市　三水市
肇慶市	高要市　四會市　廣寧縣　德慶縣　封開縣　懷集縣
清遠市	英德市　連州市　佛岡縣　陽山縣　清新縣　連山壯族瑤族自治縣　連南瑤族自治縣
潮州市	潮安縣　饒平縣
揭陽市	普寧市　揭東縣　揭西縣　惠來縣
雲浮市	羅定市　新興縣　郁南縣

河源市	梅州市	惠州市
和平縣 龍川縣 紫金縣 連平縣 東源縣	興寧市 梅縣 蕉嶺縣 大埔縣 豐順縣 五華縣 平遠縣	惠陽市 惠東縣 博羅縣 龍門縣
陽江市	湛江市	茂名市
陽春市 陽西縣 陽東縣	吳川市 雷州市 廉江市 徐聞縣 遂溪縣	高州市 化州市 信宜縣 電白縣
		總市
		二副省級市 十九級市 三十一縣級市 四十四縣 三自治縣

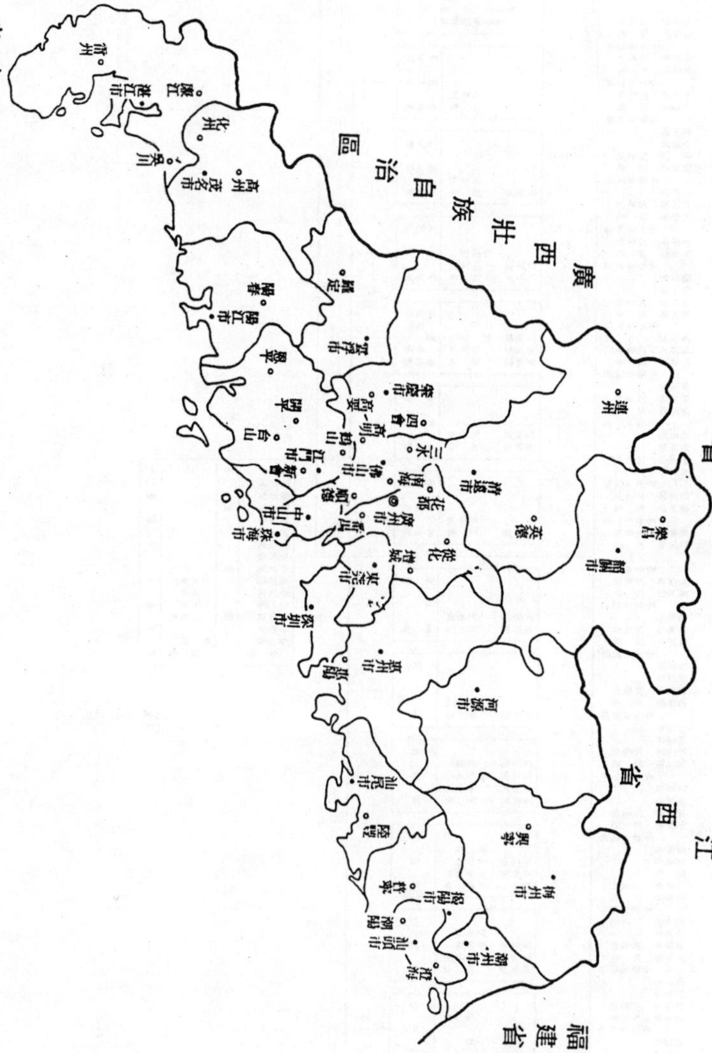
廣西壯族自治區
湖南省
江西省
福建省
海南省

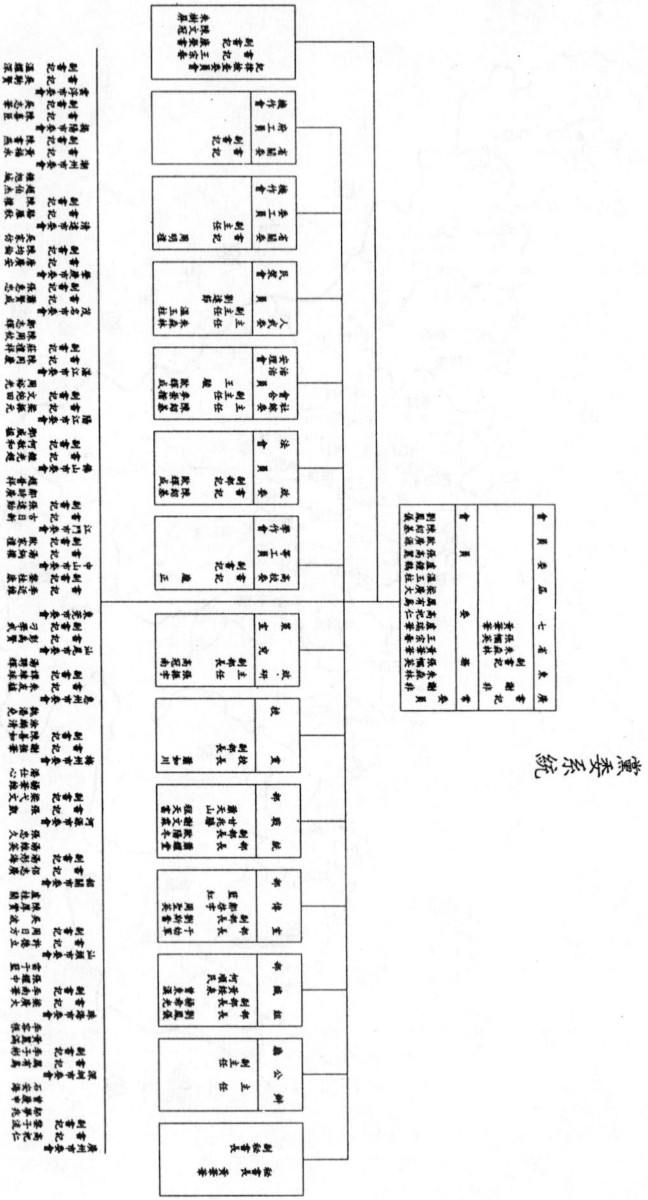
黨委系統

註釋：

❶ 王恢著《中國歷史地理提要》，（台北市，台灣學生書局印行，民國六十九年三月初版）頁五九～六三，「全國省區概況」。

❷、❸、❹ 同前❶，頁五九－六〇。

❺ 〈《中共地方組織表解》－廣東省部分〉，《共黨問題研究月刊》第二十一卷七期（台北縣新店市法務部調查局共黨問題研究中心出版，民國八十四年七月出版）頁一〇七－一〇八。

第三章 抗戰時期日僞政權控制下的廣東省概述

第一節 日軍侵略廣東省概述

日軍自全面侵華和佔領上海、南京之後，即部署向華中、華南進攻。❶民國二十七年（一九三八）五月中旬，國軍爲保衛武漢而集中九十個師，在大江南北與日軍展開激戰。日軍爲了擴大戰果，策應武漢會戰，切斷中國海上唯一的對外聯繫通道，於九月七日，在日本大本營御前會議上決定了攻佔廣州的計劃。❷

當時，華南守軍爲國軍第四戰區余漢謀部約十三個師十一萬人，重點置於廣州附近，一部分在福建及廣西沿海警戒。當武漢吃緊時，調用了廣東四個師和廣西守軍，使廣東的兵力只有八個師和二個旅，二個主力師佈防在廣九線上，粵東海防空虛，日軍偵悉大西灣一帶守軍少而無臨戰準備，乃決定在此登陸。❸日軍派遣第一〇四、十八、五師團，第四飛行團和海軍陸戰隊，包括艦艇、木船五〇〇艘，飛機一百多架，組成南支派遣軍，在第二十一軍團司令官古庄千郎中將指揮下，於民國二十七年十月七日前到達澎湖馬公集合，九日下午啓航，未受任何抵抗，於十一日黃昏到達惠陽縣大亞灣口，十二日凌晨在海、空軍配合下強行在澳頭下涌登陸，從登陸到佔領廣州，日軍共投入總兵力七萬人。❹

日軍在大亞灣澳頭登陸的第二天，即十月十三日，國軍第四路軍總司令部和廣東省政府，國民黨省黨部便急忙決定撤退到曲江、連縣，在英德至河源一線防守。因廣州棄守，余漢謀受記大過處分，革職留任，統率所部，後撤粵北，第四路軍奉命改編爲第十二集團軍，余仍任總司令。十一月下旬，中央軍事委員會改任張發奎爲第四戰區司令官，余漢謀爲第四戰區副司令官兼第十二集團軍總司令。民國二十七年十二月，國民政府令免廣東省主席吳鐵城本兼各職，改組廣東省政府，以曾參加過台兒莊、南潯線作戰的粵籍將領李漢魂接任（任至民國三十四年八月）並兼中國國民黨廣東省黨部主任。省黨部書記長則由余森文擔任。省府其他主要官員是：省府秘書長陳元瑛、民政廳長何彤、財政廳長張導民、教育廳長黃麟書、建設廳長鄭豐。省府人員於二月集中韶關辦公；是年冬，因粵北第一次會戰，暫向連縣疏散，後又遷回；民國三十四年一月，又因日軍侵佔韶關而遷到龍川，日軍退出後，又遷回，直到抗戰結束。因此韶關便成爲廣東戰時的省會，爲全省政治、軍事、經濟、文教的中心。

抗戰時期，廣東人口超過三千二百萬人。全省（包括淪陷區）設九個行政督察區，九十七縣，三市，三局，共一〇三個行政單位，實施「新縣制」的縣有六十八個。完全淪陷或部份淪陷的縣約占三分之一強，多是富庶之區。如珠江三角洲，沿海各地和琼崖幾乎全部淪陷。❺

日軍佔領廣州十多天後，迅即佔領南海、番禺、順德、從化、三水、花縣等地。民國二十八年二至六月，琼崖、潮汕等沿海廣大地區也相繼淪陷。日軍所到之處，殺人放火，姦淫擄掠，逼得人民到處逃難，流離失所，家破人亡。日軍侵佔陽江縣南鵬島後，大肆屠殺和姦淫擄掠，強迫群衆爲其開鎢礦、婦女爲營妓，稍不順從，即行殺害。礦工每天做苦工十二小時以上，生病得不到醫治，病重的往往被拋下海或活埋，七年中死於日軍之手者近四千人。❻

在潮汕地區，澄海庵埠一村莊被日軍屠殺四千人；汕頭附近鳥橋一帶餓死者四百餘人；潮陽縣自民國三十年（一九四一）三月淪陷至十月，餓死者每天平均四十人以上。❼在琼崖地區，據不完全統計，抗戰期間死於敵人暴行虐政者有二十餘萬，被焚毀屋宇五萬餘間。❽日軍暴行，不勝枚舉。

第二節 日偽統治廣東省概述

爲了實現「以華治華」的目的，日軍乃嗾使一些漢奸政客建立僞組織和僞政權，民國二十七年（一九三八）十二月十日，廣東僞「治安維持會」在廣州成立，彭東原爲會長，呂春榮爲副會長。[9]

民國二十八年（一九三九）汪精衛到廣州，與日本華南派遣軍司令長官安藤利吉中將會談，乞求他支持成立僞中央政府，並策劃在廣州建立僞政權和對廣東地區國軍進行誘降活動。民國二十八年八月九日，汪精衛在廣州發表廣播講話，對廣東國軍將領勸降。此後，汪還數次到粵活動。除了國軍第一軍軍長兼閩粵邊軍總指揮黃大偉率部投敵外，絕大部分駐粵的將領和高級黨政官員均發表通電駁斥和聲討汪精衛。[10]

民國二十九年（一九四〇）四月二十四日，汪僞國民政府行政院任命陳公博兼僞廣東省長。陳耀祖爲僞代理省長兼建設廳長和省保安司令。王英儒爲僞民政廳長，汪宗準爲僞財政廳長，林汝珩爲僞教育廳長，李道軒爲僞警務處長，周應湘爲僞秘書長，彭東原爲僞廣州市長，雖然上述的僞職、機構仍有些變化，但一切大權均操在日軍的手上。[11]

民國二十九年九月九日，在廣州成立「東亞聯盟協會」，置於日本顧問、特務控制之下，以陳耀祖（汪精衛妻舅），李謳一爲名譽會長，並在佔領區各市縣籌設分會或維持會等組織，開展反共反蔣的「和平」（投降）運動，並大量傾銷日貨。[12]敵僞在淪陷區內，肆意搜刮資財，截斷僑匯，發行「軍票」和「僞幣」，壓榨工農，摧殘實業，使工廠倒閉，商業凋零，經濟崩潰，餓殍遍地，廣大人民陷於水深火熱之中。

日軍在淪陷區內，實行殘酷的殖民統治。在廣州設立日軍憲兵總司令部，下設各區分部、分駐所。全市由日本憲兵和警備隊控制。日軍肆意踐踏人權，滅絕人性，使廣東人民失去生存自由和安全保障，宛如置身人間地獄；還實行奴化、毒化、賭化的亡華政策，使漢奸囂橫，烟毒盛行、妓館林立、毒品充斥；又推行奴化教育，強迫學生學習日語，焚禁各種愛國、進步書刊，使原有的文化教育事業遭到嚴重的破壞，又強抽壯丁作苦工或僞軍，視同牛馬。[13]淪陷區人民日夜掙扎在饑餓線上，例如潮汕地區竟有食人肉充饑者。有些合作社表面爲中日合辦，實際上全由華人出資，日人強入空股，分享其利，變爲日人操縱物價、榨取商業財富的主要機構。此外日貨充斥市場，月奪資金三千萬元。[14]

民國三十年（一九四一）十二月二十五日，日軍佔領香港。汪精衛派陳璧君、褚民誼、林柏生等前往，對滯留香港的國民政府重要軍政人員進行招降活動，但效果甚微。陳濟棠拒絕會見陳璧君等人，並冒險出走重慶（後任農林部長）；國民政府駐香港代表陳策也帶領幾十人出走韶關。廣東的傀儡政權始終不穩定，因爲在日軍鐵蹄下的廣州十分蕭條，廣大鄉村多在抗日政權之手，所以捐稅不足，財政困難，加上敵僞內部的派系矛盾重重，日軍的嚴格控制，抗日力量的威脅，使日僞政權危機四伏。[15]

隨著抗戰的持續發展，日軍與汪僞內部厭戰、反戰情緒不斷增長。民國三十年七月三十一日，廣州發生日軍集體自殺事件。[16]同時日僞軍投誠、起義及被消滅的也很多，到民國三十三年前後，各地敵僞政權也出現瓦解現象。[17]

註釋：

❶、❷蔣祖緣、方志欽主編：《簡明廣東史》，頁八二九。（廣東省：廣東人民出版社，民國八十二年（一九九三）七月第一版。）轉引自日本防衛廳研究所戰史研究室著：《中國事變陸軍作戰史》第二卷第二分冊。

❸同前❶，頁八三一。

❹同前❶，頁八三一。《中國事變陸軍作戰史》第二卷第二分冊。

❺蔣祖緣、方志欽主編：《簡明廣東史》，頁八三三，引自李漢魂：〈本省政務在抗戰期中所受影響及最近狀況和今後設施〉，《戰時粵政》（民國三十四年（一九四五）九月版）。

❻同前❶，頁八三七，引自《陽江文史》第三期。

❼同前❶，《簡明廣東史》，頁八三七，引自盧森：〈記澄海僞軍蘇斌反正〉，《廣東一月間》，（民國三十年（一九四一）十月號）。

❽同前❶，《簡明廣東史》，頁八三七，引自王欽寅：《瓊崖抗戰記》（民國三十九年（一九五〇）版）。

❾同前❶，《簡明廣東史》，頁八三七，引自《廣州百年大事記》（下），頁五〇四。

❿同前❾，引自《廣州百年大事記》（下），頁五〇七—五〇八。

⓫同前❶，《簡明廣東史》，頁八三七，引自蔡德金、李惠賢：《汪精衛僞國民政府紀事》，中國社會科學出版社，民國七十一年（一九八二）版。

⓬引自鄺蔭泉：〈廣州敵僞東亞聯盟協會的剖視〉，《廣東一月間》，民國三十年（一九四一）三月號。

⓭引自鄺蔭泉：〈痛苦廣州〉，《廣東一月間》民國三十年（一九四一）七月號；山濤：〈痛苦瓊崖〉，《廣東一周間》第四十一、四十二號，民國三十二年（一九四三）十二月二十六日。

⓮ 引自〈無限滄桑話汕頭〉，《廣東一月間》，民國三十年（一九四一）七月號。

⓯ 引自盧森：〈今日廣州的奸僞政治〉，《廣東一月間》，民國三十年（一九四一）三月號。

⓰ 引自《廣東大事記》，《廣東一月間》民國三十年（一九四一）七月號。

⓱ 同前❶，頁八三九。

第三節　汪僞治粤組織之概述

壹　前　言

廣東省地瀕南海，輻輳四達，爲華南鎖鑰，爲革命策源地。迨抗戰時期受日軍侵略及汪僞統治，長期以來史家對此一禁區，或因史料蒐羅不易，或因漢奸統治地區，一般研究者較少涉獵，近年來兩岸史學研究禁區打破後，淪陷區之研究題目有愈來愈多之趨勢，筆者僅就僞廣東省主席陳耀祖於民國三十一年五月出版之《廣東省政概況》一書，扼要摘錄部分史料，簡介汪僞集團在民國三十一年前後治理廣東省政組織之概況。❶

貳　廣東省行政組織概況

汪僞國民政府於民國二十九年三月三十日在南京成立後，宣稱一切法令，以適用民國二十六年十一月十九日以前施行者爲準則，因此汪僞廣東省政府乃奉汪僞國民政府明令於民國二十九年五月十日改組成立，所有廣東省府秘書處及民政、財政、教育、建設各廳之內部組織，悉照民國二十年三月二十三日公佈之省政府組織法辦理，以符法制，除省府委員會由省府各委員組織外，計秘書處設秘書室，第一、二、三、四各科及會計室，民政廳設秘書室第一、二、三、四、五、各科，財政廳設秘書室第一、二、三、四科，教育廳設秘書室，督學室第一、二、三、四、五科，建設廳設秘書室、技術室第一、二、三、四、五科，此外如警務處、核計處、宣傳處、社會運動指導委員會、糧食管理局、振務分會、廣州、汕頭各市政府，暨各廳附屬機關及各縣政府之組織，均遵照中央法令，體察情形，分別設置，更因事業關係，特設廣東省物資配給委員會、廣東省愛路村總本部、廣東省會地方暫管民業整理委員會，以爲分別負責處理之機構，爲處理沙面英租界行政權事宜，暫行設置沙面特別區署，以專責成。❷

一、省政府組織法

民國二十年三月二十三日國民政府公布同日施行民國二十九年十一月五日國民政府修正

第一條　省政府依國民政府建國大綱及中央法令綜理全省政務

第二條　省政府於不抵觸中央法令範圍內對於省行政事項得發省令並得制定省單行條例及規程但關於限制人民增加人民負擔者非經國民政府核准不得執行

第三條　省政府對于所屬各機關之命令或處分認爲有違背法令逾越權限或其他不當情形時得停止或撤銷之

第四條　省政府設委員九人至十一人簡任組織省政府委員會行使職權

省政府設主席一人由國民政府就省政府委員會中任命之

省政府委員會開會時省政府委員不得派代表出席

省政府主席及委員不得兼任他省行政職務

現任軍職者不得兼省政府主席或委員

第五條　左列各款事項應經省政府委員會之議決

一　關於本法第二條第三條規定事項

二　關於增加或變更人民負擔事項

三　關於地方行政區域之確定及變更事項

四　關於全省預算決算事項

五　關於處分省公產或籌劃省公營業事項

六　關於執行國民政府委託事項

七　關於地方自治監督事項

八　關於省行政設施或變更事項

九　關於咨調省內國軍及督促所屬軍警團防綏靖地方事項

十　關於省政府所屬全省官吏任免事項

十一　其他省政府委員會認爲應議決事項

第六條　省政府主席之職權如左

一　召集省政府委員會於會議時爲主席

二　代表省政府執行省政府委員會之議決案

三　代表省政府監督全省行政機關職務之執行

四　處理省政府日常及緊急事務

前項省政府委員會除例會外有委員三人以上之提議或主席認爲有必要時應召集臨

時會

第七條　省政府主席因故不能執行職務時得由省政府委員互推一人暫行代理主席職務其期間以一月爲限

第八條　省政府設左列各廳處

一　秘書處

二　民政廳

三　財政廳

四　教育廳

五　建設廳

省政府于必要時得增設實業廳及其他專管機關在未設實業廳之省關於該廳事務由建設廳掌理之

第九條　秘書處理事務如左

一　關于一切機要及省政府委員會會議事項

二　關于撰擬保存收發文件事項

三　關于會計庶務事項

四　關于編製統計及報告事項

五　關于紀錄省政府各廳處職員之進退事項

六　關于典守印信事項

七　其他不屬於各廳事項

第十條　民政廳掌理事務如左

一　關于縣市行政官吏之提請任免事項
二　關于縣市所屬地方自治及其經費事項
三　關于警察及保衛事項
四　關于衛生行政事項
五　關于選舉事項
六　關于賑災及其他社會救濟事項
七　關于勞資及佃業之爭議事項
八　關于禮俗宗教事項
九　關于禁烟事項
十　關于各種土地測丈徵收及其他土地行政事項

第十一條　財政廳掌理事務如左

一　關于省稅及省公債事項
二　關于省政府預算決算編製事項
三　關于省庫收支事項
四　關于省公產管理事項
五　其他省財政事項

第十二條　教育廳掌理事務如左

一　關于各級學校事項

二　關于社會教育事項

三　關于教育及學術團體事項

四　關于圖書館博物館公共體育場等事項

五　其他教育行政事項

第十三條　建設廳掌理事務如左

一　關于公路鐵路之建築事項

二　關于河工及其他航路工程事項

三　關于不屬土地行政之測丈事項

四　其他建設行政事項

第十四條　實業廳掌理事務如左

一　關于農林蠶桑漁牧鑛業之計劃管理及監督保護獎進事項

二　關于整理耕地及墾荒事項

三　關于農田水利整治事項

四　關于農業經濟改良事項

五　關于防除動植物病蟲害及保護益鳥益蟲事項

六　關于工商業之保護監督及獎進事項

七　關于工廠及商埠事項

八　關于商品之陳列及檢查事項

九　關于度量衡之檢查及進行事項

十　關于農會工會商會漁會及其他農業工業漁業鑛業各團體事項

十一　其他實業行政事項

第十五條　秘書處設秘書長一人簡任承省政府主席之命綜理秘書處事務

第十六條　各廳設廳長一人由行政院就省政府委員中提請國民政府任命之綜理各該廳事務指揮監督所屬職員及所屬機關

第十七條　各廳于不抵觸中央法令或省政府委員會議決之範圍內對于主管事務得發廳令

第十八條　各廳間或與主管機關間發生職權爭議時由省政府呈請行政院裁決之

第十九條　各廳處各設秘書一人至三人荐任承各該長官之命辦理機要事務

各廳處視事務之繁簡分科辦事每科設科長一人荐任科員四人至十二人委任承長官之命辦理各該科事務

各廳于必要時得酌設技正技士及視察員其名額由各該廳長提出省政府委員會議定之

第二十條　各廳處辦事細則由省政府委員會議定之

第二十一條　本法自公布日施行[3]

參　廣東省政相關會議

一、省政府委員會會議

依照廣東省政府組織法第四條規定，組織省政府委員會，凡關於省組織法第五條所列事項，均提經省政府委員會議決行之，定爲每星期舉行一次，於每星期四、日舉行，以重政務。共開壹百零參次會。❹

二、市縣長會議

(一) 第一次市縣長會議

廣東省政府自民國二十九年五月十日成立，首謀確立治安，安定民生，檢討各市縣施政成績，及推行政務起見，遂於民國二十九年十二月二十五日至二十七日，召集各市縣長，開廣東省第一次市縣長會議，研討今後本省政治之設施，暨集中注意力於各市縣，以期刷新全省之政治陣容，嗣後預算每兩個月或三個月，召開市縣長會議一次，務使省府與各市縣間，市縣與市縣間，發生緊密聯絡，以增加行政效率。至此次會議，則以確立市縣治安及整理地方財政問題爲討論中心，除由省主席親臨主持外，出席者計有各廳長各委員，各處長，廣州汕頭各市長、南海、番禺、順德、東莞、增城、三水、從化、花縣、中山、寶安、潮安、潮陽、澄海、各縣長，所有各市縣長之政治報告，均極詳盡，而會議結果，關於各項提案，均甚圓滿，各案經由會議決者，計民政類十五件，警務類三件，治安類四件，財政類十六件，教育類二十五件，建設類十二件，合計七十五件，均經呈由省府核明，次第實施。❺

㈡ 第二次市縣長會議

廣東省第一次市縣長會議後，各市縣長依照議決各案，分別緩急輕重，次第實施者固多，而因環境關係，不能實施者，亦所難免，本府為諮詢其實施狀況，及商討今後之省政計劃，爰於民國三十年三月一日至四日，召集各市縣長，舉行廣東省第二次市縣長會議，除由省主席親臨主持外，出席者計有各廳長各委員各處長廣州汕頭各市長，南海、番禺、順德、東莞、增城、三水、從化、花縣、博羅、中山、寶安、潮安、潮陽、澄海、各縣長，所議決各項提案，共三十五件，計民政類十一件，治安類三件，警務類三件，財政類七件，教育類三件，建設類八件，均經呈由本府核明採擇，分別施行，至此次會議，在於勤求民隱，免除隔閡，及節省繁牘，故注重聽取各市縣長之口頭報告，以為興革地方利弊之標準，在各市縣長所報告之施政實況，亦能詳盡無遺，至關於各市縣地方應興革事宜，並由陳主席及各廳長委員，分別訓勉指導，故各市縣長聆訓回縣後，莫不努力奉行，獲得良好之結果。❻

㈢ 第三次市縣長會議

廣東省市縣長會議，自民國三十年三月間舉行第二次市縣長會議後，至同年十一月間，相距已八閱月，本府為檢討八閱月以來各市縣施政狀況，特別為檢討下列四項㈠施行經濟封鎖線後各市縣地方治安人民生活及財政狀況，㈡物資配合之實施情形，及實施進行中所發生之問題，暨改善方法，㈢各市縣愛路村之組織及進行狀況，㈣各縣推行冬耕情形，遂定於民國三十年十一月二十五日至二十七日，舉行省府第三次市縣長會議，除省主席親臨主持外計出席者有各廳長、各委員、各處長、廣州汕頭各市長、南海、番禺、順德、東莞、中山、新會、增城、三水、花縣、從化、寶安、惠陽、博羅、潮安、潮陽、澄海、各縣長，所議決各案，計民政類四件，財政類九件，建設類五件，物資配給類十五件，治安類四件，教育類九件，合計四十六件。❼

(四) 民政會議

廣東省政府成立後，關於地方利病之興革，紀綱之整飭，民生之調劑，均須積極辦理。廣東省民政廳為謀劃一全省政制，使省縣地方易於聯繫，及增進行政效率起見，爰於民國二十九年七月十一日至十三日止，一連三天，舉行第一次全省行政會議，并呈請本府及內政部暨函請本省軍政機關派員參加，又電飭各縣縣長及函聘專門人員參加會議，共計議決各項提案三十一宗，均經分別採擇辦理，并分呈備案。❽

(五) 財政會議

廣東省財政廳，為明瞭省縣財政狀況，籌備整理辦法起見，特定於三十年八月十五日，召開地方財政會議，訂定廣東省地方財政會議規程，暨提案辦法，呈由本府及財政部核准備案，並組織會議籌備辦事處，籌備開會事宜，所有出席會員，計有廣州汕頭兩市財政局，及各縣縣長，各省稅局局長，省禁烟局局長，各縣臨時地稅督征處主任，及財政廳秘書科長股長等共四十五人，提案共八十三起，並由省政府派員指導，各廳處派員參加，依期正式成立大會，開第一次會議，將提案劃分三組審查，第一組，田賦契稅事項屬之，第二組，營業稅、典稅、雜捐稅、稅制、以及不屬於第一第三兩組其他與稅款有關各事項屬之，第三組，會計，預算各事項屬之，計由第一組審查者，原案三十二起，核其性質相類併爲一十五起，由第二組審查者，原案四十六起，併爲二十五起，第三組審查者，原案五起，併爲四起，分次在大會席上提出，詳細討論，分別議決，即於十八日開會，所有議決各案，由該會送財政廳辦理，分呈本府及財政部備案。❾

㈥ 警務會議

廣東省警政，刱自清季，經數十年之慘淡經營，原具相當成績，詎自事變後，省會警察，全部解體，各縣市警察機關，亦多渙散，自本府成立後，始行漸次規復，奈因警察人材缺乏，物質設備簡陋，致未達到完滿之結果，且值大時代開展，復興建設，經緯萬端，革故鼎新，百廢待舉，凡各設施，胥惟鞏固治安是賴，而謀治安之鞏固，自非強化警政機構不爲功，廣東省警務處處長李道軒有見及此，遂繼全國第一屆警務會議之後，於民國二十九年十月十一日至十三日，舉行全省第一屆警務會議，出席者，計有南番東順汕頭等各縣市長及各警察局長，共議決各項提案三十八件，均由會詳細討論，斟酌損益，認爲足以補偏救弊，深切刷新警務之實用，逮由處長汪屺接任後，以粵地各警察機構，頗有變更，各地方情形，與前有異，爲謀各地警政平衡發展，以符現實需要計，乃於民國三十年三月六日至八日，召集全省各縣市長官，舉行全省第二屆警務會議，互商研討，以赴事功，共計議決各案多起，均能深切時勢，適應需求。❿

肆　接收沙面英租界行政權

日本，自發動大東亞戰爭後，接受英美在華權益，民國三十一年二月二十八日，由日本政府發表聲明，決將天津及廣州英租界交還汪偽政府，當由汪偽國民政府同日發表聲明，表示接受。隨特派偽外交部長褚民誼暨偽行政院陳秘書長春圃，分途代表主持接收事宜，至廣州市沙面英租界之交接典禮，於民國三十一年三月二十五日下午二時，汪日雙方在沙面前英總領事署廣場舉行，當時友邦方面，有軍司令官以及各高級軍官，汪方有陳秘書長陳省主席等蒞臨交接。旋由汪日兩方發表聲明，以昭隆重，汪方接管後，即由省政府暫設沙面特別區署，掌理關於沙面英租界行政事務，並派廣東省會警察局長郭衛民兼任沙面特別區署區長，以專責成，茲將汪日兩方發表之聲明附錄於后：⑪

日本方面聲明：舊廣東英租界之行政權，根據去月二十八日帝國政府之聲明定於本月二十五日移交當地廣東省政府管理，舊廣東英租界久被敵國佔據，對中國恣其搾取與吸血，作爲罪惡之淵藪，幸此次大東亞戰爭爆發後，一舉而歸諸日軍實收之下，現大東亞戰爭，正獲得可驚異之發展，英美勢力，行將全部逐出東亞之外，傀儡之渝方，蓋已瀕於潰滅衰亡之途矣。反之，與日軍同甘共苦，一意向建設東亞新秩序邁進之新中國，其國基日漸鞏固，政府之陣容日趨整備，強化治下之庶民，亦正覺悟東亞解放之新機運，欣然向建設共榮圈邁進，際此時期，將租界之行政權移交管理，使租界恢復其東亞本來之面目，使其所貢獻於新中國之育成及發展，其意義誠重且大矣，中日兩國國民，宜深省察現下之情勢，與移管之精神，此際更應保持鐵石之團結與緊密之聯繫，向東亞解放興隆之途益加協力，於茲移管之際，特此聲明。

昭和十七年三月二十五日

大日本華南派遣軍最高指揮官

汪方聲明：大東亞戰爭爆發後，英美在中國之侵略基礎，已爲友邦英勇將士所摧陷廓清，日本政府於二月二十八日發表聲明，決將天津及廣州英租界行政權交還國民政府，國民政府同日已發表聲明，表示接受，並深表感謝之忱，現友邦定於本日舉行交還沙面英租界行政權典禮，我人除鄭重接受外；並對友邦各當局，謹致無限之謝意，自中日基本關係條約成立以來，友邦對於尊重我國主權，早有明白表示，現在交還沙面英租界行政權，更爲尊重我國主權之有力證明，吾人對於友邦此種盛意，自當本於中日緊密提攜之義，以期達到共存共榮，實現東亞永久和平之目的，並完成建設東亞新秩序之使命。⑫

中華民國三十一年三月二十五日

汪僞國民政府行政院秘書長陳春圃

汪僞廣東省政府主席陳耀祖

伍　結論

從陳耀祖所編撰的《廣東省政概況》一書，可以看出汪偽政權對地方政府的掌控與治理，有下列幾個特點：

一、行政組織架構大部分仿照未淪陷以前，國民政府統治時期的組織建制系統。

二、省府組織法及縣市組織規程也遵循國民政府統治時期的法規條文。

三、一方面汪精衛來自國民黨政府，其所拉攏之人士，也大多是原國民政府時期人馬班底，因此人與事很多皆因循舊例。

四、廣東省政府轄下有十八個直屬單位，地方轄有廣州市、汕頭市、十六個縣政府。

廣東省政府組織系統

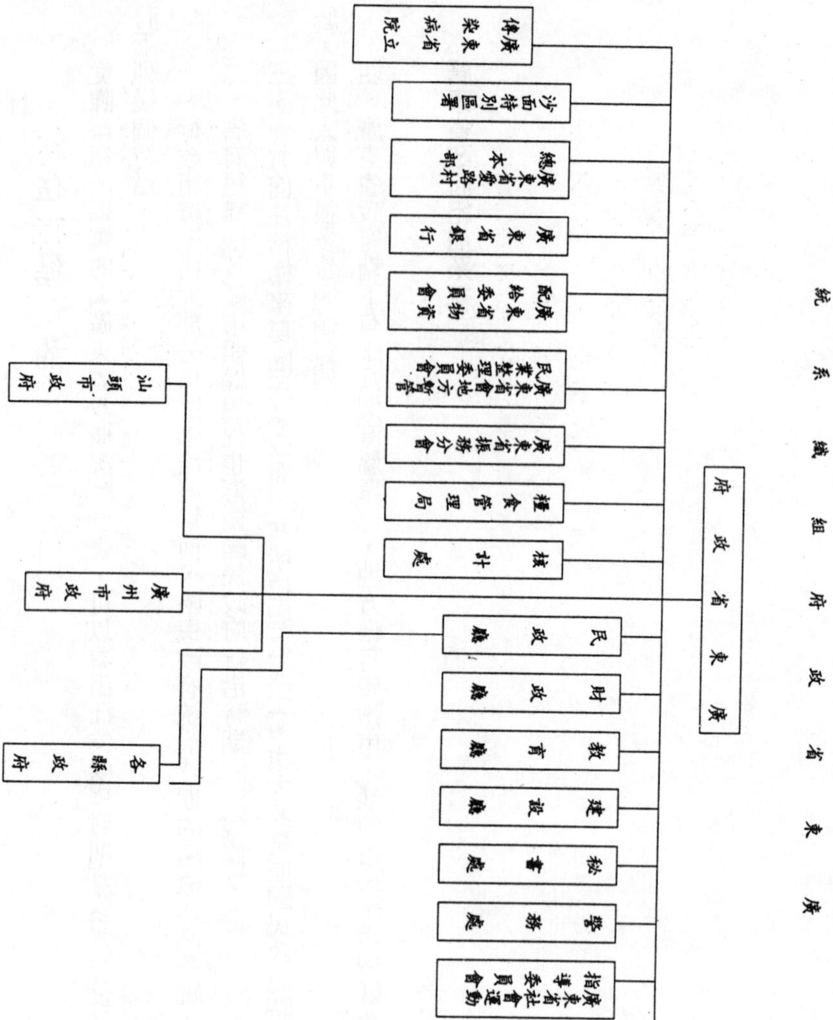
廣東省政府組織系統
廣東省政府
廣東省立傳染病院
沙面特別區署
廣東省愛路村總本部
廣東省銀行
廣東省物資配給委員會
廣東省會地方警管民業整理委員會
廣東省振務分會
糧食管理局
統計處
民政廳
財政廳
教育廳
建設廳
秘書處
警務處
廣東省社會運動指導委員會
宣傳處
外交部特派駐廣東省交涉員辦事處
汕頭市政府
廣州市政府
各縣政府

註釋：

❶ 陳耀祖，《廣東省政概況》，頁一—一四（廣州、汪偽廣東省政府出版，中興印刷館印刷，民國三十一年五月出版）該書目次如下：

廣東省政概況目次

序

肖像

插圖

第一編 總論

第一章 行政組織

第二章 省政府委員會議

第三章 市縣長會議

第一節 第一次市縣長會議

第二節 第二次市縣長會議

第三節 第三次市縣長會議

第四節 民政會議

第五節 財政會議

第六節 警務會議

第四章 接收沙面英租界行政權

第二編 民政

第一章 市治

第一節　設治概況

第二節　市編制及經費

第二章　縣　治

第一節　設治概況

第二節　各縣編制及經費

第三節　調訓縣長

第三章　自　治

第一節　區鄉鎮公所組織及經費

第二節　聯防隊

第三節　自警團

第四節　保甲制度

第四章　衛　生

第一節　省立傳染病院

第二節　市縣衛生機構及經費

第三節　登記醫藥人員

第四節　防　疫

第五章　儲　糧

第一節　調節民食

第二節　運輸土穀

第三節　儲購洋米

第四節　設倉儲穀

第五節　規復各縣倉儲
第六章　振濟
第一節　振務概況
第二節　施振棉衣
第三節　救濟災荒
第四節　補助慈善經費
第五節　救濟港九回籍僑胞
第七章　治安
第一節　剿緝匪共
第二節　警隊聯防
第八章　社運
第一節　社運機構及經費
第二節　指導監督
第三節　組織訓練
第四節　農工福利及勞資仲裁或協議
第九章　代管民業
第一節　代管民業之機構及經費
第二節　保管租項
第三節　復興災區
第十章　禮俗名勝
第一節　調查

第二節　保存

第三編　財政

第一章　省稅

第一節　地稅

第二節　沙田稅

第三節　官產收入

第四節　契稅

第五節　營業稅

第六節　煤油販賣業營業稅

第七節　當按押稅

第八節　糖類捐

第九節　香燭紙寶冥鏹捐

第十節　紙類專稅

第十一節　油荳專稅

第十二節　顏料專稅

第十三節　橡膠類及製成品專稅

第十四節　菸酒類牌照稅

第十五節　屠宰稅

第十六節　筵席捐

第十七節　娛樂捐

第十八節　紗綢晒莨捐

第十九節　中山三廠出入口專稅
第二十節　汕頭出入口專稅
第廿一節　抽紗專稅
第廿二節　蜡類專稅
第廿三節　船舶牌照稅
第二章　市縣地方稅
第一節　市地方稅
第二節　留縣補助費
第三章　禁　煙
第一節　禁煙機構及經費
第二節　專運專賣及取締檢查
第三節　緝　私
第四節　剷除煙苗
第五節　戒煙牌照及其保證書
第四章　歲入歲出之預算決算
第一節　歲入預算
第二節　歲出預算
第五章　審　計
第一節　事前審計
第二節　事後審計
第六章　金　庫

第七章　金融
第一節　貨幣
第二節　銀行
第三節　錢莊
第八章　護沙
第一節　護沙委員會及護沙隊之組織經費
第二節　配備
第三節　徵費
第四編　教育
第一章　高等教育
第二章　中等教育
第一節　總說
第二節　中學
第三節　師範學校
第四節　職業學校
第三章　初等教育
第一節　省立各校附設小學
第二節　省轄各私立中等學校附設小學
第三節　廣州市小學
第四節　汕頭市小學
第五節　各縣小學

第四章　軍事訓練及童軍
第一節　軍事訓練
第二節　童　軍
第五章　社會教育
第一節　民衆教育館
第二節　民衆學校
第三節　圖書館博物館
第四節　教育會
第五節　廣東省體育委員會
第六章　國外留學
第一節　公　費
第二節　自　費
第七章　日語學校
第一節　接辦概況
第二節　補助經費及各校配置概況
第八章　檢定中小學校教員
第九章　教育經費
第一節　各校經費概況
第二節　補助私立學校經費
第三節　清理學產
第四節　提高教師待遇

第六章　民營各工廠
第一節　接收交還概況
第二節　管理整頓狀況
第三節　民營工廠概況之調查
第七章　物資配給
第一節　物資配給委員會之組織
第二節　物資配給之範圍及實施
第三節　物資配給之種類數量及限制
第八章　愛路村
第一節　各級愛路村之機構及組織
第二節　各級愛路村之任務及獎懲
第三節　各級愛路村狀況
第六編　宣　傳
第一章　宣傳行政
第一節　廣東省宣傳處
第二節　各縣市宣傳組織
第二章　東亞新聞記者大會
第一節　籌備概況
第二節　開會情形
第三章　宣傳工作概況
第一節　宣傳指導方面

第二節　宣傳事業方面

第四章　文化宣傳

第一節　新聞事業

第二節　雜誌刊物

第三節　中日文化協會廣州分會

第七編　警　務

第一章　各級警察機關之編制

第一節　廣東省警務處

第二節　廣東省會警察局及各分局

第三節　各市縣警察局

第四節　各項警察隊

第二章　經費及械彈

第一節　經費之指定

第二節　提高長警待遇

第三節　購發械彈

第三章　治　安

第一節　保衛地方治安工作

第二節　檢查行旅

第三節　消防設備

第四節　推行指紋鑑識

第五節　各項事業之取締

第四章　訓練

第一節　警官學校

第二節　警察教練所

❷同前❶，《廣東省政概況》，頁一。

❸同前❶，《廣東省政概況》，頁一—七。

❹同前❶，《廣東省政概況》，第一編總論，頁三九—一六八。

❺同前❹，《廣東省政概況》，第一編總論，頁一六九。

❻同前❹，頁一七七。

❼同前❹，頁一八一—一八二。

❽同前❹，頁一八七—一九〇。

❾同前❹，頁一九一—二〇〇。

❿同前❹，頁二〇〇—二一四。

⓫、⓬同前❹，頁二一五—二一六。

第四章　抗戰時期汪精衛集團與廣東省關係(一)

第一節　汪僞集團與廣東黨務人事問題之關係

壹、前　言

汪僞政權進行政治欺騙的另一個手法就是打著國民黨的旗號，自我標榜爲國民黨的「正統」。早在民國二十八年（一九三九）二月汪精衛即託高宗武致書日本首相近衛文麿，提出「以採取反共和平立場的國民黨爲中心，使各黨各派參加組織新中央政府」❶的請求。同年六月，汪精衛赴日，在與首相平沼、陸相板垣、藏相石渡、前首相近衛等人的會談中，一再乞求日本允許以國民黨爲中心組織僞政權。汪精衛說：「在中國，國民黨數十年來是唯一的政黨」，「以今天中國的情況看來，把國民黨除外，以其他力量來收拾時局，我認爲極爲困難。」❷

爲博日本政府同意，汪提出將分兩步達到改變國民黨的目的。第一步，改變孫中山三民主義的精神，實即篡改國民黨的指導理論；第二步，使國民黨公開接受日本所希望的反共救國要求。在汪的乞求下，日本終於同意以「更生的」國民黨爲中心組織新中央政府。此後，汪精衛一夥在組織僞政權的活動中，即一再強調「黨統」的重要性，要實現「以黨治國」，並把他們公開投敵，在敵人佔領區建立僞政權的賣國行徑說成是「挽救危亡，重光黨統」。本文擬就抗戰時期汪精衛在廣東省運作黨務人事的問題，配合《汪僞資料檔案》作一初步探討。

貳　抗戰期間中國國民黨省級「黨政聯繫」之推動

國民革命於民國十七年（一九二八）統一全國後，中國國民黨立於唯一之執政黨地位，又兼以訓政時期之特殊優越條件，黨務應當有相當程度之開展，地方黨政關係亦應建有制度可資依循。然而，事實卻非如此。蓋因各地變亂迭起，黨務糾紛更層出不窮，省市政府首長雖掛名爲中國國民黨人，實則與黨部與黨務人員不相爲謀，甚且猜忌對立，因而國民黨地方黨務僅在少數省區著有成績。多數省區黨部形同虛設，甚而黨部亦難以成立。中央組織部於民國二十五年（一九三六）七月向五屆二中全會提出之工作報告中，即指出地方黨務缺失是：「各地黨務組織之未能盡臻嚴密，黨員訓練之未能切實執行，與夫黨政關係之未能充分協調。」❸

抗戰軍興，部分省市政府爲因應戰時需要而遽形改組，亦有爲日僞所摧殘解體一時難以恢復者，黨政工作多在動盪不安的情勢下，各自致力於地方抗建工作，與中央聯繫殊有未足。至民國二十七年四月，五屆四中全會通過「改進黨務與調整黨政關係案」，地方黨務始有大幅度之開展，而黨政關係亦始有固定原則可循。〈改進黨務與調整黨政關係案〉，規定省級黨政關係的原則爲「黨政聯繫」，其具體的辦法則是：

(一)（省）採主任委員制，由中央於省黨部執行委員中指定之，主任委員得由中央委員充之。

(二)省黨部委員以分區指導督察爲原則，主任委員留省。

(三)省黨部主任委員得參加省政府會議。

(四)省黨部與省政府每月須開聯席會議一次。

(五)省黨部監察制度保留。

中央組織部依據此項規定，修正省執行委員會組織條例，並擬定省黨部省政府聯席會議要旨一種，呈請中央第八十一次常會通過施行。依此「條例」及「要旨」，省執行委員會設執行委員五人至十一人，由中央指定其中一人，或另派中央執行委員一人專任主任委員。主任委員實際主持省執行委員會會務，對外並代表省執行委員會。主任委員並可列席省政府委員會議。省政府委員與省執行委員會委員之聯席會議每月舉行一次，俾使黨政雙方能夠密切聯繫。❹

據中央組織部向五屆五中全會提出之報告，至民國二十八年一月，省政黨部依新制調整其組織者，有四川、甘肅等二十個省黨部，上海、北平等五個市黨部，北寧、平綏等六個鐵路黨部及東北黨部，共三十二單位。❺其中江蘇、山東等省均爲游擊區域，中央組織部亦訂有「淪陷區域黨部組織及工作指導辦法」，並依軍事地勢及交通等情形爲適當之劃分或歸併。如青島、威海衛及膠濟鐵路黨部併入山東省黨部，南京、江寧兩黨部則併由江蘇省黨部管轄。

戰時各省均分別劃入各戰區，戰區中軍事、黨務及民運工作的配合，乃爲必要之舉。軍事委員會因於民國二十八年三月，設立戰地黨政委員會。「以統籌戰地黨政軍之設施，並負責指導、監督、考核之責。」戰地黨政委員會設主任委員，由軍事委員會委員長兼任；設副主任委員一人，蔣委員長令由李濟琛擔任。❻各戰區分別成立黨政委員會分會，其組織及工作則因地因人而異，以魯蘇戰區黨政委員會分會爲例：主任委員由魯蘇戰區總司令于學忠兼任，副主任委員二人分由山東省政府主席沈鴻烈和江蘇省政府主席韓德勤兼任。另有委員若干人，委員會以下設黨務、政務、軍務、機要、總務五科及宣傳大隊，另有專員若干人。事務由秘書長承主任委員之命推行。民國三十年，其組織並奉令擴大，將原設黨、政、軍三科擴大爲處，另成立宣傳委員會及黨政總隊。分別職掌宣傳之指導與黨政設施之計劃、執行與考核。❼

省級黨部「黨政聯繫」之成敗，與各省省黨部主任委員之地位與聲望大有關聯。中央於各省省黨部主任委員人選，採因地制宜政策。戰區各省省黨部主任委員，多由各該省主席兼任，而省主席又多由戰區高級將領兼任，如安徽省黨部主任委員由省主席李品仙兼任是。西南各省，則採黨政分立原則，省黨部主任委員多由聲望素著之學者或黨人擔任。如四川省黨部主任委員爲四川大學校長黃季陸、貴州省黨部主任委員爲貴州教育廳長傅啓學。西北各省省黨部主任委員，則多由省主席兼任，均遵從中央指導，績效良好。[8]

民國三十一年（一九四二）十一月，五屆十中全會開會。中央組織部提出工作報告中述及各省增進黨政聯繫情形，有謂：

> 依照規定，舉行省（市）黨政聯繫會議之單位，有康、黔、粵、閩、浙、皖、湘、豫、陝、甘、寧、綏、渝等省市。

上列各單位，多為後方省市，然未提及川、滇、桂三省，頗耐人尋味。至於戰區各省，黨政軍全權多操之戰區司令長官或其所屬意之將領之手，其利弊得失，論者各有所見，詆之者有之，譽之者亦有之。軍事委員會軍法執行總監何成濬之《戰時日記》中，對戰區軍人之專擅跋扈，批評尖銳，斥之為「新式軍閥」，如謂：

> 自抗戰後，各省又漸由統一而變為割據，新式軍閥較前之北洋舊軍閥，尤為驕橫，中央威信，遠不如五年以前，無論如何措置，恐終難收圓滿之效。[9]

中央組織部則認為戰區各省黨政軍合為一體，工作易於推動。五屆六中全會中央組織部工作報告之「結論」中，曾指稱：

現時省黨政主任委員大部由主席兼任，各軍隊黨部特派員、委員、書記長，俱由各軍事長官與政治部主任兼任，黨政一致，問題自少。惟各級黨政關係趨於協調，在黨的方面，實由於各級黨務工作人員漸知致力於健全組織，開展黨務本身工作之重要。而在政的方面，各級主政人員對黨皆甚關切，推行政令，實有賴於同志之協助。⑩

實則戰區各省，情形並非一致。在敵、僞及中共勢力環伺侵逼之下，行政區域及制度均在不斷變遷之中，黨政運作亦殊難按部就班。大體言之，戰時各省黨政關係較戰前趨於密初，黨在各省的組織發展較任何時期爲迅速，則爲不爭的事實。張玉法先生以戰時山東黨務作過專題研究，並不掩飾若干歧見與缺失，但對整體局面的維持和開展，黨有不可忽視的影響力。張氏嘗謂：「山東黨務自抗日戰爭爆發後加以重整，迄於抗日戰爭結束，一直在中央黨部的督導與考核之中。」「在省政恢復和繼續推展的過程中，國民黨扮演主導角色。」「抗戰期間，山東不久成爲敵後，但始終沒有完全淪陷。主因黨政軍特一體，互相配合支援，在山東各地建立許多大大小小的孤島。」「抗戰勝利之初，國民政府能迅速在山東地區復員，與抗戰時期黨政軍特在山東地區所建的基礎關係甚大。」⑪

民國三十三年五月，五屆十二中全會爲提高各省市黨部主任委員之地位，通過「各省市黨部主任委員應由中央委員擔任並負責主持各省市代表大會案」⑫，規定：各省市黨部主任委員由中央執行委員會特派委員一人擔任，其正式選舉之黨部，亦應由中央委員擔任主任委員；如中央委員不敷分派時，得由中央執行委員會遴選資歷相當之同志擔任。此一舉措，目的在提升省市主任委員位階以便於黨政聯繫之進行，同時亦可避免地方派系之爭持。然此一決定，亦導致現任省市黨部主任委員之非中央委員者如湖北省黨部主任委員黃建中（離明），不能不去職，亦足招致地方人士之不滿。

參　從函電史料觀抗戰時期汪精衛對廣東省黨務人事的運作梗概

抗戰時期汪僞政權所管轄控制下的行政區有江蘇、安徽、浙江、湖北、廣東、南京、北平、天津、青島、濟南、廣州、厦門等十二省市，僅就《汪僞資料檔案》中，關於汪精衛對廣東省黨務人事運作的函電史料，略爲歸納如下：

一、民國二十九年三月十四日汪精衛從上海致電函給廣東省黨部主任委員陳德昭，指示「陳主任委員德昭，因公離粤時，職務由林委員汝珩代行」。⑬另一通未署明時間之函電，係由汪精衛致華（陳耀祖之代號）之函電，談到：

劉仰山來粤視察黨務及政訓，請善遇之，仰山爲老同志，現任黨組織部次長、軍委會政訓部次長，此次赴蘇、浙、皖一帶視察，頗認眞。⑭

從上述兩封函電史料，可知汪對黨務仍然非常重視，時時刻刻希望以承傳　孫中山先生所創的中國國民黨自居，要屬下善待黨國大老，其黨務運作模式仍取法自中國國民黨。

二、爲了實現「以華制華」的目的，日軍乃嗾使一些漢奸政客建立僞組織和僞政權，民國二十七年（一九三八）十二月十日，廣東僞「治安維持會」在廣州成立，彭東原爲會長，呂春榮爲副會長，在日軍扶植汪精衛成立僞政權以後，彭、呂二人仍受日軍支持，各擁勢力且位居要津，如彭東原曾任廣州委員長、廣州市長、呂則任綏靖督辦等職，期間汪欲完全掌控廣東，急於將彭、呂二人去之而後快，但彭、呂二人有日軍的幕後撐腰，致使汪無法放手一搏，始終無法遂取心願，從以下的幾封函電史料，可爲例證：

㈠民國二十九年三月十五日汪精衛從上海致電函給彭東原，內容如下：

廣州彭委員長東原兄、武漢何省長韻珊兄勛鑒：

中央政治會議，訂期本月（三月）三十日在南京開會，敬祈執行惠臨列席，至深欣盼。

汪兆銘刪。⑮

此時彭東原任委員長職，是否爲廣州軍委會委員長或其他職務之稱呼，有待查證。

㈡民國二十九年四月二十一日汪精衛自南京致電函給陳璧君及李謳一，該函電如下：

菊、謳同鑒：呂春榮綏靖督辦名義，非我方委派，我方亦從未加以承認，日方軍部委派此類名義，各省均有，非獨廣東爲然，擬俟阿部大使來後，交涉一律取消，若專對廣東日方軍部提出，未免偏枯也。又我等此時宜多注意厚集自己力量，取得對方信用，於他人行事不妨看開些。乞詳察。明。⑯

從函電可知日本軍方委派呂春榮爲綏靖督辦，汪精衛勸其妻陳璧君（代號菊）及軍事委員會廣州分會主任委員李謳一，雖然不滿日方的安排，但也不妨看開些，先厚集實力再說，只有無奈的面對事實。

㈢　民國二十九年五月五日汪精衛自南京致電彭東原，該電內容爲：「廣州彭市長東原兄勛鑒：江電誦悉，周相晨君已匯旅費囑其來京，特覆。汪兆銘歌。」⑰

此函電說明彭東原在民國二十九年五月之身份爲廣州市市長。

㈣　觀民國二十九年六月七日上午九時十分發，六月八日下午二時三十分譯，一封由陳璧君（菊），署名致汪精衛陳公博（群）和周佛海（典）的函電，內容如下：

密明群、典鑒：據報彭東原等或有重組全民黨事，如屬實，此間無法打消，但當仍遺珩勸止之，中央有辦法否？因前歐大慶告我謂：彭東原怨彼不早組黨，故在中政會議，無出席資格，今何佩瑢已作總裁，則彭東原當然亦想，雖其勢不足畏，惟法律資格將來頗窒礙。菊。⑱

由此函電可知汪僞政權的核心人物汪精衛、陳璧君、陳公博、周佛海顯然與彭東原不和，處於敵對關係，彭東原有意重組全民黨，另立山頭。汪派人士派遣林汝珩勸止，林汝珩曾任僞廣東省教育廳廳長。彭一方面想藉政黨勢力擠進僞中政會，汪派人士則全力打壓。

㈤一封署名主任委員陳耀祖發自廣州致汪的函電，係民國二十九年七月十七日上午七時五十分發、七月十九日下午五時四十分譯，該函電內容如下：

中央黨部汪主席鈞鑒：廣東省黨部委員馮節、范諤、華漢光奉調京任職，黨委本職似應用令免除，所遺缺，擬請暫不補派，以節經費是否有當，敬候鈞裁。主任委員陳耀祖。⑲

由上述可知汪僞政權控制下的廣東省黨部，有三位委員奉調入南京任職，所遺職缺，主任委員陳耀祖建請暫時不補，以節省經費。

㈥陳耀祖於民國二十九年七月二十一日下午六時發自廣州，七月二十四日上午十一時五分譯，致電汪精衛，該函電內容如下：

汪院長鈞鑒：中山現狀係由呂春榮主軍事區大慶任縣長頃與日方特務機關長談，據謂：中山縣事擬分先後解決，呂春榮成績不良，惟念其前有微勞，擬請由中央先行調京，予以軍事參議或其他閒職，其部隊改編爲省保安隊。至區大慶長中山。頗知愛護人民，希望暫予維持由省府加以委任，稍俟時機，再由省府物色替人。中央以爲可行乞先電知即由日軍部通知呂春榮遵照等語，應如何辦理？乞電示遵。職耀祖。⑳

由此函電可知僞廣東省省長陳耀祖建議汪精衛先將中山縣縣長呂春榮調往南京，給予軍事參議或其他閒差。但從另一函看日本軍部不表同意，該函電係民國二十九年七月二十八日下午三時十五分發自廣州，七月三十日上午九時二十分譯，署名華致汪精衛之函電，內容爲：

密明公鈞鑒：來電奉悉，(一)呂春榮調京，日軍部請稍緩發表。(二)許少榮接任汕頭市長，因廣州逢財政局接替人選，尚未物色得妥人，日軍部主張，仍須考慮。華。㉑

(七)民國三十年五月二十九日上午十時四分發下午三時十五分譯，以署名華（陳耀祖）者致汪精衛之函電，該電內容爲：

明崖鑒：矢崎日間發滬轉京，在省與華會談時，頗注意彭東原出處問題，華在京與大使館松平領事見面時，亦提出希望中央予彭位置，華曾將當時中央擬任彭爲神户總領事及加以公使銜，彭拒而不受情形，告之松平，始明瞭中央並非欲將彭投之閒散，松平謂其擬再勸彭，今矢崎來京，可否由鈞座對彭事向其表示中央意旨，如彭能離粵，亦可省卻許多支節是非，如何之處，敬請鈞奪並請電示。華。㉒

從上述函電可知陳耀祖更透過日本大使松平勸彭東原出任汪僞政府駐日本神戶總領事或公使，同時陳耀祖也希望請汪向日方矢崎明示彭東原出處問題。

(八)民國三十年五月三十一日下午六時發自廣州，六月一日下午九時譯，係由陳耀祖具名華致電汪精衛，該函電內容如下：

密明公鈞鑒：奉鈞電即請君直兄往問彭東原，徵求其同意，據君直覆，彭答願就監察使，可來京就職，惟不願長住南京，因還家困難云。謹呈覆。華世。㉓

由此函電可知彭東原願接受安排出任監察使，但不願前往南京任職，汪精衛在六月一日於該函電上批示：

世電悉，本星期四可提出中政會，特轉請告東原兄，能來京就職最好，……於接電後來電表示，就職亦得不必長住南京也。明。㉔

可知汪精衛希望彭東原赴南京就職，但不必長住南京，揣其意思，應是只要彭東原離開廣東即可省卻不少麻煩也。

(九)民國三十年（月日不詳），汪精衛致電陳耀祖，該函電內容爲：

華電悉，廣州特別市黨部改為市黨部，原撥給特別市黨部經費，改撥歸廣東省黨部，市黨部委員人選，由省黨部決定辦理，仰即知照。主席汪兆銘。㉕

上述函電的內容，主要說明廣州特別市黨部改為廣州市黨部，不再撥給經費，改撥給廣東省黨部，也可看出汪精衛重視陳耀祖主導下的廣東省黨部。

綜上所述，從函電史料可以看出抗戰時期的汪精衛對廣東省黨部的人事運作，主要是想方設法欲把彭東原、呂春榮擠出汪偽權力核心，但日本軍方則從中操控，更使得汪派人士在運作上倍感吃力，一方面要騰出一些職缺來安置彭呂，另一方面又怕得罪日本軍方，可說是左右為難，雖然運作有所不順，但激烈的權力鬥爭，最後還是汪派獲勝。

肆、結　論

民國二十六年抗日戰爭開始之前，由於政治、軍事及外力干預等因素，中國國民黨在各地方的基礎並不穩固，省市黨部與地方政府間實亦貌合神離，並無正常的黨政關係可言。民國二十七年臨時全國代表大會之後，黨務乃積極開展，其組織實已遍及各省區及各階層，而黨政關係之建立制度，誠為一項進步的特色。

中國國民黨之建黨背景、歷史經驗、時代使命、建國程序及政治理想，均不同於國內外任何政黨，其於戰時所建立黨政關係制度，自亦與其他政黨相異。其實際運作，中央最具成效，省市則有若干困難待克服，縣級則各省情形不一，相差且甚為懸殊。然大體而言，汪精衛自民國二十七年十二月十八日叛逃後，在其掌控下的廣東省，汪對黨務的運作模式，事實上不脫中國國民黨的運作方式，蓋汪係自中國國民黨陣營中出身且位居要津，所有行事作風皆來自中國國民黨時期的作為，而最顯著的是，汪在廣東黨務人事的安排，是汪系人馬第一，非汪系人馬則予以排除，從函電史料中可知汪派人士為了排除異己欲將彭東原、呂春榮擠出權力核心，無所不用其極，更可看出日本軍方如何在汪派與非汪派之間游走，製造矛盾，威脅利誘，欲遂其「以華制華」，「漁翁得利」之陰謀。

註釋：

❶ 費正、李作民、張家驥，《抗戰時期的僞政權》，（河南省，河南人民出版社出版發行，一九九三年七月第一版），頁二三九，轉引自《汪精衛國民政府成立廣東，（上海人民出版社），頁一〇六。

❷ 同前❶，頁二三〇。

❸ 李雲漢，〈抗戰期間的黨政關係，（一九三七—一九四五）〉，《慶祝抗戰勝利五十週年兩岸學術研討會論文》，頁一〇（台北，中央研究院，民國八十四年九月一日至三日），轉引自中國國民黨中央委員會黨史委員會，《中國國民黨黨務發展史料—組織工作（下）》（台北，民國八十二年），頁三二。

❹ 同前❸，轉引自秦孝儀等編，《總統蔣公思想言論總輯》，卷一五，頁二二九；《中國國民黨黨務發展史料—組織工作（下）》，頁一二四。

❺ 同前❸，頁一一。

❻ 同前❸，頁一二。

❼ 張玉法，〈抗戰時期中國國民黨在山東的黨務活動〉，見《國父建黨革命一百周年學術討論集》，第三冊，頁二四二—二七一。

❽ 同前❸，頁一二，轉引自朱家驊，〈西行觀感〉，見《朱家驊先生文集》，頁五七一；李雲漢，《中國國民黨史述》，第三編，頁四九二—四九三。

❾ 何成濬，民國三十一年三月十五日日記，見《何成濬將軍戰時日記》（台北：傳記文學出版社，民國七十五年八月），頁七一。

❿ 中國國民黨中央委員會黨史委員會，《中國國民黨黨務發展史料—組織工作（下）》（台北，民國八十二年），頁三一七。

⓫同前❸，轉引自張玉法，〈抗戰時期中國國民黨在山東的黨務活動〉。

⓬同前❸，轉引自《革命文獻，第八〇輯—中國國民黨歷屆歷次中全會重要決議案彙編（二）》，頁三五八。

⓭〈汪精衛致陳耀祖函電〉（民國二十九年三月十四日），《汪僞資料檔案》，法務部調查局資料室藏，鋼筆原件影本。

⓮〈汪精衛致華（陳耀祖）函電〉（未署明年月日），《汪僞資料檔案》，法務部調查局資料室藏，毛筆原件影本。

⓯〈汪精衛致彭東原、何韻珊函電〉（民國二十九年三月十五日），《汪僞資料檔案》，法務部調查局資料室藏，鋼筆原件影本。

⓰〈汪精衛致陳璧君、李謳一函電〉（民國二十九年四月二十一日），《汪僞資料檔案》，法務部調查局資料室藏，鋼筆原件影本。

⓱〈汪精衛致彭東原函電〉（民國二十九年五月五日），《汪僞資料檔案》，法務部調查局資料室藏，毛筆原件影本。

⓲〈陳璧君致汪精衛、陳公博、周佛海函電〉（民國二十九年六月七日上午九時十分發自廣州），《汪僞資料檔案》，法務部調查局資料室藏，鋼筆原件影本。

⓳〈陳耀祖致汪精衛函電〉（民國二十九年七月十七日上午七時五〇分發自廣州），《汪僞資料檔案》，法務部調查局資料室藏，鋼筆原件影本。

⓴〈陳耀祖致汪精衛函電〉（民國二十九年七月二十一日下午六時發自廣州），《汪僞資料檔案》，法務部調查局資料室藏，鋼筆原件影本。

㉑〈華致汪精衛函電〉（民國二十九年七月二十八日下午三時十五分發自廣州），《汪僞資料檔案》，法務部調查局資料室藏，鋼筆原件影本。

㉒〈華致汪精衛函電〉（民國三十年五月二十九日上午十時四分發自廣州），《汪僞資料檔案》，法務部調查局資料室藏，鋼筆原件影本。

㉓〈華致汪精衛函電〉（民國三十年五月三十一日下午六時發自廣州），《汪汪僞資料檔案》，法務部調查局資料室藏，毛筆原件影本。

㉔同前㉓。

㉕〈汪精衛致陳耀祖函電〉（民國三十年月日不詳），《汪僞資料檔案》，法務部調查局資料室藏，毛筆原件影本。

第　　頁

廣東省黨部陳主任委員德明同志暨陳委員[illegible]總[illegible]
[illegible]國民[illegible]粵時戰務由林委員汝珩代行理
[illegible]印

[illegible]年三月[illegible]日　時　分發於[illegible]

備註

引自法務部調查局《汪偽資料檔案》（以下簡稱《汪偽檔案》）

第　頁

華僑劉仰山來粵視察，云為成政府請其函
仰山為老同志，現任雲錦僑務委員會諮詢部
治安，此次赴蘇謁一切，由視察所得報
告汪。

年　月　日　時　分發於

備註

引自《汪僞檔案》

第　　頁

廣州彭省長東原兄

武博何市長端聯兄

勛鑒　中央政治會議訂期

本月二十日在南京開會敬祈執事惠臨列席至深

盼汪兆銘卅

廿九年三月十八日　時　分發於滬

備註

引自《汪偽檔案》

第　　頁

前電問及呂春榮姓名，我以我方無派，我方亦從未加以承認。日方軍部無派此款名義者，均有以猜廣東不應，照例仍由日方派來後，交涉一律取消，否認對廣東日方軍部提出，未免偏枯也。又我等此時實多須注意，廣東集團已力量撤消對方信用，與他人行事，不妨看商量之詳察明。

俟請閣辦

廿九年四月廿日　時　分發於　[illegible]

備註

引自《汪僞檔案》

第　頁

廣州彭市長東原兄勛鑒：江電諭悉。周柳展君已派稅員偕其來京。汪兆銘 歌

寅

廿九年二月二日　時　分發於京

備註

引自《汪偽檔案》

第　　頁

密明群、曲瑩據報彭東原等或有重組全民黨事如屬實此間無法打消但當仍遣衍勸止之中央有辦法否因前歐大慶告我謂彭東原怨彼不早組黨故在中政會議無出席資格今何佩瑢已作總裁則彭東原當然亦想雖其勢不負畏惟法律資格將來頗

莖礎菊

廣州來電廿九年七月七日上午九時十分（八日下午二時卅分）

發譯

備註

引自《汪偽檔案》

第　頁

中央党部汪主席鈞鑒廣東省党部委員馮節范謌華漢光奉調京任職党委本職似應明令免除所遺缺擬請暫不補派以節經費是否有當敬候鈞裁主任委員陳耀祖

廣州來電 廿九年七月十九日下午五時四十分（十七日上午七時五十分）

發 譯 備 註

引自《汪偽檔案》

第　　頁

汪院長鈞鑒中山現狀係由呂春榮主軍事區大慶任縣長頃與日方特務機關長談據謂中山縣事擬分先後解決呂春榮成績不良惟念其前有微勞擬請由中央先行調京予以軍事參議或其他閒職其部隊改編為省保安隊至區大慶○中山○頗知愛護人民希望暫予維持由省府加以委任稍俟時機再由省府物色替人○中央以為可行乞先電知即由日軍部通知呂春榮遵照等語應如何辦理乞電示遵職耀祖

廣州來電 廿九年七月廿一日下午六時○分發 備
廿四日上午十一時五分譯 註

引自《汪偽檔案》

第　頁

密明公鈞鑒來電奉悉呂春榮調京日軍部請稍緩
發表（二）許少榮接任汕頭市長因廣州逕財政局接
替人選尚未物色得妥人日軍部主張仍須考慮華

廣州來電 廿九年七月 廿六日 三十日 下午三時 上午九時 廿五分 廿五分 發 譯

備註 大字

引自《汪僞檔案》

引自《汪偽檔案》

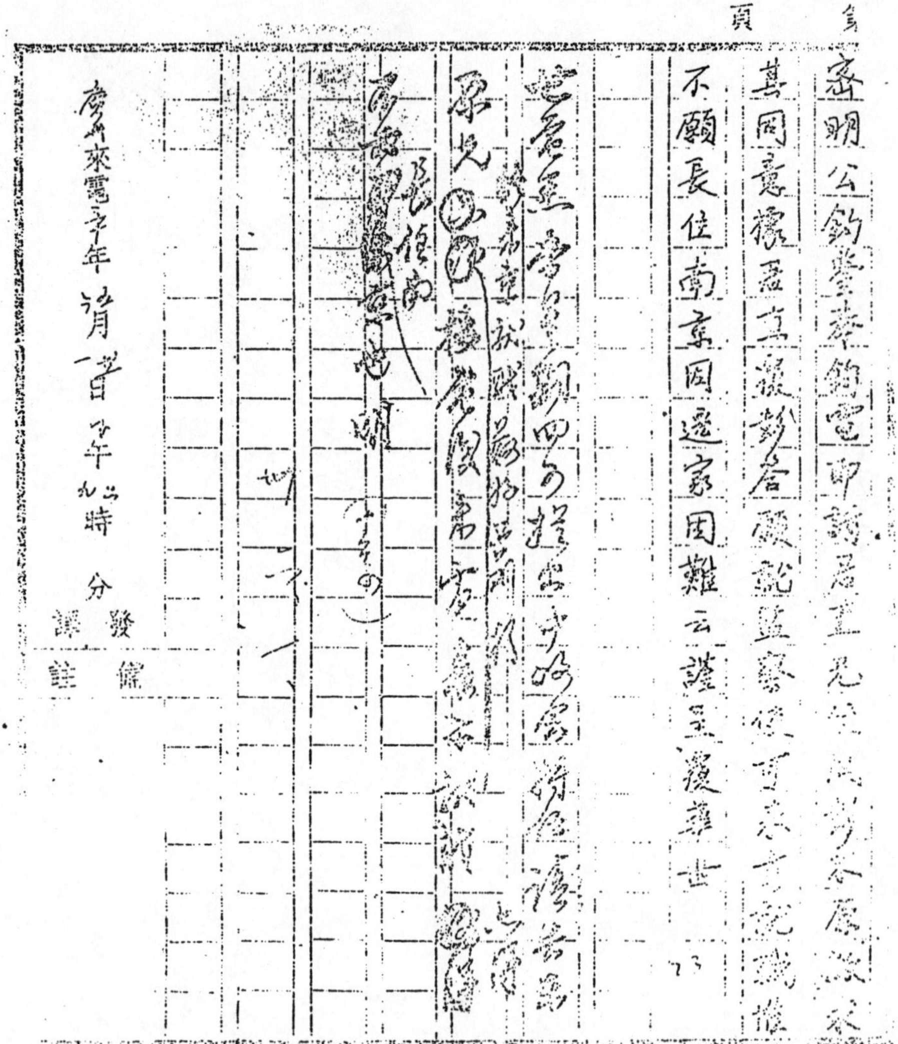

密 明公鈞鑒：奉鈞電即請君宜兄[illegible]
甚同意。據君宜復稱君[illegible]
不願長任南京，因遷家困難云。謹呈復。華。[illegible]
[illegible]

廣州來電　年　月　日　午　時　分
發　譯
儲　註

引自《汪僞檔案》

第 頁

明崖鑒矢崎日間飛滬轉京在省與華會談時頗注意彭受原出處問題華在京與大使館松平領事見面時亦提出希望中央予彭位置華曾將當時中央擬任彭為神户總領事及加以公使銜彭拒而不受情形告之松平始明瞭中央並非欲將彭投之閒散松平謂其擬再勸彭今矢崎來京可否由鈞座對彭垂向其表示中央意旨如彭能離粵亦可省却許多支節是非如何之處敬請鈞奪並請電示華

22

廣州來電 三十年五月廿九日 上午 十一時 五十四分

發 譯

備註

飛

引自《汪偽檔案》

寵惠吾兄：

廣州特別市市長彭東原因事呈辭，應照准，所遺

市長一職，任重要，[illegible]精[illegible]者[illegible]市長[illegible]廣東[illegible]

為要，已選由[illegible]接[illegible]宣誓前往。即叩

知照。弟汪兆銘 [illegible]

國民政府用箋

第二節 汪偽集團與廣東省政人事問題之關係

壹 前言

廣東是汪精衛的家鄉，廣州是國民黨人常常搞西南獨立的據點。汪精衛對這塊地盤十分重視，把它當作「禁臠」。汪偽初期，廣東還有一個日軍所支持的地方政權，負責人彭東原，下有省、市縣各級地方政府，是獨立性質的。汪方通過影佐，終於把彭東源的政府解消了。成立一個廣東省政府，命陳公博兼省政府主席（陳當時是南京的偽立法院長，由陳璧君之弟陳耀祖代理），無非利用陳公博這個名字多少爲廣東人所知道，想藉此號召。汪精衛另以中央政治委員會主席名義寫一「手諭」（並未報告會議），派陳璧君指導西南黨政軍事宜。陳璧君就持此坐鎮廣州（兩個月在廣州，兩個月在南京），成了偽廣東省政府的太上皇。❶本文擬就《汪偽資料檔案》中的函電史料，挑選出汪精衛對廣東省政府人事運作的問題，作一探討。

貳 從函電史料觀汪精衛對廣東省政人事的運作梗概

一、首先關於廣東省主席由何人擔任較合適的問題，日軍方面佐籐等堅持由汪精衛兼任，但汪在民國二十九年四月十六日致其妻陳璧君的函電中表示不宜，汪說：

關於我兼省主席，諸同志皆有難色，蓋恐此例一開，將來要求以中央大員遙領省主席者，必紛紛而來，政局必爲之混亂也。請設法約佐籐或延原一談，請其諒解，惟佐籐等如堅持，則諸同志爲廣東政局計，亦不反對我兼，盼速覆。季。❷

由此可知汪爲顧及同志的反對且不願開惡例，希望與日方談談，如果日方堅持，也只好順從日方意見。民國二十九年四月十九日汪再致電其妻陳璧君談到：

菊鑒：頃與影佐詳談我（指汪）兼省主席，實太滑稽，不如公博兼任，仍以耀祖代理較好，影佐已電佐籐，盼接洽。季。❸

汪認爲應由陳公博兼任廣東省主席，而由陳耀祖代理廣東省主席較爲妥適。同年四月二十四日汪從南京再致電函陳璧君談稱：

昨得粵對方電後，已發表公博兼省主席，今晨兩電均悉。公博以立（法）院長兼省主席係表示尊重省主席，同時表示，如實力派來，隨時可讓出也。耀祖實援因省黨部與對方及對彭（東原）等之惡感，勉強行之，必生不良結果，凸顯代理在中央院部可，在省政府則不可，以省主席爲領袖官故也。我（指汪精衛）兼太滑稽，且同於蔣之兼川省主席，請婉告各同志，並告以，如以後不能改善態度，則即此局亦恐不可久矣。

明。❹

由此函電可知汪藉此舉例影射當年蔣中正先生兼四川省主席是不妥當的。當此命令公佈後，陳璧君再致電汪詢及如此作法是否妥適，該函電內容爲：

明鑒：閱報忽想及群兄（指陳公博）爲立法院院長，如何可做行政官，如遇非難，應如何答覆，請即示知……。菊。❺

汪精衛則在該函電上批示：「立法院長係行政官與立法院委員不同，孫科兼經濟委員會常務委員，公博兼軍事委員會政治訓練部長已有前例，況有人代理，不過掛名，更無問題……。」❻汪認爲孫科與陳公博皆有前例在先，因此由陳公博兼廣東省主席並由陳耀祖代理省主席並無問題。

二、汪精衛於民國二十八年十二月一日十八時自上海致函電給其妻陳璧君，該函電內容如下：

(一)廣東政務委員會先設籌備處亦是一辦法，現在和平方案尚未完全議定，故中政會議尚無開會日期，如廣東政務委員會有趕速成立之必要，迫不及待，則只須作一決議聲明，國旗形式俟中政會議決定後，再行遵用亦未嘗不可，汝珩、浩駒、馮節、仲豪均可加入，道源加入後，仍可代表中央，彥慈緩加入，免致全班出齊，但如有加入必要，我亦無異議。㈡陸領所部，國旗事，請告對方現在中政會議尚未開會，對於國旗尚未決定，惟來歸軍隊驟令換旗，有失軍心，諸多不便，請於原有青天白日滿地紅之外，加一黃布黑字和平反共旗以資識別，此爲過渡辦法，俟將來中政會議決定後，再行遵用。㈢滇事待蕭回再談，不必著急，始萬勿往。㈣桂事除介紹得力人員與對方接洽外，實無其他辦法，因桂現已入戰事範圍，非復如從前之可醞釀自如矣。關於劉玉山、林中原、何人魂等事，我何從遙度，妹以爲可辦即辦，錢應用多少即用多少，不過以我度之，最好介紹與對方，若在港接洽必出亂子，花冤枉錢，猶其小事。㈤警校事已告影佐轉告佐藤，得覆並聞我意中央分校與彼無礙，所以如此留難，必由於廣州已有軍警教練所，慮及中央分校開辦起來，將因待遇不均，學科不齊，種種問題相形見絀，故不免遲疑，果眞如此，我等何妨主張合辦，現在所欲得者，警官人才，其他形式不必拘泥，請仲豪本此意與對方交涉。㈥黃子琪與彭佩茂各任一混成旅此是吾人目的。但在步驟上亦要考慮現時覓中下級軍官難，招兵難，購械難，與其各掘一井，彼此無成，何如合掘一井。黃、彭係青年同志，必不計較高低，兩人合力先練成一混成旅最好，不然則黃先彭後可也。㈦此間已與對方約定發往廣州之電報由軍部轉遞，今若改由領館則軍部必然以爲我不信之。故此事宜慢慢商量，且只須香港與廣州領館肯任轉遞，則各事由我電妹，由妹轉廣州較爲接頭也盼酌。㈧妹正熱烈進行之際，我忽請妹來滬、妹或不快，但請俯允，因有

必要。明。(九)發電間對方轉來黃質文電，甚懇切。明。❼

從上述函電史料談到九點重要事項，第一是汪要陳璧君儘快先成立廣東政務委員會，榷商相關人事，第二項是決定國旗形式暫以青天白日滿地紅外加一黃布黑字以資識別。第三、四項爲如何拉攏雲南和廣西之作法。第五項爲創辦軍警院校與教練所等問題，第六項爲汪要其妻整合黃子琪與彭佩茂之軍隊。第七項爲約定電報發送傳遞，以資保密。第八項是汪要陳璧君赴上海一趟，要事待商。第九項爲說明接獲黃質文函電，未敘明內容。

三、汪精衛於民國二十八年十二月二十一日十八時自上海致電陳璧君，該函電內容爲：

彼八十五號電悉。(一)我因來電云廣州對方甚無禮，故不欲妹上省。(二)在港每兩星期見一次無妨。(三)我不過願妹保留最後決定之權，勿誤會。(四)我對烈甚信任，但不願其今日斥金章，明日斥黃質文，因此等均對方覓來，且其往來在我等之前，我等自己努力，使我等自己所做之事，勝過別人便了，不必斥別人對我不妨，對對方如此，則必被其譏爲無容人之量，故不憚諄諄相戒，同志間責善是常事，不是侮辱。明。❽

從上述函電可知陳璧君坐擁廣東省，汪精衛凡事要讓她三分，汪表示對汕頭市市長陳光烈動輒斥責金章及黃質文兩同志頗有微詞，文中所指金章其人，係廣東番禺人，曾任僞華北政務委員會郵政總局局長。汪要求同志間，擇善包容爲要。

四、汪於民國二十九年二月二十日十七時自上海致電函陳璧君，內容如下：

㈠廣東做好，香港人心始轉，香港做好，南洋人心始轉，此爲一定之順序，且港令嚴禁帶信則拜通訊之作用亦失矣。如要做事可駐廣州，如不駐廣州，可在上海另覓辦事處，決無人阻礙，更無人蔑視也。㈡群兄肯任行政院長甚慰，惟須即來，因行政院各部人選須本月內決定，三月初開中政會議，三月中即成立行政院，如群兄於中政會議後始來則萬萬來不及矣。㈢中政會議妹決定不出席，如群兄亦不出席，乞電知，因十人缺二，不是小事，如不補人則表決將生問題。明。❾

從函電可知汪要求陳璧君做好廣東工作，以作爲香港、南洋人心歸向之指標。其陳公博應允任汪僞政權之行政院院長，汪要渠在二月底以前儘速到上海共商各部人事問題，最後一件要事，則是汪要陳璧君及陳公博儘量出席三月初召開的中政會議。蓋當時汪任中政會主席，如二人不來，表決將發生問題，此事非同小可。

五、民國二十九年二月二十二日汪精衛自上海致電未署明何人，該函電內容如下：

唔户根木，據云彼在港以明爲主流而以其他支流匯合之，決無另立派別之意，務請諒解，我答以無不諒解，惟有等人不宜於粵者，如金章之流，我可在中央酌予任用，戶根木表示滿意。明。⑩

由此可知汪會晤日方戶根木，日方表示以汪爲主流，日方如對金章等人不滿，汪可將其調離廣東或遷調中央。

六、民國二十九年四月十五日汪精衛自南京致函電到廣州，該函電談到：

陳青選有函來，此人如何？如廣州無事可做，則可囑其來京，我當予以位置。季。⑪

由函電可知有位名叫陳青選之人，毛遂自薦，汪有意安排其職位。

七、民國二十九年四月二十六日下午四時五分發，四月二十七日下午四時二十分譯，係由陳璧君自廣州致電函汪精衛，該函電內容摘要如下：

明鑒……㈡省府組織條例內保安副司令能否出席或列席省府會議，若不能，可否加鄭洸薰爲省委或列席省委，否則恐發生障礙。㈢此間軍校第二旅宣訓班報館等食米交涉結果即代辦，每擔二十元，市價三十五元。菊。⑫

汪精衛隨即在民國二十九年四月二十九日於南京在函電上批示，保安副司令有必要可列席廣東省府會議。

八、汪精衛於民國二十九年五月五日自南京致電函未署明給何人，該函談到：

中央委員周廷勷，廣東人，望擬加委爲廣東省政府委員。明。⑬

由此可知汪推薦周廷勷，擬委任爲廣東省政委員，有粵人主政之意味。

九、民國二十九年五月五日汪精衛自南京致電函陳璧君，該電內容爲：

各電均悉。㈠轉廣東省政府鑒省政府已經成立，以前所設政務委員會等機關，應即撤銷行政院院長汪兆銘。㈡曹榮通電全文，請以明電見示。㈣李主任謳一鑒李輔群委爲陸軍第四路司令。兆銘。㈣公博、民誼赴東京報聘。菊見華後，能來南京至慰，有急事，須面商。明。⑭

由上述函電可以確認僞廣東省政府已在民國二十九年五月左右成立，其次是汪向李謳一推薦李輔群爲陸軍第四路司令。此時正值陳公博、褚民誼赴日本東京報聘，表示親日的行爲。

十、李謳一於民國二十九年五月十八日下午一時五十分自廣州致電函給汪精衛及陳璧君，在五月二十日上午十一時四十分翻譯，該函電內容如下：

密明、菊鈞鑒：吳康楠件，因聯絡手續尚久妥善，麥堅石今再赴澳聯絡，並約吳、鄭來省面商，爲愼重計，應俟通電發表後，方與對方接洽，熊樾仍病並聞。謳叩。[15]

上述函電爲僞軍事委員會委員長駐粵辦公處主任李謳一與汪及陳璧君二人聯絡相關事宜之部分內容。

十一、陳璧君於民國二十九年六月三日下午八時四十分自廣州發，六月四日下午十時譯，致函電給汪精衛，該函電內容爲：

密明鑒：㈠此次中日秘密諒解二本，已妥帶粵存入保險箱中，可放心。㈡粵安籐所擬華南政治整理粵省計劃書，兄當時囑馬先生譯後，兄謂臨行時交我，但並無其事，可囑並帶來至緊，因華等甚欲一見。菊。[16]

由此函電可知有關汪精衛與日本間的所謂「中日秘密諒解」二本資料，係由陳璧君帶到廣東保管，事涉機密，故存入保險箱中。另外有關日方所擬華南政治整理粵省計劃書，陳璧君及其弟陳耀祖皆想一睹究竟，要汪帶來。

十二、一封民國二十九年六月十四日下午五時十五分發自廣州，六月十八日下午五時十分譯，係陳耀祖致汪精衛之函電，內容爲「密明鑒：巧日往汕頭視察，並接洽政務，經日返。

謹聞。華。」[17]另一封乃民國二十九年六月十六日下午七時四十分發自廣州，六月十七日下午三時二十分譯，係由陳耀祖致汪之函電，內容爲「密明鈞鑒：佐籐，今日答覆，謝不受，並另專函呈覆道謝云。華。」[18]這兩封函電，乃陳耀祖向汪報告視察汕頭及與由日方佐籐往來經過。

十三、陳耀祖於民國二十九年六月十九日下午六時四十分自廣州發，六月二十日下午八時三十分譯，致電汪，內容如下：

密明鈞鑒：㈠前在京時粵省府秘書長人選，本應提請委任弟多年相隨同志黃景。惟當時仍在韶關，居鄉無法出來，因此改任周應湘。黃君有幹才且誠實可靠，能爲弟臂助，現已由韶關經許多艱險來省，弟擬請任命爲省府委員專理省府內務工作，則弟對外應付，增加效率不少，如蒙俯允，請暫發表黃家美名義，因其家眷仍未脫走韶關，如何？乞奪亦覆。㈡弟巧日往汕頭聯絡經日返省。華。[19]

由此可知廣東省長陳耀祖向汪請示，有意推薦黃景出任省府委員，希望暫時以黃家美名義發表，以保其家眷安全。黃家美應是與黃子美爲同一人，蓋因自陳耀祖於民國二十九年六月二十五日下午七時發，六月二十六日下午四時三十分譯之致汪函電可知，該函電內容爲：

密明鈞鑒：鈞電奉悉，黃子美履歷如下：㈠廣東曲江人，四十歲，南越大學政治科學生，歷充鐵道部秘書、科長。津浦鐵路主任秘書，粵漢鐵路財務專門委員、廣東公路處主任秘書。(二)華梗日由汕頭返省潮汕，情形頗複雜，另函詳陳。(三)下月初擬請宗準來京報告粵省情況。華。[20]

十四、民國二十九年六月二十四日下午六時發，六月二十五日下午六時三十分譯，李謳一自廣州致電汪精衛，內容爲「密委員長汪鈞鑒：點驗委員盧璋等於本日抵粵，宥日開始點驗。詳聞職李謳一叩漾。」[21]可知汪應是任軍事委員會委員長，點驗委員所要執行的任務，不知是否指軍事或其他則有待查證。

十五、民國二十九年七月十八日下午六時五十五分發，七月二十一日下午三時二十五分譯，由陳耀祖自廣州致電汪精衛，該函電內容爲：

行政院汪院長鈞鑒：廣東綏靖督辦問題，經將詳情報告，由君直面呈，惟現與日軍部磋商情形，略有不同，日方主張改設東區行政督察專員兼區保安司令，只轄潮澄各縣，劃出汕頭市，不在轄區之內，專員人選由省府選定，此項辦法，日軍部已令知當地日軍，將成事實，先電聞應如何辦理，請電示遵。職陳耀祖。[22]

關於日軍主張設東區行政督察專員兼區保安司令一事，陳耀祖於民國二十九年七月二十四日上午二時二十分發，七月二十五日下午九時三十分譯再度致函電給汪，該函電內容爲：

汪院長鈞鑒：馬電奉悉，日方擬自動取銷粵東綏靖督辦公。設置東江行政督察專員，只管轄潮安、潮陽、澄海三縣，汕頭市在外，並以陳光烈署理，由省府任命，現爲因應事機權宜處置，提出省務會議，先行派委，同時呈請鈞院簡命，務懇俯准通過爲禱。㈡汕頭市長周之楨，因年高能力已差，日軍部主張更換，請省府派人，職以爲周之楨可調省酌任省委員，汕頭市長擬以廣州市財政局局長許少榮接任，因財廳劃分省市稅時，許十分努力幫助且與日方亦有相當感情，如任汕市長，東江財政月約百萬，有整理希望，鈞座如以爲可行擬即與日方聯絡辦理，當否乞電示。耀祖。㉓

從上述函電可知日方改變態度，主張設東江行政督察專員，只管轄潮安、潮陽、澄海三縣，汕頭市除外，指定陳光烈署理，而由廣東省政府任命，陳耀祖懇求汪能答應。其次，日方要求更換汕頭市市長，陳耀祖則推薦廣州市財政局局長許少榮接任，亦一併向汪請示。

十六、民國二十九年七月二十六日上午七時五分發，七月二十七日下午五時五十分譯，由陳耀祖自廣州致電汪精衛，該函電內容爲：

汪院長鈞鑒：陳芑川已來廣州，籌劃成立高法院事宜，暫不來京，在粵候命，故請早日發表命令，俾可進行爲禱。耀祖。㉔

由此函電可知汪指派陳芑川赴廣東成立高等法院事宜。

另外在汪僞廣東省政府成立二週年及一週年紀念，汪皆致賀電給陳耀祖及日方等人，分別如下：

> 廣州省政府陳主席暨諸同志勛鑒：本日爲廣東省政府成立二週年紀念之期，兆銘本欲親來參加，因連日天氣關係不能飛行，至深歉疚。當北大東亞戰事節節勝利，全面和平佇待實現之際，盼望諸同志繼續兩年來之奮鬥精神，爲廣東、爲中國、爲東亞克服艱難，推進於光明……。㉖

根據推測時間應在民國三十一年五月左右。民國三十年五月四日汪自南京致電給陳耀祖及日方矢崎少將恭賀廣東省政府成立一週年紀念，該函電內容爲：

> 廣東省政府陳主席惠鑒：請轉矢崎少將閣下惠鑒：廣東省政府成立以來，承閣下熱心協助，獲有進步，茲居成立週年紀念，特電感謝。汪兆銘。㉗

經查汪僞廣東省政府是在民國二十九年四月二十三日，其僞行政院第四次會議通過成立並發表省政府人選。（引自《中華日報》一九四〇年四月二十四日）

參　結　論

陳公博對兼廣東省政府主席，十分不感興趣，不久適逢僞上海市長傅筱庵被殺，他就兼了上海市長。陳公博解除兼廣東省主席職後，陳璧君就推其弟陳耀祖正式當廣東省主席，這樣她就可以更加自如「指導」省政了。所有廣東省一級的官吏，經常被她召到陳公館去考詢工作，面授機宜。從函電史料更可看出汪僞中央派到廣東的財務或其他人員，也要先徵求她的同意。汪精衛於民國三十三年（一九四四）在日本名古屋醫院病情惡化之際，陳耀祖在廣州被暗殺。陳公博、周佛海打電報給在日本的陳璧君，認爲此事不宜再去刺激病危的汪精衛，請提繼任人選，陳璧君即覆電，以其侄陳春圃繼任粵省長。後來汪精衛病死，陳春圃堅決不肯幹，陳璧君又推薦其妹夫褚民誼當廣東省長，迄至日本投降時爲止。由上述函電史料更可知，對汪而言，成也陳璧君，敗也陳璧君，從廣東省政府的成立到省主席人選、省府人事安排，都離不開以廣東幫爲主的家族政治，一方面是汪的老家，另一方面或許它是孫中山早年革命的根據地有關。

註釋：

❶ 黃美眞編：《僞廷幽影錄—對汪僞政權的回憶紀實》（北京：中國文史出版社出版，一九九一年五月第一版），頁六一。

❷ 〈汪精衛致陳璧君函電〉（民國二十九年四月十六日），《汪僞資料檔案》，法務部調查局資料室藏，鋼筆原件影本。

❸ 〈汪精衛致陳璧君函電〉（民國二十九年四月十九日），《汪僞資料檔案》，法務部調查局資料室藏，鋼筆原件影本。

❹ 〈汪精衛致陳璧君函電〉（民國二十九年四月二十四日），《汪僞資料檔案》，法務部調查局資料室藏，毛筆原件影本。

❺、❻ 〈陳璧君致汪精衛函電〉（民國二十九年四月二十六、二十七、二十九日），《汪僞資料檔案》，法務部調查局資料室藏，鋼筆及毛筆原件影本。

❼ 〈汪精衛致陳璧君函電〉（民國二十八年十二月一日十八時發），《汪僞資料檔案》，法務部調查局資料室藏，鋼筆原件影本。

❽ 〈汪精衛致陳璧君函電〉（民國二十八年十二月二十一日十八時發），《汪僞資料檔案》，法務部調查局資料室藏，鋼筆原件影本。

❾ 〈汪精衛致陳璧君函電〉（民國二十九年二月二十日十七時發），《汪僞資料檔案》，法務部調查局資料室藏，鋼筆原件影本。

❿ 〈汪精衛致陳璧君函電〉（民國二十九年二月二十二日），《汪僞資料檔案》，法務部調查局資料室藏，鋼筆原件影本。

⓫ 〈汪精衛致廣州函電〉（民國二十九年四月十五日），《汪僞資料檔案》，法務部調查局資料室藏，

毛筆原件影本。

⑫〈汪精衛致陳璧君及陳璧君致汪精衛函電〉(民國二十九年四月二十六、二十七、四月二十九日),《汪僞資料檔案》,法務部調查局資料室藏,鋼筆及毛筆原件影本。

⑬〈汪精衛致未署明何人函電〉(民國二十九年五月五日),《汪僞資料檔案》,法務部調查局資料室藏,毛筆原件影本。

⑭〈汪精衛致陳璧君函電〉(民國二十九年五月五日),《汪僞資料檔案》,法務部調查局資料室藏,毛筆原件影本。

⑮〈李謳一致汪精衛、陳璧君函電〉(民國二十九年五月十八、二十日),《汪僞資料檔案》,法務部調查局資料室藏,鋼筆原件影本。

⑯〈陳璧君致汪精衛函電〉(民國二十九年六月三、四日),《汪僞資料檔案》,法務部調查局資料室藏,鋼筆原件影本。

⑰〈陳耀祖致汪精衛函電〉(民國二十九年六月十四、十八日),《汪僞資料檔案》,法務部調查局資料室藏,鋼筆原件影本。

⑱〈陳耀祖致汪精衛函電〉(民國二十九年六月十六、十七日),《汪僞資料檔案》,法務部調查局資料室藏,鋼筆原件影本。

⑲〈陳耀祖致汪精衛函電〉(民國二十九年六月十九、二十日),《汪僞資料檔案》,法務部調查局資料室藏,鋼筆原件影本。

⑳〈陳耀祖致汪精衛函電〉(民國二十九年六月二十五、二十六日),《汪僞資料檔案》,法務部調查局資料室藏,鋼筆原件影本。

㉑〈李謳一致汪精衛函電〉(民國二十九年六月二十四、二十五日),《汪僞資料檔案》,法務部調查局資料室藏,鋼筆原件影本。

㉒〈陳耀祖致汪精衛函電〉（民國二十九年七月十八日、二十一日），《汪偽資料檔案》，法務部調查局資料室藏，鋼筆原件影本。

㉓〈陳耀祖致汪精衛函電〉（民國二十九年七月二十四、二十五日），《汪偽資料檔案》，法務部調查局資料室藏，鋼筆原件影本。

㉔〈陳耀祖致汪精衛函電〉（民國二十九年七月二十六、二十七日），《汪偽資料檔案》，法務部調查局資料室藏，鋼筆原件影本。

㉕〈汪精衛致陳耀祖函電〉（未註明時間），《汪偽資料檔案》法務部調查局資料室藏，毛筆原件影本。

㉖〈汪精衛致陳耀祖函電〉（民國三十年五月四日），《汪偽資料檔案》法務部調查局資料室藏，毛筆原件影本。

第　　頁

（四）廣東做好，香港人心始轉，香港做好，南洋人心始轉，此爲一定之勢，今且港方殷葉書信則許通訊之作用亦失矣，如要做事，可駐廣州，如不駐廣州，可在上海另覓辦事處，東京阻礙蔑視也。（二）群先肯任行政院長，甚贊，惟須即來，因行政院各部人選，須本月內決定，三月初旬中政會議，三月中即成立行政院，如群先中政會議後始來，則爲之未不及矣。（三）中政會議，如群先如不來出席，還不出席，如群先亦不出席，當電知，因十人缺二，不成事，如不補人，則表示將來內容明

（鈔存）

廿九年二月廿日十七時　分發於港

備註

引自《汪僞檔案》

第　　頁

晤戶根木據云彼在滬[illegible]以明為主流而以其他為支流適合

之派弟無國立派別之念務請諒解我意以無不諒解惟有等

人民實於粵者如金章之流我可在中央酌予任用[illegible]

戶根木表示滿意明

九年一月廿日　時　分發於[illegible]

備註

引自《汪僞檔案》

第　　頁

總攬其事，因本中學所有一切校務雜務總稽核十分
繁，各校甚羨中央分校，認爲中央分校所謂不應辦之
理，校則醫校事已告一段落，俟一臨時停頓，再開我亦爲
用兆銘中央分校與彼無礙，所以如此，將來廣州之
前半醫務係所屬中央分校開辦起來，因待遇不均，與揮
不齊，積之內部糾紛，見諸事實，果是如此，我等何妨立張
合辦，現在所得者，醫官人才甚缺，我可大為物色，請仲豪本
此意與對方交涉（六）黃君張君與鄭佩茂爲任一隊成粮
此營要人同情，但在步驟上亦要考慮，現時中下級軍官雖招
無難，惟械難與其各挪一井，彼此無成，何如合挪一井，黃君黃鄭
係青年同志，要互計校方話，兩人合力先練成一隊成粮最好不。

備

引自《汪偽檔案》

第　　頁

發往廣州之電稿

粵州黃兄轉陳耀祖也七 此間已與對方約定前線軍事由宋部轉

達公至政府設立廣州軍部以為我不信之故此事宜

慢慢商量且只能秉公與廣州領館負任轉達對方事由我密

妹[illegible]由妹轉廣州報刊接頭也盼酌(八)妹正趣赴滬

行之際我兄請妹來滬妹或不快但請備先因府無要[illegible]

明(九)發電向對方轉氣黃發文電甚誠[illegible]明友電(廿三)

廿八年十二月一日十八時　分發於

備註

引自《汪偽檔案》

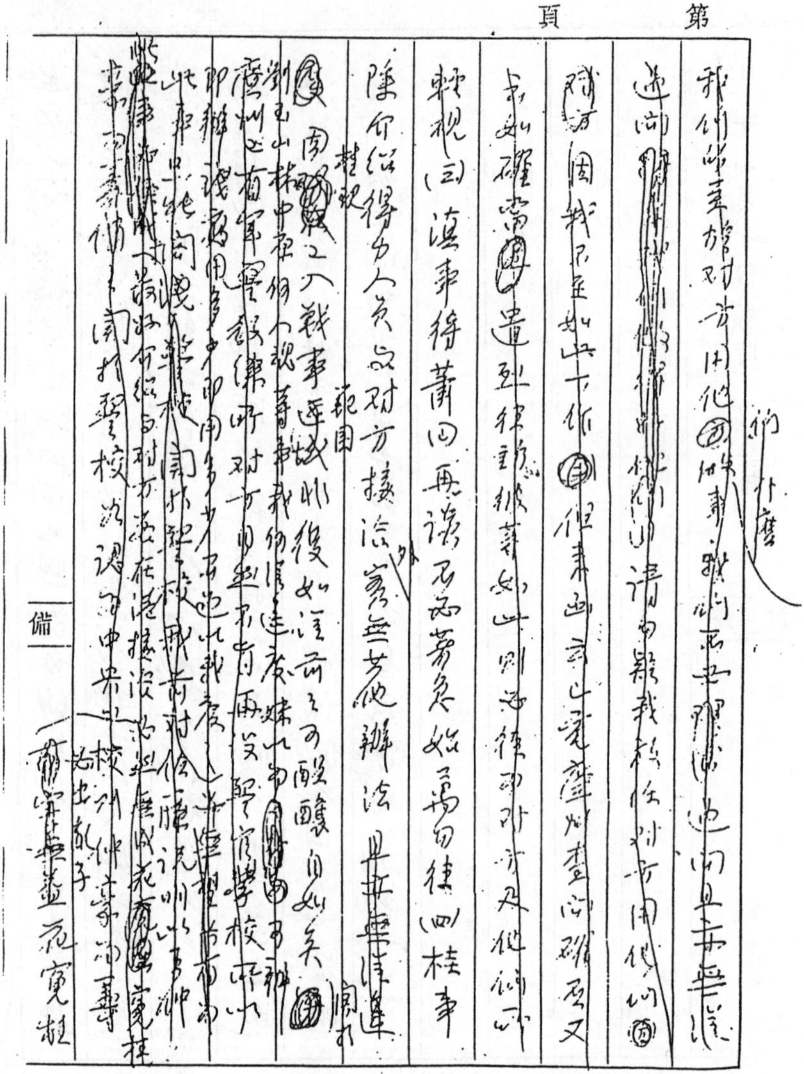

引自《汪偽檔案》

第　　頁

彼以十五号電來(一)我回來電云對方無礼故不欲歸上有
(二)在港每兩星期見一次無妨(三)我不過路僕當最後決定
了樣的結合(四)我對理其信任但不願其今日過片拿章明
日過片黃賢文因此事均對方見來從其往來在我等之
前我等自己努力後我等自己所做之事勝過別人使了
片不過別人對我過不妨對對方如此則必被其譏而笑
人之要故不悼諒之前戒同志勿責其言不至侮辱
明 提者

廣州

廿八年十二月廿一日十八時　分發於 汪

備註

引自《汪僞檔案》

第　　　　頁

侯交特使接收

(一)廣東政務爲今全籌備處林汝珩、李謳一、陳仲宗均（先設籌備處以十羊辦法現在如果有）

俟尚未完全議定，故中政會議尚無開會日期，如廣東政務

委員會有遲速至三兩安退不及待，則只須作一決從來

明國旗形式，俟中政會議決定後再行通用，亦未嘗不可

加入林汝珩、陳仲宗均不適，深恐入後仍不代表

中央委員繼加入，免致會議出席，假如有加入爲要，我亦無

異議。(二)擬的辦事宜要與陸軍方面（陸續所新國旗事，請先對方現在中政會議時，我們來開會對於新國旗形式，我們決不用黨旗）

國旗，當未決定惟希望軍隊繼續換掛有朱宗之黨旗於原有

做去。林國旗，我們不用黨旗，方與仍用國旗，方案不能

進，未出中傳說，外加一黃帶，其結果我們共被人譏諷，此公

所以最好，我們有辦法，我們的女推用之最好，但我

也，後兩法，婦女中的做法，後來行通用

恐壞了，後來還我們不能用，故此將辦法最好，我的做

年	月	日	時	分發於	備註
				滬	

引自《汪偽檔案》

第　　頁

閱報載華主席本談同志曾有殺色憂恐此例一開
將來以中央大員選派者主席必紛紛而來
政局之混亂也請設法維持或
延原一談請其設法維持等以維持同志為座
要政局計亦為對我華時速覆李

廿九年四月十七日　時　分發於二時

備註

引自《汪偽檔案》

第　　頁

廣州

陳青選兄函來此人如何如廣州無事可做則可屬其來京我當量以位置

兆銘寒

廿九年　月十四日　時　分發於

備註

引自《汪偽檔案》

昨得粵對方電悉

已發表公博兼第省主席公展

頁

兩宅均甚公博以立院長兼省主席係表示尊重精

主席同時表示以實力派來隱將了讓出以

羅祖實接因省黨部與對方及對於黨之

慕感[illegible]勉強[illegible]之為省局良好結果先路代

理在中央決議而在省政府則不可[illegible]

以省主席為領袖神權也戰[illegible]太清[illegible]

且聞鄭藻之黨則省主席請擬具名同

意並告以收後[illegible]絕度則即以為

亦絲

廿九年五月廿四日　時　分發於京

備註

引自《汪僞檔案》

第　　頁

菊屋頃與影佐詳談我粵有主席實太滑稽[illegible]如

不[illegible]粵任何以辦理代理特務影佐之電[illegible]

[illegible]佐藤[illegible]接洽[illegible]李

廿九年四月十日　時　分發於京

備註

引自《汪偽檔案》

第　　頁

中央委員

周廷勵廣東人重擬加委為廣東省政府委員明

廿九年 三月 三日 時 分發於京

備註

引自《汪偽檔案》

第　頁

明鑒閱報忽想及羣兄為立法院院長如何即作行
政官如遇非難應如何答覆請即示知(二)省府組織
條例內保安副司令能否出席或列席省府會議若
不能可否加鄭洸薰為省委或列席省委否則恐發
生障礙(三)此間軍校第二旅宣訓班報館等食米交
涉結果即代辦每担廿元市上價卅五元蔔
立法院長係行政官與立法院委員不同據稱魚經
法委員會常務委員以特兼軍事委員會政治
訓練部長已有前例況有人代理不必掛名政委問
題(二)保安副司令有必要可列席明

[illegible]

廣州來電　廿九年四月廿七日下午四時五十分
發
譯
備註

引自《汪偽檔案》

第　　頁

密明蔚鈞鑒吳康楠件因聯絡手續尚欠妥善麥堅石今再赴澳聯絡并約吳鄭来省面商為慎重計懇俟通電發表後方與對方接洽熊樾仍病并聞謳叩

廣州來電

廿九年五月廿六日下午一時廿分　發

廿七日上午十一時卅分　譯

備註　莣字

引自《汪僞檔案》

第　頁

各廳均裁（一）廣東省政府之經成立以
前所設政務委員會等機關應即撤消餘照
暫仍其舊以資鎮靜遵應全文請以明電見示（三）
李謳一原兼職務為陸軍第四路司
令（四）王揆氏請赴東京報聘菊兄華後能
來南京面談有各事須面商明

兆銘

廿九年五月二日　時　分發於二時

備註

引自《汪偽檔案》

第　頁

密明鈞鑒巧日往汕頭視察并接洽政務經日返謹

聞華

廣州來電廿九年七月十八日下午五時五十分

發 繕

譯 註

引自《汪僞檔案》

第　　頁

密明瑩此次中日秘密諒解二本已璧帶粵存入保
險箱中可放心（二）粵安藤所擬華南政治整理粵省
計劃書兄當時囑馬先生譯後兄謂臨行時交我但
並無其事可囑牛帶來至緊因華等甚欲一見弟

廣州來電廿九年六月廿三日下午八時十分
發
譯
備註

引自《汪僞檔案》

第　　頁

密明鈞鑒前在京時粵省府秘書長人選本應提請
委任弟多庫相隨叱志黃景惟當時仍在韶關居鄉
然法出來因此改任周應湘黃君有幹才且誠實可
靠能為弟臂助現已由韶關經許多艱險來省弟擬
請臻命為省府委員專理省府內務工作則弟對外
應付儘加效率不少如蒙俯允請暫發表黃家美名
義因其家眷仍未脫走韶關如何乞奪示覆(二)弟巧
日往汕頭聯絡經日返省華、

廣州來電 廿九年六月二十九日下午六時四十分

發譯

備註

引自《汪偽檔案》

第　　頁

密。明釣鑒：佐藤今日答覆謝不受，并另專函呈覆。道

謝云華

廣州羽電廿九年六月廿七日下午三時卅分

發　備

譯　註

引自《汪偽檔案》

第　頁

密明鈞鑒鈞電奉悉黃子美履歷如下廣東曲江人四十歲南越大學政治科學生歷充鐵道部秘書科長津浦鐵路主任秘書粵漢鐵路財務專門委員廣東公路處主任秘書(二)華棲日由汕頭返省潮汕情形頗複雜另函詳陳(三)下月初擬請宗準來京報告粵省情況華

廣州來電　廿九年七月廿七日下午七時廿分

發　譯

備註

澹宇

引自《汪僞檔案》

第　頁

密委員長汪鈞鑒點驗委員盧璋等於本日抵粵寓
日開始點驗謹聞職李謳一叩漾

廣州來電 廿九年六月廿三日下午六時卅分

譯　發

備註

引自《汪偽檔案》

第　　頁

行政院汪院長鈞鑒廣東綏靖督辦問題經將詳情
報告由君貞面呈惟現與日軍部磋商情形略有不
同日方主張改設東區行政督察專員兼區保安司
令祇轄潮澄各縣劃出汕頭市不在轄區之內專員
人選由省府遴選定此項辦法日軍部已令知當地日
軍將成事實謹先電聞應如何辦理請電示遵職陳
耀祖

廣州來電廿九年七月十八日下午六時四五分發
廿一日三時卅五分譯
備註

引自《汪偽檔案》

第　頁

鈇踬已經職一再苦挽調解刻已無事知關鈞注謹
據實電復餘另函詳陳職李謳一叩有

廣州來電廿九年七月廿五日上下午九七時五十分

發譯

備註

引自《汪僞檔案》

第　頁

汪院長鈞鑒乌電奉悉日方擬自動取銷粵東綏靖督辦公署設置東江行政督察專員祇管轄潮安潮陽澄海三縣汕頭市在外并以陳光烈署理由省府任命現為因應事機權宜處置提出省務會議先行派委同時呈請鈞院簡命務懇俯准通過為禱(二)汕頭市長周之楨因年高能力已差日軍部主張更換請省府派人職以為周之楨可調省酌任省委員汕頭市長擬以廣州市財政局局長許少榮接任因財廳劃分省市稅時許十分努力幫助且與日方亦有相當感情如任汕市長東江財政月約百萬有整理

來電　年　月　日　午　時　分　發

譯

備註

引自《汪偽檔案》

第　　頁

希望鈞座如以為可行擬即與日方聯絡辦理當否

乞電示耀祖

廣州來電廿九年七月廿四日上午十二時二十分發

廿五日下午九時卅分譯

備註

引自《汪偽檔案》

第　　頁

汪院長鈞鑒陳芑川已來廣州籌劃成立高法院事宜暫不來京在粵候命故請早日發表命令俾可進行

為禱耀祖

廣州來電廿九年七月廿六（七）日
上午七時五分
下午五時五十分

發
譯

備註

引自《汪偽檔案》

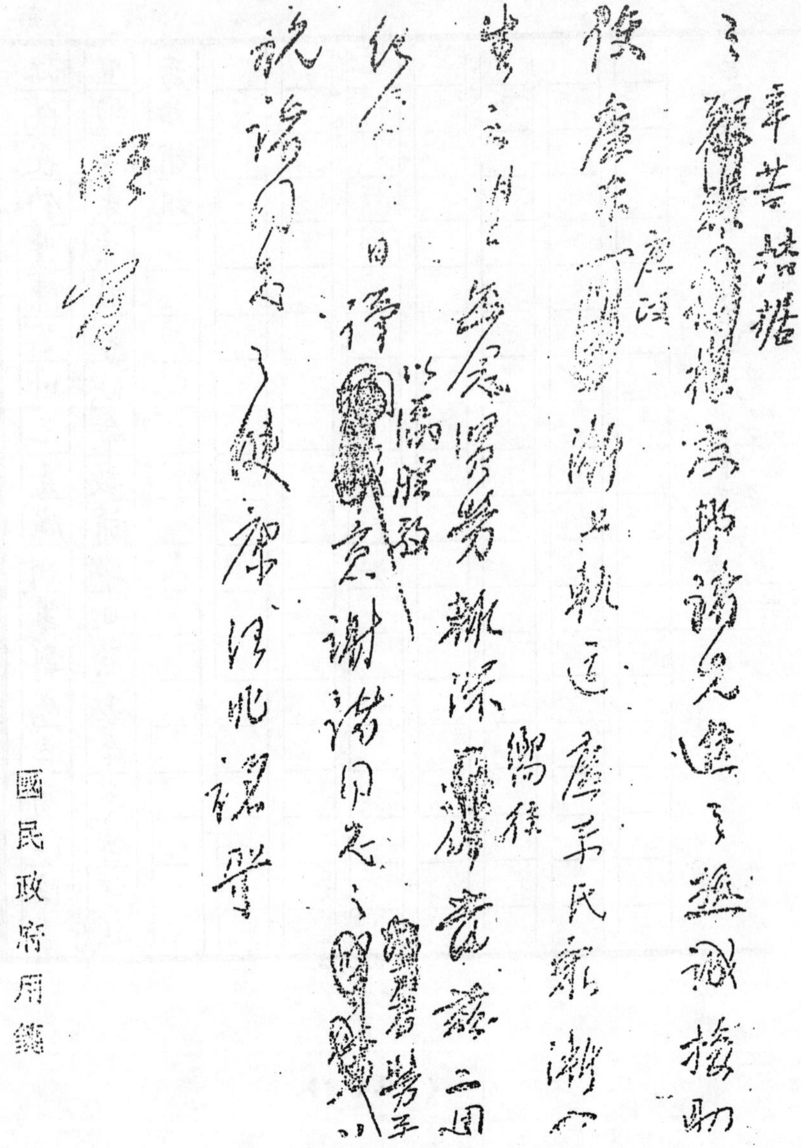

國民政府用箋

引自《汪偽檔案》

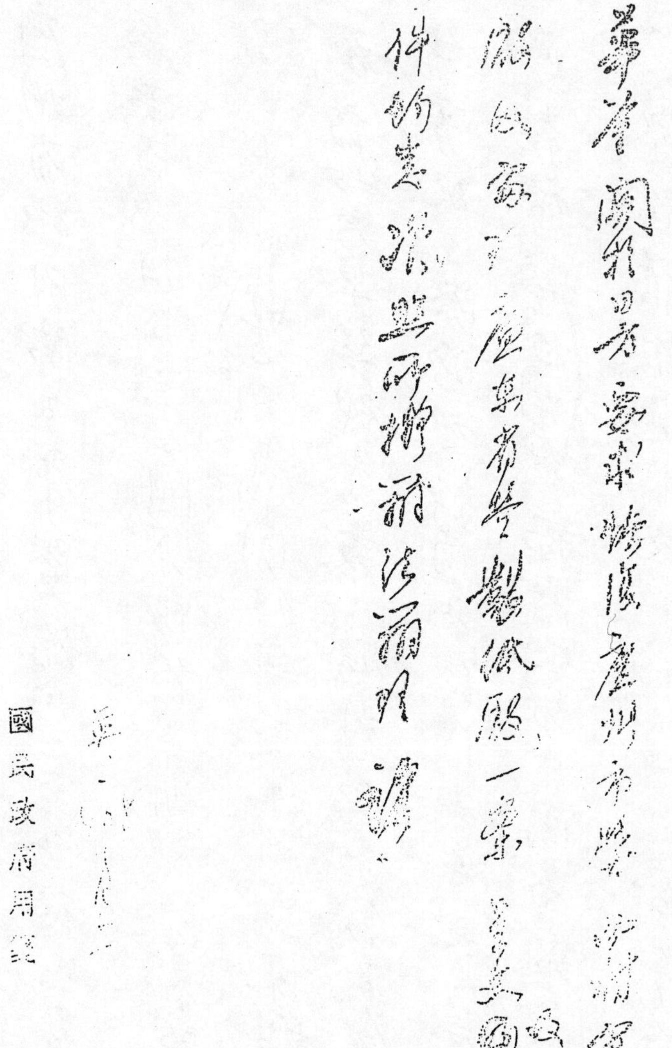

引自《汪偽檔案》

廣州市政府陽市長鑒：諸同志勛鑒：本日值
廣東省政府成立二周年紀念之期，回溯本府
成立之初，適遭天氣陰霾，環境異常艱難，
廣東此次重歸舊軌，年來節節勝利，從而和平建
設實現之際，勝望諸同志繼續努力，為廣
開發建設，擬為廣東、為中國、為東亞
之勝利繼續邁進，并先此申祝 [illegible]

引自《汪偽檔案》

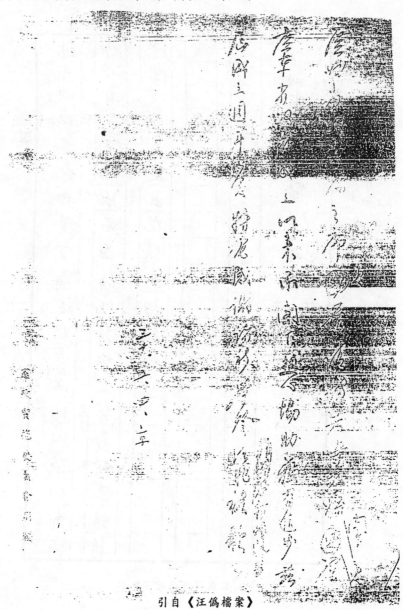

引自《汪偽檔案》

第　頁

陳秘書長鈞鑒電悉建廳長繼任以張伯高君
昨已另電陳張君並請以張幼雲幫義發表請轉（名）
達陳代院長提出院議為禱　耀祖

廣州來電　三十二年六月廿四日下午七時廿分

發　譯

備　註　內

引自《汪僞檔案》

廣州市政府 [illegible]

廣東省政府 [illegible] 東亞聯盟 [illegible] 協助 [illegible]

廣州市長 [illegible]

三十、五 [illegible]

引自《汪僞檔案》

第　頁

陳秘書長鈞鑒電悉建廳長繼任以張伯高君

昨已有另電陳張君並請以張幼雲幫（名？）義發表請轉

達陳代院長提出院議為禱耀祖

廣州來電　三年　月廿三日　下午七時卅分

發譯

備註　內

引自《汪偽檔案》

第三節　汪偽集團與廣東軍政人事問題之關係

壹　前言

汪精衛等人組織軍事武力的活動，至民國二十八年（一九三九）八月下旬召開偽國民黨第六次全國代表大會前後，始得較具體的推進。是年秋，彼輩在上海積極籌建偽政權之際，軍事乃為其注意的部門。為此，而設置「軍事籌備委員會」，於愚園路之汪宅；汪精衛自任主席，以周佛海、劉郁芬、鮑文樾、葉蓬、楊揆一、蕭叔宣、臧卓、楊毓珣、鄭大章諸人為委員。民國二十九年（一九四〇）三月，汪偽政府成立時，仿國民政府章制，設置「軍事委員會」（簡稱「軍委會」），直屬偽國民政府，與行政、立法、司法、考試、監察等五院並行。汪自兼委員長、陳公博、周佛海任副委員長；常務委員有劉郁芬等二十六人。[1]

由「軍委會」組織看來，汪偽政府在形式上具備了陸、海、空三軍。但是，無可置疑的，除陸軍擁兵數十萬，編制尚具規模之外，海、空軍只能說是聊備一格。值得注意者，依據民國二十八年十二月「日、汪密約」中「秘密諒解事項」（第六），汪偽最高軍事機關得聘請日本軍事顧問；其職權在輔助設計一般國防軍事之設施及中日軍事協力事項[2]。故自「軍委會」成立起，日本先後派遣影佐禎昭、松井太久郎、柴山兼四郎、矢崎堪什、淺海等人擔任最高軍事顧問，統率一顧問部駐在汪偽政府。汪偽之軍事計劃與活動，無可避免的必然受到他們的監督及指導。民國三十年（一九四一）一月三十日，日本陸軍中央制定一份「中國方面武裝團體裝備及指導綱要」，明確指示：關於「國民政府」的武裝團體，應依據派遣軍或有關司令官之命令或指示，由僞府「軍委會」的顧問或其所屬機關等加以指導❸。這足以說明汪僞軍事上是受日本操縱的。從《汪僞資料檔案》中的函電史料，更加佐證汪是受日軍玩弄的傀儡政權而已。

貳　從函電史料觀抗戰時期汪精衛對廣東省軍政人事的運作梗概

茲將汪精衛與廣東省軍事佈局有關之函電史料，列舉如下：

一、民國二十八年（一九三九）十二月十四日二十一時，汪從上海致電函給其妻陳璧君，內容爲：

茲決定如下：㈠中央現已成立軍事籌備委員會，應於廣州設分會，以李謳一、陳昌祖、黃子琪、彭佩茂、王仲豪五同志爲委員，並以李謳一同志爲主任委員。㈡設中央陸軍軍官學校廣州分校，以李謳一同志爲主任。㈢以黃子琪同志爲陸軍第一混成旅旅長，以彭佩茂同志爲陸軍第二混成旅旅長。㈣菊鑒菊以中央軍事籌備委員資格，對於分會隨時指導。㈤琪兄鑒，茲決定請兄擔任第一混成旅旅長，關於軍官分校，請移交李謳一同志擔任籌備，詳細情形，由李（謳一）、彭（東原）兩同志面告，敬祈同心協力，奠定和平反共建國基礎，至盼。兆銘寒友蔬。❹

由函電內容可知汪任命李謳一爲「僞軍委員會委員長駐粵辦公處主任」，菊爲陳璧君之化名，由她以中央軍事籌備委員資格，指導監督廣東分會，又陳昌祖係陳璧君之弟，後曾被汪任命爲僞航空署署長。更可見汪以家族群裙帶關係來鞏固廣東的地盤。除此之外，汪於民國二十八年十二月初，並設立「中央陸軍軍官訓練團」，汪任團長，葉蓬任教育長；受訓學員共八百多人，經過大約三個月的學科與術科訓練，至民國二十九年（一九四〇）二月底，汪僞政權建立前一個月，始行結業。受訓的學員，以後便分散於僞政權各軍事機構中擔任中、下級幹部❺，顯然該團是爲了儲訓軍事人員而開辦。因此除設中央陸軍軍官學校外，更要在廣州設立分校。汪在民國二十八年十二月九日十四時從上海致電函給廣州當局，指示如下：

> 本日中央陸軍軍官訓練團行開學禮，各教職員及各學員帽章用和平反共建國金色篆寫，門前懸和平反共建國黃地黑字之標語旗，堂上懸總理遺像及黨旗，唱黨歌，由我（指汪本人）主席說明國旗、帽章等候中政會議議決遵行，目前暫用和平反共建國標語，各人均精神振奮，並無頹喪，因我等並未用五色旗而等候中政會會議議決遵行，亦並無不合理之處也。我意廣州（分校）亦可照此辦法，陸領軍隊將青天白日滿地紅旗暫時捲起，而將和平反共建國黃地黑字之標語旗打開，亦是一辦法。明。❻

汪深諳槍桿子出政權的道理，因此指示廣州分校隨著中央陸軍軍官訓練團的舞步起舞，接受日軍魔棒的指揮。

二、民國二十九年三月十四日汪從上海致電函李謳一談到廣東海軍問題，內容為：

李謳一先生鑒：招桂章兄，須俟四月初海軍部成立後，始能回廣州，關於廣東海防辦法，屆時將能決定進行，招桂章兄招來海軍人員，在廣州者請查明若干人暫給生活費至本月底為止，連前借支五千元一併實報實銷為要。兆銘。❼

三、民國三十年（一九四一）十一月二十三日七、八時汪致電函給華（陳耀祖），內容為：

華鑒：廣東江防艦隊司令部改為廣東要港司令部直屬海軍部，與綏署不生關係，為聯合辦事計，應否仿首都之例，設聯合辦事處，俾水陸兩方有統一之效，盼覆。兆銘。❽

比較言之，汪偽海軍的力量比空軍稍強。此或與汪兼任「海軍部」部長，有所關係。偽政府成立之前，汪原擬委任褚民誼為「海軍部」部長，陳公博，周佛海力持異議，汪始打消原意，改任褚民誼為「行政院」副院長兼「外交部」部長。汪偽「海軍部」成立之初，直屬於行政院，管理海軍行政事宜；下設總務部、軍衡司、軍務司、軍械司、軍學司、艦政司及軍需司等七司，本部編制總員額三百二十二人❾。偽海軍部所屬海軍機關至民國三十二年

（一九四三）七月為止，在華中者為南京要港司令部及漢口基地部，在華南者為廣州要港司令部，在華北者為威海衛要港司令部。其中廣州要港司令部，原隸屬於「軍委會」的廣東江防司令部，於民國三十年冬改組為廣州要港司令部，劃歸「海軍部」。管轄區域為珠江等處水面，下設廣州、白蕉兩基地隊，廣州、橫門兩基地區隊，及大小艦艇十餘隻，司令部設廣州。

四、民國二十九年三月二十四日汪自南京致電李謳一，內容為：

廣州李謳一先生鑒：軍事訓練部借重吾兄擔任政務次長，只須參與計劃，不必亟亟來京，有必要時始來京一行，即可解決。粵省軍事仍以奉託，請查察為荷。兆銘敬。⑩

由此函電可知汪要李謳一擔任軍事訓練部政務次長，只須參與計劃即可，重心仍擺在廣東省軍事方面。

五、民國二十九年三月二十八日汪自南京再致電李謳一，內容為：

李謳一先生鑒：德昭帶來各件均悉，軍委會來月初成立，應俟正式核定，茲先撥拾萬元以資應用，祈收覆。兆銘。⑪

六、民國二十九年三月三十一日汪自南京再致電函李謳一，內容為：

李謳一先生鑒：兩電均悉；㈠目前已電覆撥款十萬元，收到後盼電示。㈡陳寄情可任爲教導團長。兆銘。⑫

上述函電顯示汪撥經費給軍委會廣州分會主任李謳一之事，要其電覆是否收到，並推薦陳寄情任軍委會廣州分會教導團長。事實上汪僞的軍事委員會，大體是模仿蔣中正的方式。汪精衛自兼委員長，陳公博、周佛海兼副委員長。汪死陳繼，副委員長只周佛海一人，未另補人。初期設辦公廳（後改爲總務廳），另有第一、二、三廳，都是幕僚性質。辦公廳主任先後由楊揆一、黃自強、張恒等擔任。參謀總長先後由楊揆一、葉蓬、劉郁芬、鮑文樾、胡毓坤等擔任。擔任過參謀次長的有張恒、黃自強等人。初期設立軍事訓練部，部長蕭叔萱；政治訓練部，部長陳公博，年餘後這兩個部又都撤銷了。

七、民國二十九年四月一日汪精衛自南京致電黃子蔭，內容爲：

廣州清水濠一三四號黃總司令子蔭兄勛鑒：三十電誦悉。建密前屢函電，以兄部成立伊始，宜先從事訓練，不宜輕易進兵，未獲聽察，聞此次覆敗，更甚於前彌深慨歎。今兄部來粵招募，事先並未電聞，良聞駭然，然現在軍事委員會已經成立，軍事進止，應先電請核准，不宜自由行動，至於華南方面已經聯絡就緒之部隊，統率節制早已負責有人矣。特覆。汪兆銘東。⑬

由此函電可知黃子蔭本名黃大偉，僞軍委員會委員，和平建國軍第一軍總司令，冒然對外採取軍事行動，而被重慶國民政府軍隊擊敗，因此汪要求黃某不得再擅自行動，聽候汪僞中央之指揮。

八、民國二十九年四月十六日汪精衛自南京致電未指名何人，內容爲：

鄺挺生在粵聯絡軍隊較在京爲有效，如同意將令其請假來粵，盼覆。季。⓮

按鄺挺生，廣東台山人，曾任僞僑務委員會常務委員兼僑務管理處處長。

九、民國二十九年四月十九日汪精衛自南京致電函陳璧君，該函電內容爲：

菊鑒：(一)轉李謳一，招桂章兩兄鑒：本日軍事委員會決議派李謳一爲軍事委員長駐粵辦公處主任，每月經費二萬五千元，派招桂章爲廣州江防籌備處長每月一萬五千元。請即將以前軍分會名義取消並公佈成立，在額定經費範圍內，撙節開支爲要。兆銘。(二)嬰，豐皆已薦任傑、任事，在兩人之前，請自四月份起，在我存款內月支港幣貳佰元。季。⓯

由上述函電可知，汪僞軍委會發佈李謳一、招桂章之職務及薪資，其中招桂章，係廣東南海人，黃埔海軍軍官學校畢業，而嬰，係指汪文嬰，乃汪精衛之長子，向汪推薦任傑、任事二人，獲汪精衛同意，並由汪存款內月支港幣貳佰元，作爲薪水。

十、民國二十九年四月二十日汪精衛自南京致電函陳璧君及李謳一，該函電內容爲：

菊鑒：謳兄同鑒：軍事委員會組織條例第十一條，本會於必要時得於重要地點，設立委員長行轅，此條用意在防止地方軍事割據之漸收中央指臂之效，此次設駐粵辦公處，即是此意，主任權限由委員長所賦予，可輕可重，對於日方交涉，無屈就之嫌，對於前方將士，亦不失招來作用，至於保安司令，其性質爲地方部隊，不宜統屬，以亂系統，若指導則爲當然之事也。總期善於運用以應機宜至荷。明。㈡菊鑒：來電所云，能如砲仔例，語意不明，函詳何如？明。⑯

上述函電顯示汪向陳璧君及李謳一說明設立軍委會駐粵辦公處的最主要原因及目的，係便於中央集權統治。

十一、民國二十九年四月二十七日汪精衛再自南京致電函陳璧君、李謳一，該函電內容爲：

㈠曹榮、屈仁則已否發動。㈡妹（指陳璧君）在廣州佈置各事甚好，似不必急於赴港，君直明日赴滬飛粵，德昭等數日後亦來，妹宜與彼等晤後，始赴港。㈢李謳一兄鑒：關於軍事宜多與日方會商，安籐最高指揮官曾對弟說，欲與兄多談，如安籐無暇，則佐籐延原，必須常見，誠意以交換而得且消除無謂之隔膜與誤會也。兆銘。[17]

上述函電顯示，汪要其妻陳璧君儘量坐鎮廣東，要李謳一多與日方指揮官如安籐、佐籐延原等多聯絡以消除彼此之隔膜與誤會。

十二、民國二十九年五月四日汪精衛自南京致電函陳璧君，該函電內容爲：

菊鑒：墊支之款，已與群、典兩兄熟商，此款係政府成立以前所用，無理由令政府撥還，如必須撥還，非動用團練基金不可，然與其動用團練基金，不如即在港存款百萬元內動支，如將來軍隊來歸時，港存款不敷用則可電請軍事委員會由政府撥款。如此既不致使團練基金有所搖動，而政府成立以後，軍隊來歸由政府撥款，亦名正言順也。團練基金保管委員爲典、群、菊三人，今加以我之同意，即可作爲決議，而港存款之動支，亦爲我等之共同議決，非菊一人負責矣！明。[18]

由上述函電顯示，典指周佛海、群指陳公搏，更可知汪僞集團設有一團練基金，存於香港，至少有壹佰萬元，係由汪、周、陳公博、陳璧君四人共同保管把持，其他人不得過問，作爲訓練軍隊與招募軍隊之用。

十三、民國二十九年五月二十三、二十四日李謳一致電函汪精衛，該函電內容爲：

密明鈞鑒：鈞電敬悉，感愧交集，職回粵後，延原亦以此相問，經職說明，業已了解，此等拓編部隊，在陸軍先進國的人士，視之自當稱之爲匪團，職處現組整編委員會指派幹員，從速整理訓練，以候中央大員到粵點編，職祇有加倍努力，決不灰心，逆來順受，唯求有益於大局而已。謳叩。⑲

上述函電顯示李謳一向汪報告整軍概況及和佐籐延原接觸情形，並表示隨時等候汪僞中央要員來粵點編驗收。

十四、民國二十九年六月七日、九日陳耀祖自廣州致電函汪精衛，該函電內容爲：

密明鈞鑒：遵令已提交保管委員會活動費軍票六萬五千元。華。⑳

上述函電談到「軍票」，它係日軍佔領中國大陸初期的金融政策——軍票的流通。日本發放軍票始於明治維新前，眞正使用是在明治維新以後的對外戰爭中。甲午中日戰爭時，曾計劃以「軍用切符」之名使用，但直到戰爭結束，沒有付諸實施。日俄戰爭時，「軍用切符」開始大規模用於軍事。日俄戰後，改名爲「軍用手票」，即成爲調撥軍用物資及掠奪佔領區財富，在一定時期內使用的貨幣——軍票。民國二十七年（一九三八）十月起，華南淪陷區也開始使用軍票。同時，在廣州、武漢淪陷，戰事陷入長期化以後，日本進而決定從十一月一日起，在除上海以外的整個華中、華南日軍佔領區，禁止使用非軍票日系貨幣。民國二十八年十二月，在上海也全面回收日銀劵，促使軍票流通。

十五、民國二十九年六月七日、九日李謳一自廣州致電函汪精衛，該函電內容爲：

密明鈞鑒：曹、李兩部，刻整編就緒，積極訓練，而點驗委員，因天氣關係尚未抵粵，前奉電示，臨時費暫准撥支十五萬元，餘俟點驗後，方可動支等因。自當遵辦，但服裝費每兵曾發一套，所餘無幾，而職抵粵後將及一月，在此期內，部隊集中給養，需款孔亟，請領甚急，應付維艱，所餘之臨時費十五萬元，應否准許動支，乞賜示遵。李謳一叩。㉑

上述函電顯示，曹、李兩部軍隊，曹應指曹榮，李則李輔群，因軍隊訓練補給，需款孔急，李謳一身兼軍委會委員及駐粵辦公處主任，爲應急乃向汪請示，是否准其動支相關經費。

十六、民國二十九年六月二十四、二十五日李謳一自廣州致電函汪精衛，該函電內容爲：

密委員長汪鈞鑒：皓兩電奉悉，自應遵辦，惟彭旅請派幹部及連政訓員甚急，查係需要，擬從權就軍官政訓學員抽派試用，俟高級班畢業考試回校，一律與考及格者發給證書，當否仍候裁核電示遵。職李謳一叩梗。㉒

上述函電顯示，彭佩茂部隊要求李謳一派軍官幹部及連政訓員，李乃向汪請示，是否先從軍官政訓學員抽派試用應急，由此亦可見汪僞軍隊缺少幹部一班。

十七、民國二十九年六月二十八日李謳一自廣州致電函汪精衛，該函電內容爲：

密軍委員會委員長汪鈞鑒：盧點驗委員到達定宥日開始點驗，三、四兩路業經電陳在案，現經如期在南村大崗魚窩昧等地，分日點驗，情形尚佳，詳情另由盧委員電呈鑒核，俟點驗完竣，職當另行專案呈報，至該兩路經費，前奉發下第三、四路軍臨時費三十萬元，除就中發給軍裝且費九萬餘元及墊支經常費二十萬元外，業已用罄，查三路前奉國府令，飭職處派員點驗，准由五月眞日起餉，四路成立由六月份起餉，該兩路軍經費預算，每月各需十五萬餘元，合共三十餘萬元，請領甚急，待支孔亟，懇速電匯以應軍需，再該兩路軍，五、六月份經費約共四十萬元，經費預算書另由盧點驗委員帶京呈核。職李謳一叩感。㉓

上述函電，談到盧委員，係指盧璋由汪僞中央派赴廣東點驗軍事之委員，李謳一向汪請示重點，仍在軍需孔急，希望速撥軍費應急。

十八、民國二十九年七月二十四、二十五日彭佩茂自廣州致電函汪精衛，該函電內容爲：

主席汪鈞鑒：日間李主任晉京著職偕行，報告屬旅近況暨聆訓今後方針，可否？乞電示職彭佩茂叩敬。㉔

上述函電提到李主任，係指李謳一。

十九、民國二十九年七月十七日、十九日李謳一自廣州致電函汪精衛，該函電內容爲：

主席汪鈞鑒：寒電奉悉，查職托盧委員璋帶呈之信，內載關於曹、李兩部應編營數，係擬第三路曹部便於掌握，編足九營，第四路李部因該司令自請暫編六營，經予權准，策奉電諭，曹部編六營，李部可編九營等，因兩部應編營數與職原函不符，未知是否電文錯誤，事屬應編營數關係重要，如何之處，伏乞迅賜電復，職李謳一叩篠。㉕

上述函電顯示李托盧璋轉呈汪之信函，談到李輔群與曹榮部隊整編營數不一的問題，請汪指示處理之道。

二十、在一封未署明年月日、姓名之函電，經研判可能是李謳一再度致電函汪精衛之函電，內容爲：

委員長汪鈞鑒：奉電敬悉，關於李司令輔群呈稱各點：(一)姜科長汝鐸於整編時臻李司令意見，小有不同，略生磨擦，經職發覺後，已將姜科長調廣西警校，今已無事。(二)該呈謂餉糈兩月未發，茲查截至昨日止部已領去拾玖萬餘元。(三)關於應編人數前擬編成六營係據李司令自行請求職予權准，今又據稱此議既係一時衝動，仍有人數槍枝仍得編足九營，職亦已知之，仍可再編已無問題。㈣該司令要求直接軍委會一點，完全出於一時衝動，關於此點現已不成問題，總之該司令過於衝動，係其個性。此誠……。㉖

上述函電顯示李謳一將李司令輔群的報告，向汪轉述，至少有四個重點，首先是李輔群與姜汝鐸之磨擦，其次是李輔群已領軍費十九萬元，再者整編人數，李輔群仍要求編爲九營所謂六營之說法，只不過是一時衝動罷了。

二十一、民國三十年四月三日汪精衛自南京致電函陳璧君，該函電內容爲：

惺（指汪之女兒汪文惺）到接各函：㈠護沙事，關於黃志敏，現謳一已回粵，請與面商關於槍械已與影切商，影表示甚困難，因日方售我槍械之數，甫經協定，今多出五百枝，參陸兩部必以爲非協定中應售之數，難於答應也。現仍在設法，惟尊處勿待。㈡軍票法幣問題，華、準均能注意甚慰。中央直轄部隊，無法維持，不得已只有緩禁賭博，盼忍痛爲之。明。㉗

上述函電顯示，汪向陳璧君表示廣東軍隊要求汪向日方影佐禎昭購買槍械，實有難處，試著設法，也請陳璧君不要抱太大希望，可能很難通過日方參謀部及陸軍部這一關卡。其次廣東省長陳耀祖，財政廳長汪宗準皆能注意到軍票與法幣的問題，汪表示甚慰，如果汪僞中央軍無法維持應有的法紀時，汪勸陳璧君只好暫緩禁止軍人賭博，盼其忍痛爲之。

二十二、民國三十年四月十七日汪精衛致電函李謳一，該函電內容爲：

> 李主任謳一兄鑒：彭旅向歸駐粵辦公處主任節制調遣，此次已受領槍械，更應勤加指導，俾成勁旅，聞兄對該旅，時存客氣，該旅用人、行政、理財，亦向不經主任核准，殊屬不合，現兄雖兼任師長而對該旅以主任資格節制調遣，仍然如故。盼認眞督率，毋負期望。汪兆銘篠。再此次彭旅長領得槍械到粵後，應集中辦公處，照來電分配，並從速撥付省政府，供護沙隊用。兆銘沈。㉘

上述函電顯示汪向李謳一談論彭佩茂部隊的概況，並要求李謳一不用對彭客氣，應認眞督導，嚴加管理，將來提供作爲保護南沙群島之用。

二十三、民國三十年五月六日以署名「鐵」者，自廣州致電函給「崖公」（待查考），內容爲：

> 密崖公鑒：㈠據報舊軍人呂春榮、王子精、張炎等向日軍部要求組織參謀團計劃，擬於東西北江南路各選有關人物參加。㈡準備金籌足一百萬元存台灣銀行，呂春榮籌繳過半，欲任參謀團主席。㈢地點擬設增城。㈣日方許其以四輪航行省、港、澳及就地收入作經費。㈤參謀團成立後，擬先在鶴山、東莞、增城、中山、寶安、博

羅等地集合，一萬步槍部隊等語。謹聞。鐵。㉙

上述函電顯示舊軍人呂春榮等人被汪僞集團排擠後，極思翻身，因此向日軍部要求組織參謀團計劃並籌足一百萬元存入台灣銀行。

二十四、民國三十年五月十六、十七日李謳一、汪宗準、彭佩茂三人聯合致電函汪精衛，該函電內容爲：

明鈞鑒：關於撥發省府護沙隊槍械之件，爲調節雙方使用便利起見，經謳、準商妥辦法如下：㈠由京領返之六五步槍，一二〇〇枝統交彭旅領用，俾全團槍類一致，以便補充。㈡辦公處械所，製成之新七九步槍六百枝，由軍校收回配足子彈二百發，撥交護沙隊領用。㈢原定之輕機十挺，仍依原案照撥省府，以上辦法均已商妥，是否可行，乞賜電示。李謳一、汪宗準、彭佩茂叩銑。㉚

上述函電顯示李謳一及財政廳長汪宗準、軍人彭佩茂三人洽商如何分配從中央南京領回之六五步槍及自製的七九步槍和原定購的輕機槍處理原則，更可見汪僞集團軍事裝備，雖經日軍的幕後支援供應，仍有嚴重不足之處。

二十五、民國三十年五月二十四日、二十五日汪宗準致電函崖，該函電內容爲：

崖鈞鑒：電敬悉，新槍未到，護沙非即開辦恐誤時，故與謳商定，互換澳米，因海軍堅持，矢崎現不欲再爭，如何善後，俟華到再商決，華在台今日不知能起飛否。準敬。㉛

上述函電在護沙行動前後僞廣東省長陳耀祖曾赴台灣，赴台目的尚待查證，陳耀祖於五月二十七日返粵。

二十六、民國三十年五月二十七日李謳一自廣州致電函汪精衛及崖（眞名待查），該函電內容爲：

密明崖鈞鑒：華返鈞諭敬悉。㈠駐粵部隊新餉加上辦公費，尚無請求增加之意。㈡彭旅已飭，準備候命調京，但近來訓練較前頗有進步。㈢軍校學生隊、政訓隊、憲兵隊均提前於七月結業，軍官隊因入校未久，縱力提早，亦須在八月內方能全部結束。㈣軍校結束後，應否利用校舍器材，改辦短期訓練之軍士教導隊，乞示。㈤曹、李兩部已改編，今後自當努力省促，以副厚期。㈥聞夫人福體偶感微恙，甚念。㈦省府護沙隊，因出防在即，已權將修械所製成之七九新槍四百枝，子彈四萬發，先行撥用，並聞。謳叩感。㉜

上述函電顯示李謳一向汪報告七件事情，大致圍繞在軍隊及幹部訓練狀況及聽說陳璧君身體欠安，表示問候之意，最後談到護沙部隊狀況。

二十七、民國三十年十月十九日汪精衛致函電陳耀祖及李謳一，該函電內容爲：

華、謳同鑒：本日陳院長帶來槍數、槍價及分配方法，均悉中央財政無力購買，即使有力購買，但亦不能專以之分配於駐粵各部隊，因全國各部隊均有此需要，中央不能不夠量分配，以期平均。如此則駐粵各部隊至多只能得三分之一而已。如粵省能有力購買不需中央負擔，則當別論。明。[33]

上述函電顯示汪向廣東省長及駐粵辦公處主任李謳一，表示中央財力有限，無法將槍枝軍備全數放在廣東，要平均放到汪僞所控制的其他省市，如果按比例算，駐粵的軍隊，最多可分配到三分之一的槍枝而已，但如果廣東本身有能力購買，那又另當別論。

二十八、一封未署明年月日之函電，係由汪致電函陳耀祖及李謳一、鄭洸薰三人，該函電內容爲：

廣州陳主任耀祖、李副主任謳一、鄭參謀長洸薰同鑒：本日國民政府命令軍事委員長駐粵辦事處、廣東保安司令部均即裁撤，設立駐廣州綏靖公署，特派陳耀祖爲主任，李謳一爲副主任仍兼第二十二師師長，鄭洸薰爲參謀長進敘中將兼第三十師師長。尊因查確立治安爲目前第一要著，蓋惟確立治安，始能保障和平，惟保障和平始能開拓和平，粵省向有中央直屬部隊及保安隊任務，既同系統，宜一爲指揮便利號令專一起見，故有此次之改革，切望同心戮力，共向確立治安之途，沉著猛進，務底於成，所有編制及給養……。[34]

上述函電雖然不全，但也可能顯示民國二十九年（一九四〇）初秋，駐上海的日本陸軍第十三軍（即登部隊），通過軍事顧問部向汪僞提出一份「肅清方案」，希望汪僞配合日軍，把一些出產豐富的地區「治安」搞得更好一些，目的在肅清各地區的敵對勢力，以利日軍的經濟榨取。經此研判此一函電根據廣東省的「清鄉」工作報告，應該是在民國三十二年四月底以前所發的函電，因爲廣東的清鄉運動大約在民國三十二年四月底五月初全面展開。[35]

參　結　論

汪僞軍事力量的正式形成及大量發展，係在南京僞國民政府建立之後。民國二十九年（一九四〇）三月，汪僞政府成立時，依國民政府章制，設置「軍事委員會」（簡稱「軍委會」），直屬僞國民政府，與行政、立法、司法、考試、監察等五院並行。汪精衛自兼委員長，陳公博、周佛海任副委員長；常務委員除陳公博、周佛海二人外，尚有劉郁芬、齊燮元、鮑文樾、楊揆一、任援道、葉蓬、蕭叔宣等共九人；委員有陳群、康蟒、丁默村、胡毓坤、李謳一、鄭大章、臧卓、申振綱、富雙英、孫祥夫、陳維遠、金壽良、盧英、阮玄武、門致中、劉培緒等二十六人。「軍事委員會」係僞政府軍事最高機關，職掌關於國防綏靖之統率事宜、軍事章制、軍事教育方針之最高決定、軍費支配、軍備補充之最高審核、軍事建設、軍隊編遣之最高決定，及中將、獨立任務少將以上任免之審核。

從上述函電史料可以看出，有關僞廣東省的軍政人事運作與佈局，完全操縱在汪精衛、陳璧君、陳耀祖、李謳一等少數人的手中，而汪氏夫婦及陳耀祖、李謳一則被日軍在幕後控制指使，根本毫無自主權可言，更加印證汪僞政府只是日方擁出來的傀儡政權罷了。

註釋：

❶（僞）軍事委員會辦公廳編，《軍事委員會職員錄：汪僞機關編制案》，國防部史政編譯局藏檔案。僞軍事委員會委員名額隨軍隊擴充而有所增加，至民國三十年底共有三十一人，最後增加到近五十人。轉引自邵銘煌：《汪僞政權之建立及覆亡》，（台北市：中國文化大學史學研究所博士論文，民國七十九年六月），頁二三五。

❷〈調整中日新關係之協議文件〉，民國二十八年十二月三十日，中國國民黨中央委員會黨史委員會藏原件。

❸崛場一雄，《支那事變戰爭指導史》（東京：時事通信社，昭和三十七年九月十日，初版），頁五四九。

❹〈汪精衛致陳璧君函電〉（民國二十八年十二月十四日二十一時），《汪僞資料檔案》，法務部調查局資料室藏，鋼筆原件影本。

❺朱子家，《汪政權的開場與收場》，第二冊（香港：春秋雜誌社，民國五十年三月，再版），頁一一。

❻〈汪精衛致廣州當局函電〉（民國二十八年十二月九日十四時），《汪僞資料檔案》，法務部調查局資料室藏，鋼筆原件影本。

❼〈汪精衛致李謳一函電〉（民國二十九年三月十四日），《汪僞資料檔案》，法務部調查局資料室藏，鋼筆原件影本。

❽〈汪精衛致華函電〉（民國三十年十一月二十三日），《汪僞資料檔案》，法務部調查局資料室藏，毛筆原件影本。

❾〈海軍部組織法〉，汪僞海軍部暨所屬編制案，國防部史政編譯局藏檔案。

❿〈汪精衛致李謳一函電〉（民國二十九年三月二十四日），《汪僞資料檔案》，法務部調查局資料室

藏，鋼筆原件影本。

⑪〈汪精衛致李謳一函電〉（民國二十九年三月二十八日），《汪偽資料檔案》，法務部調查局資料室藏，鋼筆原件影本。

⑫〈汪精衛致李謳一函電〉（民國二十九年三月三十一日），《汪偽資料檔案》，法務部調查局資料室藏，鋼筆原件影本。

⑬〈汪精衛致黃子蔭函電〉（民國二十九年四月一日），《汪偽資料檔案》，法務部調查局資料室藏，鋼筆原件影本。

⑭〈汪精衛致本署何人之函電〉（民國二十九年四月十六日），《汪偽資料檔案》，法務部調查局資料室藏，毛筆原件影本。

⑮〈汪精衛致陳璧君函電〉（民國二十九年四月十九日），《汪偽資料檔案》，法務部調查局資料室藏，毛筆及鋼筆原件影本。

⑯〈汪精衛致陳璧君、李謳一函電〉（民國二十九年四月二十日），《汪偽資料檔案》，法務部調查局資料室藏，鋼筆原件影本。

⑰〈汪精衛致陳璧君、李謳一函電〉（民國二十九年四月二十七日），《汪偽資料檔案》，法務部調查局資料室藏，鋼筆原件影本。

⑱〈汪精衛致陳璧君函電〉（民國二十九年五月四日），《汪偽資料檔案》，法務部調查局資料室藏，鋼筆原件影本。

⑲〈李謳一致汪精衛函電〉（民國二十九年五月二十三、二十四日），《汪偽資料檔案》，法務部調查局資料室藏，鋼筆原件影本。

⑳〈陳耀祖致汪精衛函電〉（民國二十九年六月七、九日），《汪偽資料檔案》，法務部調查局資料室藏，鋼筆原件影本。

㉑〈李謳一致汪精衛函電〉（民國二十九年六月七、九日），《汪僞資料檔案》，法務部調查局資料室藏，鋼筆原件影本。

㉒〈李謳一致汪精衛函電〉（民國二十九年六月二十四、二十五日），《汪僞資料檔案》，法務部調查局資料室藏，鋼筆原件影本。

㉓〈李謳一致汪精衛函電〉（民國二十九年六月二十八日），《汪僞資料檔案》，法務部調查局資料室藏，鋼筆原件影本。

㉔〈彭佩茂致汪精衛函電〉（民國二十九年七月二十四、五日），《汪僞資料檔案》，法務部調查局資料室藏，鋼筆原件影本。

㉕〈李謳一致汪精衛函電〉（民國二十九年七月十七、十九日），《汪僞資料檔案》，法務部調查局資料室藏，鋼筆原件影本。

㉖〈李謳一致汪精衛函電〉（年月日時間不詳），《汪僞資料檔案》，法務部調查局資料室藏，鋼筆原件影本。

㉗〈汪精衛致陳璧君函電〉（民國三十年四月三日），《汪僞資料檔案》，法務部調查局資料室藏，鋼筆原件影本。

㉘〈汪精衛致李謳一函電〉（民國三十年四月十七日），《汪僞資料檔案》，法務部調查局資料室藏，鋼筆原件影本。

㉙〈鐵致崖公函電〉（民國三十年五月六日），《汪僞資料檔案》，法務部調查局資料室藏，鋼筆原件影本。

㉚〈李謳一、汪宗準、彭佩茂聯合致汪精衛函電〉（民國三十年五月十六、十七日），《汪僞資料檔案》，法務部調查局資料室藏，鋼筆原件影本。

㉛〈汪宗準致崖函電〉（民國三十年五月二十四、二十五日），《汪僞資料檔案》，法務部調查局資料

室藏，鋼筆原件影本。

㉜〈李謳一致汪精衛及崖函電〉（民國三十年五月二十七日），《汪偽資料檔案》，法務部調查局資料室藏，鋼筆原件影本。

㉝〈汪精衛致陳耀祖、李謳一函電〉（民國三十年十月十九日），《汪偽資料檔案》，法務部調查局資料室藏，鋼筆原件影本。

㉞〈汪精衛致陳耀祖、李謳一、鄭洸薰函電〉（民國年月日時間不詳，《汪偽資料檔案》，法務部調查局資料室藏，鋼筆原件影本。

㉟余子道、劉其奎、曹振威編：《汪精衛國民政府「清鄉」運動》，（上海：人民出版社出版，一九八五年五月第一版），頁五五四。

第 頁

本日中央陸軍軍官訓練團行開學禮[illegible]

[illegible]樹和平反共建國[illegible]

衛及黨旗唱黨歌由我主席說明國旗帽章[illegible]

設法[illegible]用和平反共建國標語[illegible]

[illegible]

我黨黨旗[illegible]

時機[illegible]和平反共建國基地[illegible]標語旗[illegible]

一轉

是[illegible]

廿八年十二月十九日 時 分發於[illegible]

備

引自《汪偽檔案》

第　　頁

李謳一兄、松桂章兄：鈞係四月初海軍部派員

後始能回廣州[illegible]閱抄廣東海防辦法

屆時始能將宜送行。松桂章兄擬來海軍人員在

廣州者請查收，為千人擬給生活費至[illegible]本月底為止

速籌備五千元一併寄穀寄請留為要。兆銘

廿九年三月十六日　時　分發於滬

備註

引自《汪偽檔案》

第　　　　頁

蔡洪宣均下：(一)中央已成立軍事委員會，應於廣州設分

會，以李謳一、陳耀祖、黃子強、彭佩民、王伯群五同志為委員，

並以李謳一同志為主任委員。(二)[illegible]廣州設中央陸軍軍官

學校廣州分校，以李謳一同志為主任。(三)以黃子強同志為陸軍

第一混成旅旅長，彭佩民同志為陸軍第二混成旅旅長。(四)蕭

蔚以中央軍事委員會委員資格，對於分會事務隨時協助。(五)

張光[illegible]蘇[illegible]之擔任第一混成旅旅長，詳細情形由李[illegible]

[illegible]關於分校請交李[illegible]擔任籌備，詳細情形由李[illegible]

兩同志面告，致彭同[illegible]協力莫其定擔年與共建國基礎至盼。兆

銘寅[illegible]（印）

廿八年十二月十四日　時　分發於

備註

引自《汪偽檔案》

李廷一先生奉派帶來各件均悉 軍委會
本月初成立 核定 係正式 茲先撥 萬
元以資應用 所收容 兵 希

廿九、三、廿八、高

引自《汪偽檔案》

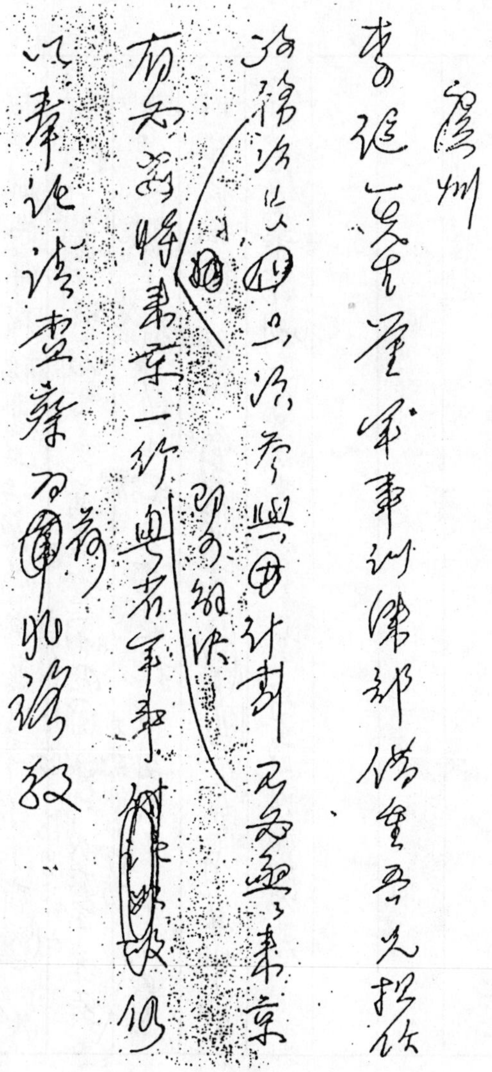

引自《汪僞檔案》

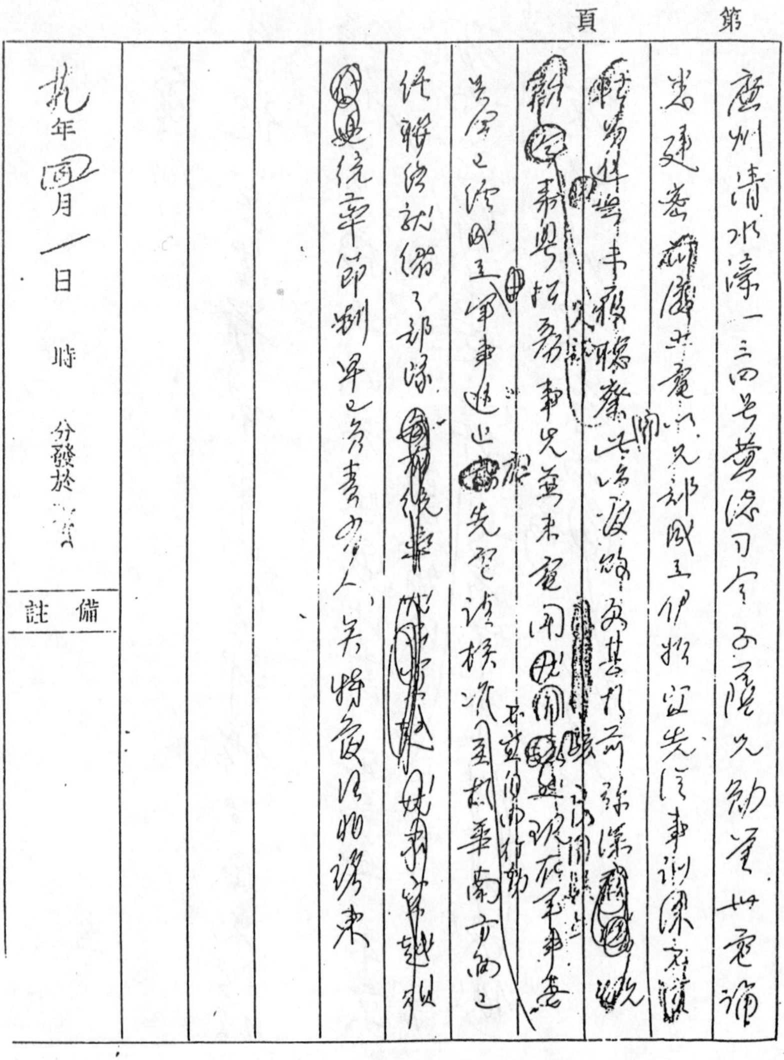
第　　頁

廣州清水濠一三四号黃總司令子隱兄勛鑒：卅電誦悉

建基、[illegible]兄部改立伊拟宜先從事訓練[illegible]

[illegible]事務聯絡[illegible]以後與其相商[illegible]

[illegible]粵籍事先並未電聞[illegible]現在軍事[illegible]

兄之經歷立軍事進止[illegible]先呈請核准至於華南方面之

任務仍就緒之部隊[illegible]

[illegible]進行幸即劃界已負責之人矣特復[illegible]

卅年四月一日　時　分發於

備註

引自《汪偽檔案》

書記一百萬管兩電均悉（一）日前已電府撥款
十萬元收到後請[illegible]電示（二）陳寧情回任
為難予團安此復

兆　三、廿、京

引自《汪偽檔案》

第　頁

菊農（一）轉李滙一、招桂章兩兄鑒：本黨軍事委員會決設

派李滙一為軍事委員長駐粵辦公處主任[illegible]

二萬五千之[illegible]派招桂章為廣州江防警備處長[illegible]

一萬五千之[illegible]該即將以兩軍分會名義取消並[illegible]

莊發堂偕費維同內撥由南支為安

保成立日[illegible]北號（二）整理師之番號任

並在兩分會請用實行，彼擬發月支港幣貳

兆銘

廿九年四月廿九日　時　分發於二[illegible]

備註

公

引自《汪偽檔案》

鄺挺生在粵聯絡軍隊較在京爲有效

如同意將令其續派來與之聯繫可

兆 四、十六、京

引自《汪僞檔案》

第　頁

(一)粵華處仍則已無發動(二)我方陳在廣州特布
置各事甚好似可即赴港君再明日赴港飛粵
總照前款日後與表陳宜與彼等暗談將赴港(三)李謳
一先生開打軍事實多與日方會商安願取易揮宜實財
節先生望見多矣力要勝無慮力修勝了原為殆常見
誠意[illegible]得其謂除無須湯膜品謨会也兆銘

年　四月　廿[illegible]日　時　分發

備註

引自《汪偽檔案》

第　　頁

(一)菊肇謳見同屬軍事委員會組織條例第十一條規定於

必要時得於重要地点設立委員長行轅此條用意在防

止地方軍事割據之漸收中央指臂之效此次設駐粵办公處

即是此意主任權限由委員長所賦予可轄可查對於地方安靖

無屈就之嫌對於前方將士亦足收招來作用至於保安司令

對該省地方部隊之無統屬以亂統屬指其所

為當然[illegible]之統期著之於運用以觀機宜至荷(二)(三)菊肇

來電所云統如祕係何語意不明再詳何明

廿八年四月廿四日　時　分發於

備註

第　　　　頁

菊屏擬支之款，已與群兄面商[illegible]款，則係
政府成立以前所用，[illegible]由政府撥還如係
撥還，非動用團體基金不可；與其動用團體基金，不如
即在港存款項下劃支之，由國支。如將來軍隊來歸時，港
存款不敷國用，則可電請軍事委員會由政府撥款。
如此不致使團體基金有所搖動，而政府成立以後，軍隊來
歸，由政府撥款，亦屬正當。將此團體基金保留，為其
為與群、菊三人，加以我之同意，即可作為決議。港存款國
[illegible]之動支，亦為我等共同議決，非菊一人負專責矣。
明

廿九年五月四日　時　分發於[illegible]

備註

引自《汪偽檔案》

第　　　頁

廣州

本日軍委會詳細討論[illegible]取消黃部之限界一案，因

軍委日令各兵力任務為兩粵邊區，俟該日令所

謂邊區係指粵之潮州、閩之漳州而言，就其活動

範圍加以限制[illegible]俾得繼續努力

黃兩次失敗甚慘，而毫不灰心，乃能以其失敗而奮之

邊區範圍以送粵[illegible]高第冬之

繼決定此辦法以為一[illegible]兄等瞭解並轉告[illegible]

明[illegible]

結果決議

廿九年二月一日　時　分發於一[illegible]

備註

引自《汪僞檔案》

第　頁

寄明鈞鑒：遵令已提交保管委員會活動費軍票六萬五千元。華

廣州來電廿九年二月七日下午二時發
九日上午十時卅分譯

備註：餘字

引自《汪偽檔案》

第　頁

密。鈞鑒鈞電敬悉感愧交集職回粵後延原亦以此相問經職說明業已了解此等招編部隊在陸軍先進國的人士視之自當稱之為匪團職處現組整編委員會指派幹員從速整理訓練以候中央大員到粵點編職祗有加倍努力決不灰心逆來順受進求有益於大局而已謳叩

廣州來電廿九年五月廿八日下午三時卅分

發	備
譯	註

引自《汪偽檔案》

第　頁

家委員長汪鈞鑒皓兩電奉悉自應遵辦惟彭旅請
派幹部及連政訓員甚急查係需要擬從權就軍官
政訓学員抽派試用俟高級班畢業考試四校一律
與考及格者發給證書當否仍候裁核電示遵職李
謳一叩梗

廣州來電 廿九年七月廿三日下午七時　分
發
譯
備註

引自《汪偽檔案》

第　　頁

密明鈞鑒曹李兩部刻整編就緒積極訓練而點驗
委員因天氣關係尚未抵粵前奉電示臨時費暫准
撥支十五萬元餘俟點驗後方可動支等因自當遵
辦但服裝費每兵需發一套所餘無幾而職抵粵後
將及一月在此期內部隊集中給養需款孔亟請領
甚急應付維艱所餘之臨時費十五萬元應否准
動支乞賜示遵李謳一叩

廣州來電　廿九年六月七日下午六時卅分　發
九日上午十一時　備
譯
註
成字

引自《汪僞檔案》

第 1 頁

密軍委會委員長汪鈞鑒廣點驗委員到達定宥日
開始點驗三四兩路業經電陳在案現經如期在南
村大崗魚窩眛等地分日點驗情形尚佳詳情另由
盧委員電呈鑒核俟點驗完竣職當另行專案呈報
至該兩路經費前奉發下第三四路軍臨時費三十
萬元除就中發給軍裝具費九萬餘元及墊支經常
費二十萬元外業已用罄查三路前奉國府令飭職
處派員點驗准由五月真日起餉四路成立由六月
份起餉該兩路軍經費預算每月各需十五萬餘元
合共三十餘萬元請領甚急待支孔亟懇速電匯以

來電 年 月 日 午 時 分 發

譯註 備

引自《汪偽檔案》

第 2 頁

應軍需再該兩路軍五六月份經費約共四十萬元
經費預算書另由廣點驗委員帶京呈核職李謳一
叩感

廣州來電 廿九年六月廿日 上午十時卅分 發

譯

備註 水字

引自《汪偽檔案》

第　頁

主席汪鈞鑒寒電奉悉查職托盧委員暐帶呈之信
內載關於曹李兩部應編營數係擬第二路曹部便
於掌握編足九營第四路李部因該司令自請暫編
六營經予權准策奉電諭曹部編六營李部可編九
營等因兩部應編營數與職原函不符未知是否電
文錯誤事屬應編營數關係重要如何之處伏乞迅
賜電復職李謳一叩篠

李主任謳一兄鑒

廣州來電廿九年七月十九日下午九時二十分

發譯

備註

引自《汪偽檔案》

第　頁

主席汪鈞鑒日間李主任晉京着職偕行報告屬旅
近況暨聆訓令後方針可否乞電示職彭佩成叩敬

廣州來電廿九年七月廿四五日上午十一時三十分發
十時五五分譯

備註

引自《汪僞檔案》

第　　頁

惟對於各函(一)設法事記一已回粵,請與西南關於機械之
函彰切商,彰表示甚困難,因日方借我機械之數甫經協定
今多出五萬枚,軍用機槍方法[illegible]協定
[illegible]陸兩部可以為協定[illegible]數目,難於再議,[illegible]
如何得(二)軍需借款向該華方均[illegible]
除另請[illegible]已上有緩[illegible]明

[illegible]年四月[illegible]日　時　分發於[illegible]

備註

引自《汪偽檔案》

第　頁

委員長汪鈞鑒奉電敬悉關於李司令輔群呈稱各點(一)姜科長汝鐸於整編時秉承李司令意見小有不同略生磨擦經職發覺後已將姜科長調廣西警校令飭無事(二)該呈謂餉糈兩月未發茲查截至昨日止〇部已領去拾九萬餘元(三)關於應編人數前擬編成六營係據李司令自行請求職予權准今又據稱此議既係一時衝動仍有人數槍枝仍得編足九營職亦已知之仍可再編已無問題(四)該司令要求直接軍委會一點完全出於一時衝動關於此點現已不成問題總之該司令過於衝動係其個性此誠

來電　年　月　日　午　時　分

發　譯

備註

引自《汪偽檔案》

第　頁

[illegible]崖公鑒據報舊軍人?呂春榮王子精張炎等向日
軍部要求組織參謀團計劃擬於東西北江南路各
選有關人物參加(二)準備金籌足一百萬元存台灣
銀行呂春榮籌繳?過半欲任參謀團主席(三)地點擬
設增城(四)日方許其以四輪航行省港澳及就地收
入作經?費(五)參謀團成立後擬先暫在?鶴山東莞增城
中山寶安博羅等地集合隊一萬步槍部隊等語謹
聞 鐵

廣州來電[illegible]年五月六日 上午九時 分 發 下午九時二十分 譯
備註 亥字

引自《汪僞檔案》

但原　復

元-118

李主任謹一兄：黨部派的歸駐粵辦公處主任曹剔(?)

調遣，此次已受領機械，更應勤加指導，俾收動(效?)，聞

兄對該旅時存意氣，該誤用人，致機宜難而不

經主任撰准，殊屬不合，現兄對於該旅旅長應對該旅

以主任資格節制調遣，俾收指臂之效，誤謬甚屬非無負

期望。諒兆銘保身此次該旅長領得機械到粵後

應盡量聽從公意，並對兆銘速撥餉補政府

俾獲訓練，用兆銘說明

並電知有專案

請廣東總裁(?)上

三十年四月十七日

引自《汪偽檔案》

第　頁

崖鈞鑒電敬悉新槍未到護沙非即開辦恐誤時故

與謳商定互換澳未因海軍堅持矢崎現不欲再爭

如何善後俟華到再商洪華在台今日不知能起飛

否準敬

廣州來電 卅年五月廿四日 下午九時四十五分

發譯

備註

濤

引自《汪偽檔案》

第　頁

明列鑒關於撥發省府護沙隊槍械之件為調節便
方便用便利起見經謳准商妥辦法如下(一)由京領
返之六五步槍一二零枝統交彭旅領用俾全團槍
類一致以使補充(二)辦公處修械所製成之新七九
步槍六百枝由軍校收回配足子彈二百發撥交護
沙隊領用(三)原定之輕機十挺仍依原案照撥省府
以上辦法均已商妥是否可行乞賜電示李謳一汪
宗準彭佩成叩銑

廣州來電　三十年五月十六日下午四時五分發
十七日上午十時五分譯
備註　二

引自《汪偽檔案》

第　　頁

華北同盟會李印陳院長常來燕款擬經各分配方法
切裁中央財政無力購買，即使有力購買，但非專設
專以下級記代所屬各部除國家財政部除胡前所需要
中央另設局，別定各記以期每年收回此外對駐粵各部除
至其餘錢得三分之一電知粵省錢有力購買不需
中央撥各此番別論[illegible]

廿年十月廿七日十一時　分發於

備考

引自《汪僞檔案》

第　　頁

密明崖鈞鑒至迎鈞誨敬悉(一)駐粵部隊薪餉加七
辦公費尚無請求增加之意(二)彭旅已飭準備候命
調京但近來訓練較前頗有進步(三)軍校學生隊改
訓隊憲兵隊均提前於七月結業軍官隊因入校未
久繼力提早亦須在八月內方能全部結束(四)軍校
結束後擬合利用校舍器材改辦短期訓練之軍士
教導隊乞示(五)曹李兩部已改編今後自當努力肅
促以副厚期(六)闕夫人楊禮偶感微恙甚念(七)前府
護沙隊因出防在即已擬將修械所製成之七九新
槍四百枝子彈四萬發先行撥用並聞謹叩感

廣州來電 三十年五月廿七日下午十一時卅分 發

譯　備註

楊彈

引自《汪僞檔案》

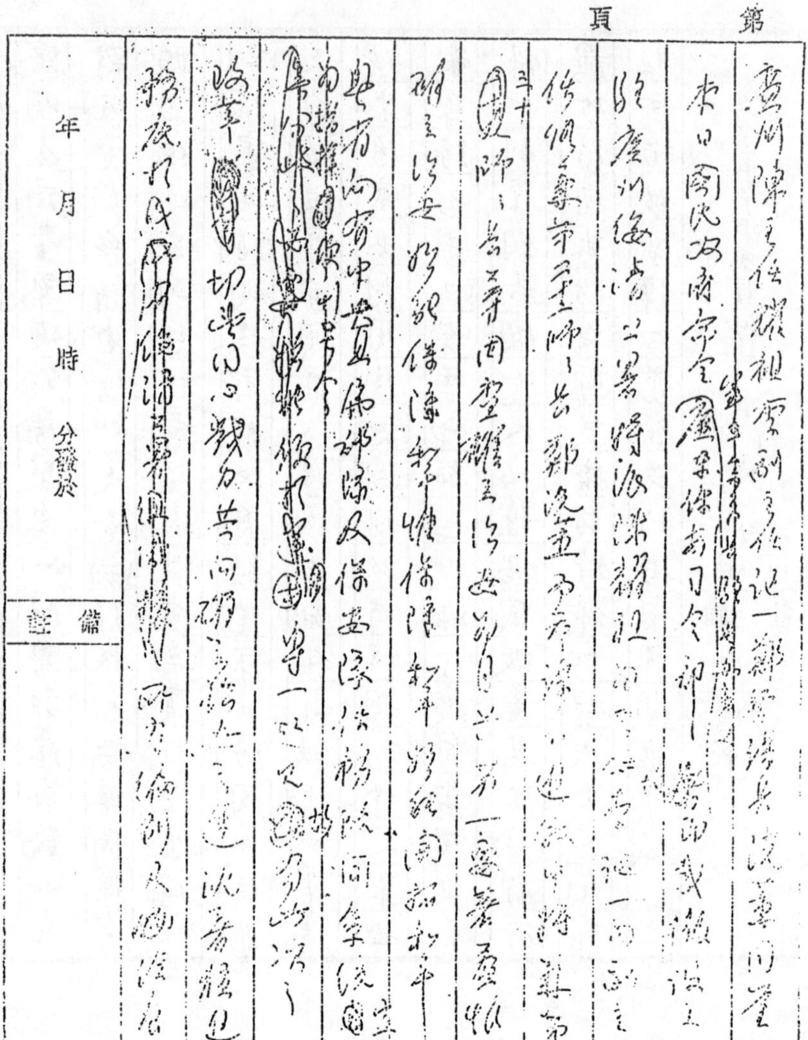
第　頁

廣州陳主任耀祖、李副主任謳一、鄭參謀長洸薰同鑒：

年　月　日　時　分發於

備註

引自《汪僞檔案》

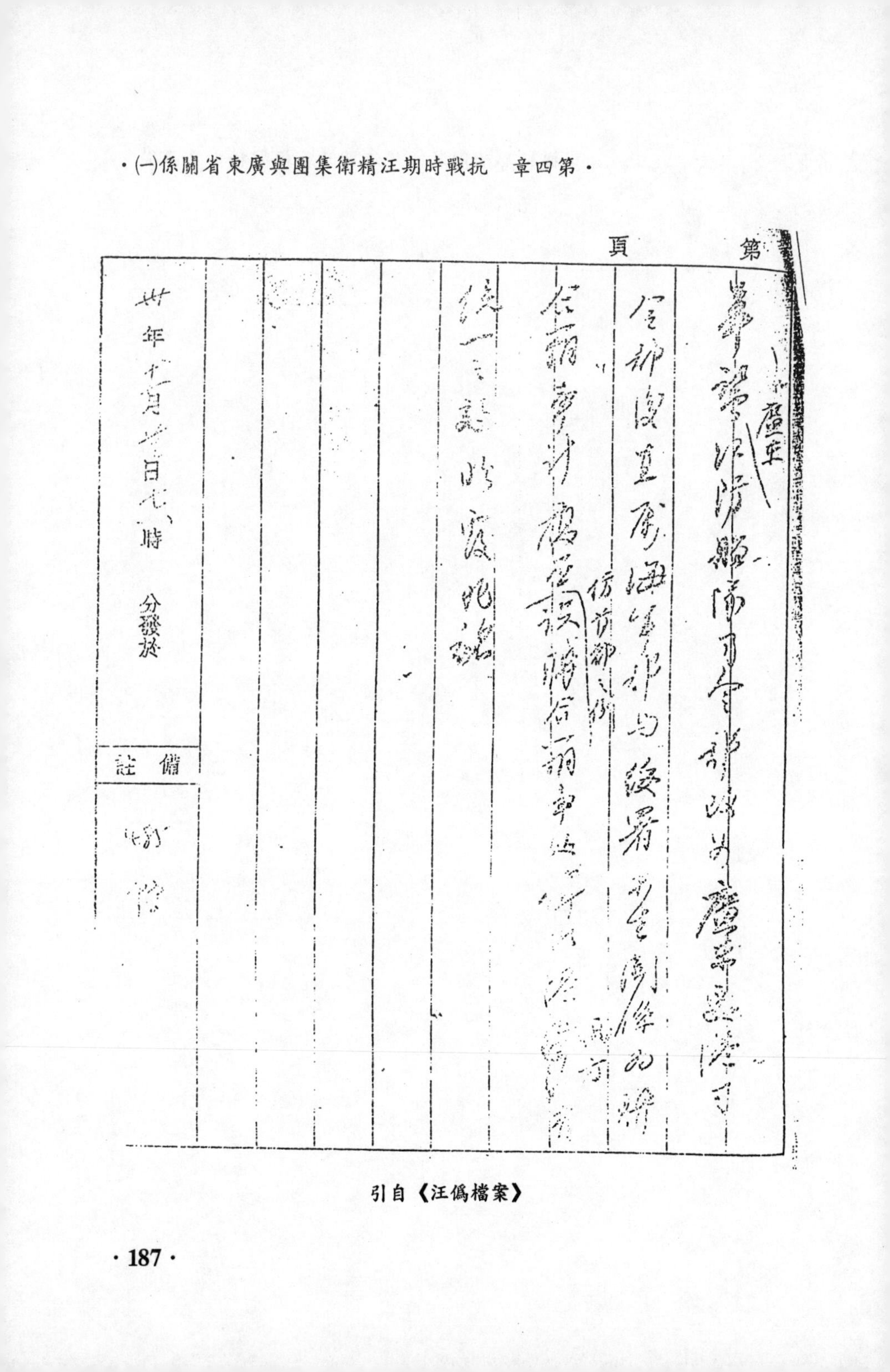

第　　　頁

盧主任

[illegible]綏[illegible]司令部[illegible]廣東[illegible][illegible]

[illegible]部改置廣東綏靖公署[illegible][illegible][illegible]

仿前部之例

[illegible][illegible][illegible][illegible][illegible][illegible]

[illegible]一[illegible]時發[illegible]

卅年十一月廿日七時　分發於

備註

[illegible]

引自《汪僞檔案》

第五章　抗戰時期汪精衛集團與廣東省關係(二)

第一節　汪偽集團與廣東經濟運作問題之關係

壹　前言

日本發動侵華戰爭，給中華民族帶來空前浩劫。中國人民生命財產蒙受了極為巨大的損失。廣東是在戰爭中遭受破壞比較嚴重的省份之一。廣州、佛山、江門、汕頭、海口等工商城市和省內富饒地區被日軍侵占，鐵路、航運、公路也被日軍控制，或因戰爭而梗塞，廣東的工、農、商各業及交運事業遭到巨大破壞。本文主要利用若干《汪偽檔案資料》對日軍侵粵對廣東經濟破壞的狀況及汪精衛對偽廣東省經濟問題的運作梗概，作一初步探討。

貳　日軍對廣東經濟的破壞和掠奪概況

日本發動侵華戰爭，是要變中國爲日本的殖民地。所以，日軍在戰爭中對中國人民的生命視如草芥，對中國的公私財產更絕無顧惜，企圖以屠殺、破壞作爲征服中國人民的手段。日軍對廣東的直接破壞就相當驚人。

抗戰初期，廣東雖遠離主戰場，但日本軍艦在廣東沿海騷擾與炮擊，並占據珠江口的三灶（今屬珠海市）等島修築機場。一九三七年八月三十一日，日機首次空襲廣州，此後，多次對廣東城鄉狂轟濫炸。在日軍占據廣州後，仍不斷派機轟炸我粵北抗戰基地。從一九三七年八月至一九四〇年六月，日機對廣東的空襲共一六、八五七架次，投彈共二五、八五二枚，炸死四、九四八人，炸傷八、五九八人，炸毀房屋一一、八〇四間。在廣州淪陷前，日機轟炸的主要目標是沿海工商業城市，尤其是這些城市的工廠和公共設施。許多工廠因遭反復轟炸，廠房、設備嚴重破壞；一些工廠雖隨炸隨修，但生產能力也大打折扣。廣東的省營工廠，從抗戰開始到廣州淪陷，產品收入幾乎下降一半。❶據不完全統計，一九三七年九至十二月，僅廣州一地因日機轟炸、時局動蕩而倒閉的工商業就達一、七六〇餘家，未倒閉的亦深受影響，經濟損失總共一六〇餘萬元。❷

日本陸軍在廣東造成的中國人民生命財產的損失，遠遠超過日機的空襲。整個抗戰期間廣東的損失情況，尙待更爲全面深入的研究。但從一些具體的統計數字我們仍可窺見損失嚴重的程度。例如，一九三九年十二月，日軍分數路向粵北進犯，一路燒殺搶掠，至次年初敗退。在這短短的一個多月裡，粵中、粵北九個縣就倍受日寇蹂躪，據不完全統計，共有三四、〇一四人死亡，四四〇人受傷，六七人失蹤，三九、八五一所房屋被毀，損失耕牛一五、一五〇頭[3]。

強迫收購物資，是日本侵略者掠奪手法之一。生絲爲廣東出口之大宗。日本占領軍當局規定所有生絲必須銷售給三菱和三井洋行。皮革爲重要軍用物資，日本占領軍當局先是組織「皮革資源統制組合」，繼而組織「廣州市皮革同業公會」，專營皮革採購；規定每個會員每月必須向日軍提供一、〇〇〇張以上的生皮，廣州市內所有生皮，必須以「公允價格爲準」銷給日軍[4]。所謂「公允價格」，自然是日本軍方說了算。低價強購的典型事例是日軍對士敏土（水泥）的收購。規定士敏土價分軍用、官用、民用三類。一九四三年七月，規定官用價每噸三、五〇〇元，而民用價則每噸三一、〇〇〇元（隨後又定爲四一、〇〇〇元），民用價爲官用價的一〇倍[5]，所謂「軍用」價更不用說了。

在軍事行動或駐紮期間，日軍通常都公然掠奪中國人的公私財產。例如，廣州、汕頭淪陷後，國際貿易線主要有惠州—淡水—香港、中山—澳門及靠近廣州灣的陽江、電白、水東、北海等地，這些外貿路線常常屯積著大量進出口物資。在太平洋戰爭以前，日軍就常對上述地區實行突然襲擊，劫掠物資。在鄉村地區亦復如是。如日軍在侵占海南島期間，據不完全統計，就掠去牛二五萬頭，豬三七萬頭[6]，對糧食與其他農副產品的劫掠更爲常事。

日軍還通過各種辦法有計劃地掠奪資源。如日軍占據海南島六年，爲掠奪海南的農、林、牧、礦資源，先後投資六億日元，重點在礦產。島上田獨、石碌兩鐵礦「被日軍軍管後交石原產業和日本窒素（氮）兩公司經營⑦，僅田獨礦一處，在日占期間就被掠去鐵礦石二六〇萬噸⑧，爲修建軍事工程、港灣及開採礦山，日軍強迫中國民工十萬人充當苦役，其中供役於軍事工程的，在竣工後大部分被慘殺滅屍⑨。

日軍對廣東經常的、大規模的掠奪是通過「軍票」進行的，在發動侵華戰後，日本發行專門用作侵華日軍軍費的「軍票」。「軍票」規定與日元同價，卻不可與日元兌換，發行也無限額，完全由日軍的需要而定。一九三八年十月廣州淪陷後，日軍強行在占領區流通軍票，規定軍票對港幣比價爲一比一，對法幣爲一比二，對廣東省毫券爲一比三，但人民對日本軍票不信任。日軍爲促使軍票流通，在一九三九年二月將兌換率改爲軍票對港幣爲一比〇・四八—〇・五；對法幣爲一比一・二，對廣東毫券爲一比一・五—一・五八⑩。但在實際上，軍票全靠日軍暴力得以流通，其流通市價漫無標準，除了作爲日軍掠奪的手段以外，也加劇了金融的紊亂。一九四一年十二月，日軍占領香港，強制軍票與港幣一比四，未幾又改一比八，一九四二年一月，軍票與法幣（大洋卷）比價一比三・三，二月爲一比四・七，三月份爲一比五・七，四月份爲一比八，五月份爲一比一〇。由此引起物價飛漲⑪。一九四二年七月二十四日，僞廣東省政府宣布禁止使用法幣，並停止法幣兌換中儲券。八月一日禁止港幣在粵流通，至此，淪陷區只有日本軍票和僞中儲券流通。

日軍侵入廣東後，日本企業也接踵而至，紛紛在粵設廠。日商在粵有一個「工業運營統制會」的組織。至一九四四年三月止，加入該組織的共有日人企業八一家，既有會社組織會員，也有私人經營的工場。其中有機械部會員十六家，纖維部會員十五家，食品部會員十五家，雜工部會員十七家⑫，除前文所述占奪中國公私企業改頭換面者外，也有部分工廠設備係從日本運來。各工廠管理人員、技術人員均是日本人或台灣人。有些工廠運入一些先進設備。如日本華南水產株式會社廣東支店，專門生產水產品保鮮的冷藏設備；帝國瓦斯株式會社廣東出張所，專門製造高純度的壓縮氧氣，是當時華南唯一的製氧廠；武田製藥工廠，也是當時華南唯一的一間生產西藥的工廠。設立這些工廠的目的，主要是爲戰爭服務。如冷藏設備就爲日本海軍服務。壓縮瓦斯廠生產的氧氣，八五%供給軍用。擁有三、〇〇〇名工人的藤野三郎下屬的被服廠、乾糧廠，都是爲日軍生產的⑬，這些企業，實質上是利用中國的原料、勞動力，掠奪中國的財富，爲日本侵華戰爭服務。

隨著戰爭的擴大，日軍太平洋戰場吃緊，在廣東的日本工業也加緊向與戰略物資有關的部門轉移，由日本駐廣州領事館公布了勞務調整令，操縱組織了戰時經濟相談所，劃分重要與非重要部門，將人力、物力集中於生產戰爭物資⑭。

僞廣東省政府爲配合日本的戰爭政策，先後設置了兩個戰時經濟統制機構，一是物資配給委員會，一是糧食局，對一切與戰爭有關的物資包括米穀、食鹽，都實施統制，並接連頒布了物資移動條例等律令，限制物資的貿易和運輸，對各商店的貨物嚴厲查盤，強制收購與軍用有關的物資與皮革、生絲等。金融方面，則發行戰時公債，限制銀行、錢莊的匯兌業務，宣布攜帶法幣爲非法，等等。僞政權爲虎作倀，使日本侵略者更方便地在廣東掠奪物資和財富。

屬於廣東僞政權的工業企業本來就寥寥可數，一些由日本人「交回」僞政權的廠，如紡織廠，生產設備尚稱完好，稍加修復即可開工生產，但拖了一年多才修復部分，且產量極低。原因是資金短缺，且大多用於爲日軍服務的項目上⓯。

淪陷區煤礦的開採，是日本把廣東經濟捆綁在其戰車上的一個典型事例。廣州淪陷之初，煤主要從台灣輸入。太平洋戰爭爆發後，日本海上運輸線時時受阻。日人在粵企業用煤短缺，不得不謀求就地採掘。僞省營花縣西嶺煤礦一下子成爲開採重點，得到巨額撥款，配以機器採掘，還鋪設了一條輕便鐵路。且收購價格頗優，一九四二年九月每噸收購價爲一六六·六元，當時市價是每擔八元；到一九四四年，每噸收購價漲至四、五〇〇元，其時土煤球市價每噸爲三、九六〇元。但是，所生產的煤全部分配給日本三菱、三井公司，用於生產戰爭物資。戰時廣州燃料煤實際上是有價無市，以至僞政府的電力廠只好用大糠代替煤作燃料；大糠也成了戰爭物資，在僞政府下令統購的範圍之內⓰，只有生產戰爭物資的日本企業得到充裕的燃料供應。譯自日文《南支日報》的一則報導說，當記者參觀鹽野義製藥廠廣州支店設在漢民南路的工場時，「入門吃一驚的是高堆的煤炭，舉世都在嚷著煤、煤……的時候，看到左右都是黑金剛石似的煤時，不覺感慨係之」；這家工場生產醫療玻璃，「在此工廠生產的，全部都是〇〇（按：原文省字，當爲「軍用」），到底沒有餘力民用」⓱，廣州附近煤礦的開採，實質上也是日本侵略者掠奪廣東資源生產戰爭物資的一個典型事例。

參　從函電史料觀汪精衛對廣東經濟問題運作之梗概

侵粵日軍野心雖大，但兵力不足，只佔據廣東沿海及交通沿線，以及海南島等島嶼。然而，這些淪陷區多爲經濟發達或資源豐富之地。廣東其餘未被日軍佔領的地區，經濟處於極爲艱難困苦的境地。

在日軍侵佔廣州等地之前，我方爲避免資敵，對工業設備及交通設施，分別採取遷移或自行破壞的辦法。民國二十七年（一九三八）十月，日軍在大亞灣登陸，立即向廣州進犯。我方欲將全部工業設備拆遷已來不及，故於匆忙中只能將最貴重的小件設備拆走。除順德、市頭糖廠與造紙廠因外債關係，不便全面破壞外，其餘各廠，皆以不資敵爲宗旨，一律予以破壞。

事實上，從函電史料可以看出，當初日軍尚未攻佔廣州時，汪精衛是主張不要「全面破壞」，亦即汪是反對「焦土抗戰」[18]的政策，汪於民國二十七年十月二十九日致函電給蔣總裁，內容爲：

> 蔣總裁鈞鑒：邃密此次廣州放棄時，縱火焚燒，除軍事設備外，民居商店亦一律被燬，雖云不以資敵，然民怨已深，將來淪陷區內之工作，必受影響，利害相權，利少害多，告國民書中，焦土一段可否注意及此，稍加分別，故陳管見，以備裁奪。

弟兆銘豔戍。民國二十七年十月二十九日。[19]

雖然蔣總裁並未完全採認汪的意見，盡量皆以不資敵爲原則，實際上日軍的入侵已經使得廣東省工業的精華喪失殆盡。廣東省政府北遷之後，於民國二十八年（一九三九）底才在粵北建立一些工廠，至民國三十一年（一九四二），省建設廳、實業公司、省銀行在韶關、曲江、樂昌一帶設立省營工廠二十多家。這些省營工廠規模都不大，各廠資本大都爲幾萬到十餘萬元；且缺乏機械化的生產設備，多以手工生產。由於交通線、沿海地區被日軍佔據、控制，原料來源十分困難。

由於淪陷期間，日軍在廣東強佔、強買不少的公營或民營工廠，而這些工廠日方並未移交汪僞政權管理，汪精衛乃居中協調，努力運作，試圖指揮僞廣東省主席陳耀祖，面授機宜。民國二十九年二月四日汪致電函陳耀祖，內容爲：

廣東陳主席：艷函悉，省市營各工廠收回辦法，目（月）前已由行政院一律核准有案，可進行簽字，不必每事請示。兆銘。[20]

另一封未敘明時間之函電，係汪致陳耀祖之函電，內容如下：

華（指陳耀祖）鑒：關於日方要求恢復廣州市榮，而對電力廠及處理廣東省營製紙廠

一案，呈文及附件均悉，准照所擬辦法辦理。銘。㉑

陳耀祖於民國二十九年六月三日電函汪精衛，內容如下：

密明鈞鑒：今日晤矢崎特務機關長，據云：廣東各工廠應即交還省政府以示尊重省政府職權，惟各工廠恢復，日商已投有資本，問省政府有無辦法接受，最好暫時仍委託日商承辦，省政府酌取溢利。華答稱收回工業辦法須候中央指示方針。華聞中央已有收回工業方案，可否發下？可斟酌對案，敬請電示祇遵。華。㉒

由上述函電可知，日軍侵華的目的之一是以委託之名行掠奪之實，日軍在佔領廣州、汕頭等地以後，便下令在廣東的日本人組織「物資配合組合」，三菱、三井、石信等洋行佔據了市場，設置大大小小的商店，廣東市場一下成爲日貨的天下。而廣東的許多工廠則成了日本的戰利品。僅在廣州附近（包括廣州、南海、番禺、順德、花縣），淪陷期間日本人經營的工廠約一百五十家，大部份是強佔、強買廣東的公營或民營工廠而後改頭換面成立的。㉓原來的省營工廠大都由日本商業機構佔據經營，名曰「委託經營」，如電力廠、自來水廠「委託」台灣電力株式會社經營，士敏土廠「委託」淺野株式會社經營，等等。紡織廠被日軍佔據改作修械廠，至民國三十一年才「交還」僞建設廳。㉔又日本侵略者還將大批工業設備掠走運往日本。典型的事例是將廣東造紙廠的設備拆走。

該廠設備購自瑞典，在當時堪稱先進，每日可產新聞紙五十噸，是當時中國最大的造紙廠之一。民國二十七年（一九三八）六月該廠投產，數月後廣州淪陷，因外債等關係大部分設備沒有破壞。日佔領軍開始「委託」日本王子製紙株式會社，民國二十九年（一九四〇）五月，轉移到日本另一家企業大日本再生製紙株式會社手中後，就被拆卸運往日本。戰後，中國接收人員幾經波折，直至民國三十七年（一九四八）底，方得將該廠設備從日本收回運往廣州。

在日偽暗無天日的統治下，淪陷區人民生命無任何保障，隨時都會橫遭殺戮、拘捕。戰亂與天災往往同時出現，如一九四三年廣東大旱，在素稱富庶的珠江三角洲、韓江三角洲，也出現餓殍遍野的慘況。潮汕地區的普濘、汕頭、澄海、潮安、潮陽、揭陽、惠來、豐順縣的淪陷區「餓死者日凡四、五百人」，「普寧、潮陽糧荒嚴重，惠來濱海漁民尤甚，往往有一村人口損失過半者。潮陽海門淪陷區域達濠災情最嚴重，死者萬餘人，占人口三分之一」㉕。

在淪陷區，由於敵偽的掠奪和榨取，經濟崩潰，百業凋零。一九四〇年十月，偽《中山日報》刊登了一篇關於失業者的報導，指出即使在廣州市，也是「富者轉貧，貧者變乞，芸芸眾生，無食者衆」。這篇關於「企市」者（按：指失業者）的報導稱，當時廣州有「企市」約十餘處，失業者每天集中到這些地點等待雇傭的機會，最多的一處每天有千餘人。文中說：「在昔企市，絕未有婦女參加，今則無論老幼的婦女，甚至襁負嬰孩的婦女，都很多參加企市的，此皆爲生活所驅使，多數是不得已而爲之」；這些「企市」者幸而被人雇用，一天也僅能得到軍票五十錢，可購三等米一斤半左右㉖。同年三月，該報有一篇關於廣州貧民生活的文章說，在廣州市，「到處可以看見的都是鳩形鵠面的貧苦群衆，充滿了悲哀情緒的眼光，徘徊於馬路之上㉗，其時廣州一帶尚無戰事，日僞爲維持其統治，對廣州不得不稍爲注意。在僞報紙的文章裡，廣州市居民生活尚且如此，淪陷區其他城市居民生活的苦況，就不難想見了。

廣州米價的飛漲反映人民生活困苦之一斑。一九三三年，在廣州十元能買米七〇公斤，一九三六年能買八．三斤，一九四二年只能買六斤，一九四三年只能買二斤一〇兩，一九四四年五月只能買七兩，同年十二月，僅能買〇．六兩㉘，米價騰漲當然帶動所有物價的上漲，不僅一般居民要在死亡邊緣掙扎，其它各階層人士，也苦不堪言。以知識界的待遇爲例，一九四四年七月，大學教授每月發米僅八〇斤，中學教員每月發米僅五〇斤㉙。

民國三十年三月二十七日陳璧君自廣州致電函給汪精衛，內容爲：

南京主席汪：政府第一次所辦暹羅米壹萬包，已運到，以後陸續可運來。璧君感印。㉚

汪精衛在該函電上面以毛筆字批示「廣州陳委員璧君鑒：感電敬悉，至爲欣慰。兆銘。」㉛

可見廣東糧荒嚴重，不得不引進泰國米（暹羅米），當陳璧君爲汪僞政權派駐廣東的地下太上皇，一切發號施令，皆由陳氏掌控，向外求助米糧，更不例外，非透過她不可。

肆 結 論

廣東地處中國南疆，擁有得天獨厚的條件和歷史上形成的優勢，只要環境安定，廣東省經濟發展前景，乃內地省區難以比擬的。五十年前日本侵略造成的慘況及汪僞統治下的痛苦，人們是永遠不會忘記的。從函電史料也可看出汪僞集團控制下的廣東經濟，仍然擺脫不掉是爲日軍作侵略中國的準備而服務，此一傀儡政權終究難逃敗亡的命運。

註釋：

❶ 徐景唐，〈廣東一年來省營工業概況〉，《新政周刊》，第一卷第二十五期（廣州：新政周刊社，一九三八年六月），頁四－五。

❷ 雲盈波，〈戰爭爆發前後之廣州工商業〉，《貫徹評論》，第二期（廣州：貫徹評論社，一九三八年四月），頁二七。

❸ 〈粵北受敵竄擾各縣死傷及失蹤人數暨房屋耕牛損失統計〉，《廣東統計匯刊》，第一期（曲江：廣東省政府秘書處統計室，一九三九年十月），頁九二。

❹ 沈傳揚，〈廣東省皮革業管理之經過〉，《建設季刊》，第一卷第一期（廣州：廣東省政府建設廳建設季刊社，一九四五年一月），頁一四。

❺ 〈廣東省政府建設廳一年來之工作及將來之計劃〉，《建設季刊》，第一卷第一期，頁六八。

❻ 馮白駒，〈堅決反對英美非法與日媾和〉，《新海南報》，一九五一年九月三日。

❼ 中國社會科學院近代史研究所，《日本侵華七十年史》，（北平：中國社會科學出版社，一九九二年），頁六二一。

❽ 余騰萬，〈敵人在瓊崖建設之梗概〉，《工程特刊》（廣州：中國工程師學會廣州分會，一九四六年六月），頁八〇。

❾ 同前❼，《日本侵華七十年史》，頁六二三。

❿ 何品樞，〈六年來廣東金融之實況〉，《經濟月報》，第一卷第一期（廣州：廣東省經濟局，一九四三年七月），頁九－一一。

⓫ 吳志輝、蕭茂盛，《廣東貨幣三百年》（廣州：廣東人民出版社，一九九〇年），頁三四三。

⓬ 〈廣州日僑之工業〉，《建設月報》，第一卷第一期（廣州：廣東省政府建設廳建設月報社，一九四

四年九月），頁一四〇—一四二。

⑬ 任泉，〈魔掌下的廣州經濟〉，《香港工商日報》，一九四一年九月五日。

⑭ 〈廣州日僑加緊轉向重要部門工作〉，《建設月報》，第一卷第一期（廣州：廣東省政府建設廳建設月報社，一九四四年九月），頁一四三。

⑮ 林藻坤，〈建設廳紡紗廠之過去與現在〉，《建設月報》，第一卷第二期（廣州：廣東省政府建設廳建設月報表，一九四四年十月），頁一七—一九。

⑯ 〈廣東省政府管理廣州市大糠暫行辦法〉，〈廣東省政府管理各縣大糠暫行辦法〉，《建設月報》，第一卷第一、二期（廣州：廣東省政府建設廳建設月報社，一九四四年九月、十月），頁二三〇、二二四。

⑰ 同前⑫，按該資料譯自日文《南支日報》。

⑱ 陳木杉：《從函電史料觀抗戰時期的蔣汪關係》，頁一七三—一九三，（台北市：台灣學生書局出版，民國八十四年二月）。

⑲ 〈汪精衛致蔣總裁函電〉，（民國二十七年十月二十九日），《汪僞資料檔案》，法務部調查局資料室藏，毛筆原件影本。

⑳ 〈汪精衛致陳耀祖函電〉，（民國二十九年二月四日），《汪僞資料檔案》，法務部調查局資料室藏，毛筆原件影本。

㉑ 〈汪精衛致陳耀祖函電〉，（時間不詳），《汪僞資料檔案》，法務部調查局資料室藏，毛筆原件影本。

㉒ 〈陳耀祖致汪精衛函電〉，（民國二十九年六月三日），《汪僞資料檔案》，法務部調查局資料室藏，鋼筆原件影本。

㉓ 鍾景熹，〈廣東工業鳥瞰〉，《廣東銀行月刊》，復第三卷第一期（廣州：廣東省銀行經濟研究室，

一九四七年一月），頁四〇。

㉔同前⑮。

㉕梁必騏、葉錦昭，《廣東的自然災害》（廣州：廣東人民出版社，一九九三年），頁三四。

㉖石公，〈廣州企市生活〉，《中山日報》，一九四〇年十月六日第三版。

㉗峰，〈廣州貧民的生活〉，《中山日報》，一九四〇年三月二十七日至四月一日。

㉘陳友琴，〈提高公務員俸給和生活的研究〉，《經濟日報》，第二卷第五期（廣州：廣東省經濟局，一九四四年五月），頁七，轉引自陳勝粦，〈論日軍侵粵對廣東經濟之影響〉，《慶祝抗戰勝利五十週年兩岸學術研討會論文》（台北：中國近代史學會，一九九五年九月一日至三日），頁一四—一五。

㉙區聲白，〈廣東省最近之經濟建設〉，《建設月報》，第一卷第一期（廣州：廣東省建設廳建設月報社，一九四四年五月），頁八五—八九。

㉚〈陳璧君致汪精衛函電〉，（民國三十年三月二十七日），《汪僞資料檔案》，法務部調查局資料室藏，鋼筆原件影本。

㉛〈汪精衛致陳璧君函電〉，（民國三十年三月二十七日），《汪僞資料檔案》，法務部調查局資料室藏，毛筆原件影本。

引自〈廣東省政概況〉抗戰時期廣東省民營電氣業營業狀況表

電氣用戶	電燈	二、〇五二戶	六一〇戶
	電力	七戶	
營 每月售電量	電燈	九八、五〇〇	一一、二〇〇

營業狀況			
K.W.H.	電力	四、五〇〇	
每度	電燈	·三五圓	一一、二〇〇
電價	電力	·三六圓	一·二元
每月收入	電燈	三、二〇〇圓	一一、六〇〇元
	電力	五〇〇圓	
	雜項	一、六二五圓	七九〇元
	合計	三三、三二五圓	一二、三九〇元
每月支出總額		二四、〇〇〇圓	三二、六〇〇元
每月盈虧狀況	盈餘	五、〇〇〇圓	
	虧損		二〇、二一〇元
現在負債金額		二五六、八〇〇圓	八五、六〇〇元
備考	自事變後民營電氣事業幾摧殘殆盡現據呈報復業僅有上列二廠。		

廣東省各市縣復業民營工廠狀況統計表 調查時期：民國三十年八月〈引自廣東省政概況〉一書

市縣別 類別	工廠家數及類別 棉織	穀米飲食	樹膠	火柴	銅鐵	機器	車船	其他	合計	資本總額	職工人數
廣州市	八	五	四	四	三	七	四	二	三七	二七九、〇〇〇元	一、六〇〇
汕頭市	三							二	五	五七五、〇〇〇元	五七
番禺縣		七				二			九	一八七、〇〇〇元	一四〇
東莞縣		二							二	七〇、〇〇〇元	四〇
三水縣		六		一					七	五一、〇〇〇元	一一三

附註：其餘各縣尚未報到暫未列入

第　頁

廣州　陳主席

魚電悉省市營工廠收回辦法目前已由行政院核一律

准省營業可進行經營原如無異議

弟兆銘（密）

卅年二月一日　時　分發於上

備

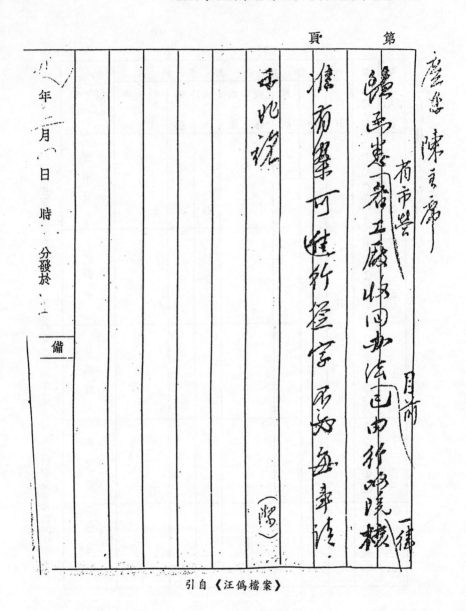

引自《汪僞檔案》

竊者關於日前要求將廣州市[illegible]權力
歸我方[illegible]一案[illegible]國府
[illegible]

[illegible]
國民政府[illegible]

引自《汪偽檔案》

廣東省政府
來電抄錄用
廣東省政府（戳）

來電總號 301361　譯發總號 0853　第　頁

來報地名：廣州

收報人姓名：南京

字數：[illegible]

主席汪 政府第[illegible]文所辦遲[illegible]未廣[illegible] [illegible]
感印

[illegible]

三十年三月廿七日[illegible]電

廣三號電（戳）

原發報台日時	收報台日時	譯送電文日時
3月27日12時44分	3月27日13時15分	3月27日13時25分

引自《汪偽檔案》

第　　頁

密明鈞鑒今日晤矢崎特務機關長據云廣東各工
廠應即交還省政府以示尊重省政府職權惟各工
廠於復日商已投有資本問省政府有無辦法接收
最好暫時仍委托日商承辦省政府酌取溢利華答
稱收回工業辦法須候中央指示方針華聞中央已
有收回工業方案可否發下可斟酌對案敬請電示
祇遵華

(此處疑有漏字)

廣州來電　廿九年七月廿三日下午九時四十分

發譯

備註　五月三十日電碼

引自《汪僞檔案》

第二節　汪僞集團與廣東財政運作問題之關係

壹　前　言

汪僞政權係日本豢養成立，因此不僅成立以前，活動經費仰給於日本政府按月提供，即在正式成立前夕，民國二十九年（一九四〇）三月二十九日，尚且與日本横濱正金銀行上海分行簽訂「政治借款契約」，總金額法幣四千萬元；規定自三月三十日至六月三十日間，由僞財政部出具收條，分四次提取；所提取之法幣必須換爲軍用手票或「華興券」。❶這項借款，實際上來自正金銀行上海分行所保存的中國海關關餘，日本並未支付分文。❷以此做爲汪僞政府的開辦費用。

本文僅就汪僞政權成立初期的財政概況作一介紹，進而引用部分函電史料，探討汪精衛運作廣東財政的梗概。

貳　汪僞政權成立初期財政的梗概

汪僞政府正式成立之後，始有財政收入。僞財政部長周佛海於三月三十一日發表財政政策八項：㈠安定金融；㈡維持債券信用；㈢整理國稅；㈣輕減稅負；㈤疏導游資；㈥調整貿易；㈦改善民生；㈧輔助生產。同時特別強調該部「當前之任務，爲整理事變以來已形雜亂之海關、統稅及鹽稅機關以擴充稅源，期於政務無阻；同時爲謀幣制之統一，急於計劃設立

『中央銀行』」。❸由是觀之，汪僞政府初期的財政設施，主要在於充實財稅，及籌設「中央銀行」兩項。

僞財政部下設「關務署」、「稅務署」、「鹽務署」三大署，執掌財稅。根據資料顯示，僞國民政府於成立後之四月份財政狀況，收入方面：㈠江海關收入爲二千二百餘萬元，除海關經費、外債賠款外，還有餘裕，華北諸海關則尚無統計；㈡統稅、鹽稅均較前「維新」、「臨時」兩僞府時代增加。支出方面：預算爲一千六百萬元，主要用作訓編僞軍及補助各淪陷區之僞組織。❹汪僞中央財政收入，並非每月固定，日本山崎經濟研究所推算，平均每月財政收入合計一千七百萬元之譜，其中關稅一千萬元左右，統稅五百萬元左右，鹽稅及鴉片稅約二百萬元。❺

民國二十九年七月二十日，僞國民政府召開記者會，報告財政狀況，亦指出其財政收入，每月達一千七百萬元，其中關稅佔五二・二九%，鹽稅佔五・二六%，普通稅佔二六・八九%，特別稅佔一五・三六%。❻可見，初期每月一千七百萬元的稅收，應是可靠數目。❼

就開支情形來看：

行政費	八・五%
文化宣傳費	六・五%
經濟建設費	三一・四%
軍事費	二八・一%
綏靖費	二五・五%❽

其中以經濟建設費三一．四%居首，軍事費及綏靖費合佔五三．六%，顯示汪僞政府在成立初期施政重點之所在。

隨後機構增設，各項施政開展，財政支出日趨擴大，而財政收入自須設法增加。茲列舉二十九年七、八、九三個月及十、十一、十二三個月之預算爲之說明：

甲、七、八、九三個月之預算收入

關稅	三千萬元
鹽稅	三百萬元
統稅	一千五百萬元
特稅	二百七十萬元
所得稅	三百萬元
蠶絲建設特捐	一百五十萬元
行政收入	十九萬二千三百元
借款	七百五十萬元

以上八項合計六千零一十九萬二千三百元。[9]扣除行政收入及借款二項，實際稅收爲五千二百五十萬元。

乙、十、十一、十二三個月之預算收入

關稅	三千萬元
鹽稅	三百零四萬二千元

統稅	一千六百九十八萬四百五十六元
捲煙稅	三十二萬四千三百三十六元
印花稅	十一萬一千七百零八元
所得稅	三十萬元
特稅	二百七十萬元
蠶絲建設特捐	一百五十萬元
國有事業收入	一萬三千一百四十元
行政收入	十九萬二千九百三十六元
武漢解款	三百六十萬元
借款	六百萬元

以上十二項合計六千四百七十六萬四千五百七十六元。[10]扣除國有事業收入、行政收支、武漢解款，及借款四項，實際稅收爲五千四百九十五萬八千五百元。

以甲、乙兩項作比較，顯示如下之意義：(一)乙比甲預算收入增加四百五十七萬二千二百七十六元，增加七·六％；實際稅收增加二百四十五萬八千五百元，增加四·六八％；(二)乙比甲稅目增加捲煙稅、印花稅二項計四十三萬六千零四十四元；但所得稅卻減少二百七十萬元；(三)乙項中有國有事業收入，數額雖少，但表示財政收入漸趨多元化；(四)乙項中有武漢解款一項，表示地方財政整理已略見效果；(五)借款數額減少一百五十萬元，蓋由於其他項目收入增加之故。

就整體言之，汪僞政府之財政收入，關稅居其大宗。周佛海即曾確認這一點，稱它是僞府財政之基礎。⓫根據周佛海個人計算，「國民政府」二十九年度的財政，大約共有五千六百餘萬元節餘，除撥出一千萬元交「中央儲備銀行」湊成一億元資本外，仍節餘四千多萬元。⓬依此情形，汪僞政府初期之財政收支，調理尚稱得當。至少在「中央儲備銀行」成立以前是如此。但是，太倚重關稅單項收入，對汪僞財政言，並非好現象。周佛海於三十年四月二日日記中曾記道：

素民（僞關務署署長張素民）來談關稅問題。三月份江海關收入較去（二十九）年三月份少，較本年二月份略多；惟今後因世界戰爭關係，船舶日少，勢必銳減。我財政收入以關稅爲大宗，今後財政基礎勢必動搖，憂心如擣。⓭

尤以是年十二月太平洋戰爭爆發以後，除日艦尙有軍需物資運滬外，其他海運停頓，關稅收入遽降，「幾乎涓滴全無」。⓮對僞政府財政之打擊不可謂不大。所幸其有日本政府爲之依賴，縱使短絀，尙可尋求借款應急。

上述只是根據有限資料，略述汪僞政權成立初期財政的梗概。

參　從函電史料觀汪精衛對廣東財政的運作梗概

茲將汪精衛與廣東財政有關之函電史料研析如下：

一、民國二十九年（一九四〇）五月二月二十九日下午六時二十七分發自廣州，五月三十日二時五十分譯，係廣東代理省主席陳耀祖致汪之函電，該電內容爲：

密行政院汪院長鈞鑒、財政部周部長勛鑒：粵國省稅現甫接收，整理需時而戰後百廢待舉，需款至鉅，前商周部長承允，粵國稅悉留粵支用。第一步由五月份起，每月另由部補助粵省政費國幣四十萬元。第二步，三個月後酌減補助費。第三步，六個月後免除補助，並以餘款解部等，因現本此辦法，以定施政方針暨各項預算，除函財政特派員，將粵國庫收入，按旬移送省金庫核收外，特電請鑒核，仍請覆備案。陳耀祖叩。⑮

由此函電可知汪對廣東省稅收的掌控原則是先補助，次酌減，最後免除補助之處理方式。

二、民國二十九年六月七日下午六時四十分發，六月九日三時三十分譯之另一由陳耀祖及汪宗準再度致電給汪，報告廣東國省稅接收情形如下：

密行政院汪院長鈞鑒並轉財政部周部長勛鑒：廣東國省稅接收情形如下：㈠廣州市煙酒稅五月佳日接收。㈡食鹽禁煙專賣及存鹽二百七十餘萬斤，五月漾日接收。㈢廣州市其他國省稅六月東日完全接收。㈣省府成立以前，兩年來鹽煙專賣餘利及保證金約軍票三百萬元，經迭次折衝商定，以軍票一百萬元爲廣州市建設基金，五十萬元撥爲治安費，餘款除保證金外，擬作省銀行基金，並由宗準自動聲明，決不作消耗用途，除廣州市建設基金，應俟商妥保管，手續再行核辦外，餘款業於微魚兩日接收清楚，其他各縣國省稅正逐步接收。謹電陳察核。陳耀祖、汪宗準叩。⑯

由上述函電可知，日軍佔粵前，在香港已設有掠奪華南經濟的機關，製造僞鈔，擾亂金融，並利用流氓，土豪劣紳和奸商走私。日軍佔領廣州後，即實行以戰養戰的政策，苛捐雜稅，用種種方法吸取「法幣」，掠奪物資，以換取外匯；又通漢奸僞組織，以大量僞鈔向各地採購華方物產。

三、民國二十九年五月十四日下午四時發自廣州，五月十五日下午七時譯，係廣東省主席陳耀祖及財政廳長汪宗準致汪、周之函電，內容爲：

密汪院長鈞鑒：周部長勛鑒：粵省國幣、省幣價值日落，物價高漲，各行商業及原日各機關稅收薪餉，均以軍票爲本位，省府成立後，除稅收方面經第一次省務會議議決，在中央銀行未成立前，仍暫以軍票爲本位外，薪餉以軍票爲準，抑仍發國幣酌加津貼，或國幣、軍票按六四比例支發，請迅予核奪，電示祇遵。陳耀祖、汪宗準元。⑰

由上述函電史料可知，日軍於民國二十六年十一月登陸杭州灣後，爲掠奪中國物資、解決其軍費支出，在長江以南佔領區強行使用所謂「軍用手票」之紙幣（簡稱軍票）。民國二十九年三月三十日汪僞政府「還都」時公佈之「政綱」十條，其中第八條即規定：「振興對外貿易，求國際收支之平衡；並重建中央銀行，統一幣制，以奠定金融之基礎。」⑱已明白將設立「中央銀行」列爲僞國民政府之重要施政方針。翌日，周佛海以僞財政部長名義發佈的「施政方針」，也把設立「中央銀行」視爲「財政部」當前急務之一。當陳耀祖和財政廳長汪宗準向汪精衛請示是否以軍票或國幣作爲發放薪餉之依據，汪則在函電上批示「仍發國幣，由省庫酌加津貼」。⑲

四、民國二十九年七月二十二日八時十分發自廣州，七月二十四日下午三時譯，係陳耀祖致汪之函電，該電內容爲：

> 汪院長鈞鑒：汪廳長宗準攜回手示敬悉，中央津貼廣東省政費，經提出省務會議議決自八月份起請中央停止，惟國稅仍請准留粵使用，以資應付。當時除彭東略有異議外，一致贊成通過，請轉致周部長佛海爲禱。職耀祖。⑳

上述函電顯示汪僞政權中央，需錢孔急，無法再補貼廣東省政府，擬逐步收回稅收項目。

五、民國二十九年七月二十四日上午二時二十分發自廣州，七月二十五日下午九時三十分譯，係陳耀祖致汪之函電，該電內容如下：

汪院長鈞鑒：馬電奉悉……汕頭市長周之楨，因年高能力已差，日軍部主張更換，請省府派人，職以為周之楨可調省酌任省委員，汕頭市長擬以廣州市財政局局長許少榮接任，因財廳劃分省市稅時，許十分努力幫助且與日方亦有相當感情，如任汕市長，東江財政月約百萬，有整理希望，鈞座如以為可行，即與日方聯絡辦理，當否乞電示。耀祖。㉑

上述函電顯示陳耀祖向汪推薦具有財政背景之許少榮接任汕頭市長，藉重許氏長才整頓財政問題。

肆　結　論

綜前所述，雖然汪偽政府正式成立之後，始有財政收入。以廣東省財政收入項目為例，仍有不少，例如有省稅、地稅、沙田稅、官產收入、契稅、煤油販賣營業稅、當按押稅、糖類捐、香燭紙寶冥鏹捐，紙類專稅，油荳專稅，顏料專稅錢莊等㉒。但其收入，仍杯水車薪，無法充裕，非仰賴日方補給不可，但日方卻從中國方面掠奪，將侵佔所得轉而做為侵華制華之資，從日軍與汪偽對廣東財政的運作掌控，可清楚看出日軍的策略是利用汪偽政權，期「以華制華」進而達到「以華亡華」之目的。

註釋：

❶ 周佛海、蔡德金編注，《周佛海日記》（上），（北平，中國社會科學出版社，民國七十五年（一九八六）七月第一次印刷），頁二七四—二七五。轉引自邵銘煌，《汪僞政權之建立及覆亡》，頁二〇六（台北市，中國文化大學史學研究所博士論文，民國七十年六月）以下至註一四皆轉引自邵氏博士論文。

❷ 蔡德金、李惠賢編，《汪精衛僞國民政府紀事》，（北平，中國社會科學出版社，民國七十年（一九八一）四月第一次印刷），頁五五。

❸ 秦孝儀主編，《中華民國重要史料初編—對日抗戰時期：第六編，傀儡組織》（四），（台北，中國國民黨中央黨史委員會，民國七十年九月初版），頁一一七〇—一一七一。

❹ 秦孝儀主編，前引書，頁一一九八。

❺ 秦孝儀主編，前引書，頁一二六七—一二六八。據另一項資料稱，最初周佛海編列的財政預算，收入爲一千八百萬元，支出爲二千五百十萬元，不敷約七百餘萬元，參見朱子家，《汪政權的開場與收場》，第一冊，（香港，春秋雜誌社，民國四十九年（一九六〇）八月四版），頁一一五。

❻ 秦孝儀主編，前引書，頁一二一九。

❼ 周佛海於是年五月二十三日日記道：「出席中央政治委員會，通過五月份概算，支出爲一千九百萬，收入不敷二百萬。」據此推算，收入應爲一千七百萬元。《周佛海日記》（上），頁三〇八—三〇九。

❽ 同❻。

❾ 《周佛海日記》（上），頁三三八。

❿ 《周佛海日記》（上），頁三七五。

⓫ 《周佛海日記》（上），頁四八九。

⓬《周佛海日記》（上），頁四〇。
⓭同前⓬。
⓮朱子家前引書，第一冊，頁一一六；第二冊，民國五十年（一九六一）三月再版，頁五五。
⓯〈陳耀祖致汪精衛、周佛海函電〉（民國二十九年五月二十九日、三十日），《汪偽資料檔案》，法務部調查局資料室藏，鋼筆原件影本。
⓰〈陳耀祖、汪宗準致汪精衛、周佛海函電〉（民國二十九年六月七、九日），《汪偽資料檔案》，法務部調查局資料室藏，鋼筆原件影本。
⓱〈陳耀祖、汪宗準致汪精衛、周佛海函電〉（民國二十九年五月十四、十五日），《汪偽資料檔案》，法務部調查局資料室藏，鋼筆原件影本。
⓲「國民政府政綱」，黃美眞、張雲編，《汪精衛國民政府成立》，（上海，人民出版社，一九八七年十月第二次印刷），頁八二三。
⓳同前⓱，毛筆原件影本。
⓴〈陳耀祖致汪精衛、周佛海函電〉（民國二十九年七月二十二、二十四日），《汪偽資料檔案》，法務部調查局資料室藏，鋼筆原件影本。
㉑〈陳耀祖致汪精衛函電〉（民國二十九年七月二十四、二十五日），《汪偽資料檔案》，法務部調查局資料室藏，鋼筆原件影本。
㉒陳耀祖：《廣東省政概況》，第三編財政，頁一—五六，各種稅收項目如下：

一、地　稅

本省臨時地稅起源，係於民國二十三年廢止征收錢糧而成現時的地稅制度，在事變前，各縣征收地稅向係按照地稅冊征收，事變後，地稅冊籍散失，地稅失所依據，加以各縣地方尚未寧靖，下鄉催收困難，人民又處於變亂後，經濟亦多屬窮困，基此原因，故稅收比前稅減，除惠陽一縣因有特別情形尚未開征外，現就所轄和平區域之南海、番禺、順德、中山、東莞、新會、增城、博羅、從化、花縣、三水、寶安、潮安、潮陽、澄海等十五縣，計自二十九年五月省政府成立之日起至三十一年二月底止征獲地稅共軍票壹百壹拾伍萬捌仟玖百餘元但三十年十二月份之後各縣所收稅款數目尚未報齊。所征稅款准照所核定之上下忙比率以法幣繳納。

至征收方法，在各縣未搜有原日稅冊以前，暫由縣政府按所屬田畝腴瘠，酌擬稅率，呈由財政廳核定開征，以縣長爲征收地稅主管長官，縣長之下，設地稅征收處，各區酌設分處，鄉鎮分設代征地稅委員會，征收處組織，由縣政府派員辦理，代征會組織，由縣政府遴委所在地自治鄉鎮長及公正紳耆熟悉地稅情形者充任，在督征方面，由財政廳派員於南海、番禺、東莞、中山、新會、順德、增城、潮安等八縣設置臨時地稅督征處，負責各該縣督征稽核及整理地稅等事務，其現時地稅收入過少之縣份，如三水、從化、花縣、寶安、潮陽、澄海等縣，暫委由鄰縣地稅督征處兼管該縣地稅督征處事務。

在現時整理地稅收入，固首重圖冊及禁止田畝附加，蓋田畝圖冊，爲征稅之根據，禁止附加，爲培養人民之稅源，故訂定獎勵舉辦各縣臨時地稅冊籍暫行辦法，以資搜集，自施行以來，業據南海，番禺兩縣縣民先後舉報該縣地稅冊籍共四百餘本，即經照章給獎，現舉報期限屆滿，獎勵辦法隨之失效，經另擬辦法呈核，又以田畝附加，向懸厲禁，第因事變之後，各縣收不敷支，致惡習復燃，去年八月間財政廳召開財政會議，遂提付討論，僉以現在田價高漲，穀價騰貴，業佃收益異常優厚，應有提高稅率之必要，即經於去年九月間，呈由本府核准，於同年十月一日起照各縣原定稅率，加倍征收，由業佃分擔，先由佃戶繳納，佃戶代業戶所繳部分，准在租內扣回，如佃戶欠租屢催不繳，並於禾稼成熟時予以標封，俟將欠稅清繳後方准收割，至對於擅向田畝抽收附加費者，並佈告取締：「凡有未經呈准擅向田畝附加收費者，准人民當場扭解就近防軍及當地機關，移交縣府訊明依法定罪，如力難扭解者，准其指名控告，一經查訊得寔，盡法懲辦。」及由民政廳訂定廣東省懲治擅征田畝附加費，暫行規條，呈由本府核准頒佈施行，又地稅收入以四成解廳，以四成留縣爲地方款，辦理地方之治安，教育，自治，建設等業經費，以一成爲經征獎金及整理編冊等費，以一成撥爲補助鄉鎮公所經費。

以上所述，均係現在辦理地稅之經過大概情形，至現行地稅章則，計有中央頒發修正征收田賦考成條例及廣東省征收臨時地稅暫行章程，各縣臨時地稅征收處暫行章程，各縣鄉鎮代征臨時地稅委員會暫行章程，各縣臨時地稅督征處暫行章程，各縣地稅征收處經征及整理臨時地稅暫行辦法，修正廣東省懲治擅征田畝附加費暫行規條，獎勵舉報各縣臨時地稅冊籍暫行辦法。

二、沙田稅

查廣東各縣沙田，以廣屬爲最多，潮屬次之，欽廉兩屬又次之，在民國二十七年以前，每年每畝征收錢糧大洋貳角，沙捐大洋叁角，護沙費毫洋壹元，民國二十八年，廣東省治安維持會設置沙田整理會，辦理其事，改定每年每畝收沙捐票叁拾錢，錢糧軍票貳拾錢，護沙費軍票陸拾錢，共軍票壹元壹拾錢，民國二十九年五月省政府重組，財政廳因沙田早造已在收割，即須開征，不及整頓，仍照前治安維持會辦法，每畝沙田年收軍票壹元壹拾錢，計是年收入沙田錢糧，沙捐，護沙費合共軍票叁拾肆萬玖千零柒拾壹元，至三十年改定征收方法，將沙田錢糧，沙捐：護沙費合併征收，統名曰：「沙田稅」。規定每年每畝征收沙田稅壹元貳角，暫以軍票爲本位，按照早晚兩造所核定比率以法幣繳納，自三十年早造起，寔行此項辦法，經省務會議通過，並議定將廣屬各縣沙田分段酌定底額，招商投承，計中順屬沙田分爲八段：㈠恭谷都段㈡安平沙段㈢峰溪段㈣隆都段㈤十六沙南段㈥十六沙北段㈦小欖段㈧黃梁都段。番禺縣屬沙田分爲四段：㈠沙灣東段㈡沙灣西南段㈢沙灣北段㈣茭鹿段。東莞縣屬沙田分爲五段：㈠竹溪段㈡南沙段㈢中堂段㈣蓮溪段㈤萬頃沙段。新會縣屬沙田分爲三段：㈠東南段㈡西南段㈢禮樂段，又順德大良附近各沙一段，合計分二十一段，除萬頃沙一段係東莞明倫堂公產，仍照舊章由明倫堂自行收繳外，其餘二十段分別規定底價，公開競投，當時投出者十六段，尚有小欖段，黃梁都段，沙灣東段，茭鹿段四處，投票未成，即設置征收處，規定應征底額，派員辦理，統計二十段投定底額及應征底額，共壹佰叁拾捌萬貳仟伍百零貳元，惟自開征以來，因地方未靖，征收未能大有成績，現值三十一年開征之期不遠，已擬定充實護沙隊力量，嚴禁非法勒收，稅收可望更爲起色。

三、官產收入

查本省官產多已投變，其未投變者，大抵因冊籍記載不全，致被人匿佔，加以自事變之後，冊籍蕩然，無所稽考，此項收益，遂更爲銳減，經逐漸清理，現頗有收入，并由財廳擬具整理辦法三款呈由本府提付省務會議，決議通過施行在案，茲將整理辦法三款分列如左：

(1)省市官產之劃分：本省官產有不動產之處分、收益、使用、等事項，原屬財廳主管範圍，惟在廣州市內之官產，其處理權限，曾於民國二十一年五月經奉　行政院核准，除寺觀菴堂廟宇依監督寺廟條例辦理外，祇以騎樓地，畸隣地，廢街，旗產，及市府實施築堤計劃而發生之碼頭作爲市產，其餘均作爲官產辦理，迨二十二年九月又由　省務會議議決：濠涌由市府處分，崗地及未有計劃之海坦，由財政廳會同市政府投變，得價省市庫各佔一半，仍由財政廳塡發執照，以歸劃一等語。現清理廣州市官產，應仍援該案與廣州市政府劃分辦理，俾清權限，至汕頭市之官產，向不在此限制範，其官產之處理，統受省財政廳之監督指揮。

(2)所有官產執照，均以財政廳印發爲有效，如有向別機關投領官產執照，除認爲無效吊銷外，並予嚴究，查各市縣每有將官產混作地方公產辦理，或因開闢馬路，將官產混指爲市產處分，所有官產之租息及變賣所得價款，均係自行收支，影響官產收入，至爲重大，亟應嚴密規定印發官產執照之權限及效力，方足以明權責而杜流幣，茲擬各市縣凡變賣官產，均應將價款繳由市縣解廳，以領有財政廳印發之官產執照爲有效，如有向別機關報領官產執照，除將執照吊銷外，並予嚴究。至各市縣變賣地方公產，或市產，亦應呈由財政廳核明，俾免淆亂而重官產。

(3)規定官產沙田墾荒等劃分辦理標準：查報承淤積漲生田坦，原應適用沙田章程辦理，報承荒地承墾，原應適用國有荒地承墾條例辦理，此項報承標準，每就該地用途及土宜，以爲判別，然究其實質，無論報承目的作何種使用，其地當爲官產，似無疑義。現沙田升科升至上則，每畝最高繳足十元，即可取得該田坦所有權，領荒承懇，一等地價，每畝最高繳足一元五角即可取得該墾地所有權，與官產因時値估價開投或給承，其價値懸殊甚鉅，設非將報承範圍，加以限制，難保承領人不無避重就輕，相率作爲沙田或墾荒繳承，於庫收損失極大，擬定淤積漲生之田坦或荒地，如位在城鎭市場範圍內可能建築舖屋貨倉碼頭埠涉之類，或收益較大者，均應仍歸官產辦理，以重收入。

四、契稅

本省契稅，自事變之後，久經停頓，及至省政重組，始恢復徵收，并以原有廣東省單行劃一契稅章程，複雜繁瑣，未盡適合，由財政廳援照原日賣六典四，及補稅上蓋値百征二稅率，訂定廣東省契稅暫行章程三十條，提經省務會議決議通過施行，及照原日契紙式樣核定契照九種，分發各市縣領用，由民國二十九年七月二日開始徵稅，并爲減輕人民負擔起見，訂定契稅減征辦法七條，將稅率減爲賣四典二，原定減征期限三個月，後經迭次展期，至本年一月二日始照原率征收，及照財政部令將典契稅率修正爲按照典價每百元徵稅叁元，計自開征以來，因地方秩序甫定，人民不動產買賣移轉尙少，故收入僅約貳萬肆仟餘元，現經極力整頓，地方亦日漸繁榮，以後稅收當可起色。

五、營業稅

本省營業稅，自事變後，各地均一時停頓，省府重組後，於二十九年六月一日由財政廳接准前廣州市公署財政處移交，即遵照二十六年，財政部修正章程，暨宋前廳長酌減稅率原案，於七月一日飭由廣州省稅局，省先就廣州市恢復辦理，同年十二月南三省稅局，增城稽征所，相繼成立於各該屬內，規復征收，旋番從花、東增、汕頭、中山、新會等各稅局，均於三十年間，先後遵令著手辦理，計年來稅收，統計軍票五十萬餘元，另國幣五萬餘元，較諸未事變前，稅收不免遜色，惟各縣地區，多因變亂後，地方元氣未復，商務尙極凋零，整理推進，猶有待於環境之轉移，此恢復營業稅之大概情形也。

六、煤油販賣業營業稅

煤油財賣營業稅，在事變前，特設專處征收，省府重組後，由財政廳於二十九年六月一日，向前廣州市公署財政處接收，自經整理後，稅收逐月遞增，二十九年十月間，因油價高漲，稅額尚微，遂分別酌加稅費，計一年有半，共征獲稅款軍票一百八十五萬餘元，此項稅款，本屬省稅收入大宗，但因煤油類，屬於軍用品之一，限制許可運銷，現將斷絕來源，影響稅收甚鉅，須俟大東亞戰事結束，始可恢復舊觀也。

七、當按押稅

本省各當、按、押店，在事變時，被劫殆盡，全部歇業，省政未成立前，僅有友邦人士，開設十二家，旋由財政廳擬具章程，准許各當押復業，復訂優待辦法，經省務會議通過，錄案施行，但因環境關係，至今廣州市僅得押店十一家復業，各屬兵燹之後，復業者寥寥可數，地方土劣，各有私自經營下則小押，重利盤剝情事，節經一再嚴飭申禁，尚未盡絕，此尚有待於整理也。

八、糖類捐。

糖類捐，前廣州市財政處，批商承辦，接收後調查情形，餉額相差頗遠，於二十九年八月將承案撤銷，改交廣州省稅局切實稽征，收數約增四五倍，并推行各屬，南三、番從花、中山、順德、新會、東增、汕頭、各省稅局，先後開辦，每年約共收國幣壹百壹拾叁萬壹千餘元。

九、香燭紙寶冥鏹捐

香燭紙寶冥鏹捐，從前向有征收，爲省稅之一，前廣州市公署財政處，批商承辦，因市庫支絀，暫仍由市政府收用，此外各屬，或由省稅局直接征收，或招商投承，均解省庫，每年約共收國幣壹拾貳萬壹千餘元。

十、紙類專稅

此項專稅，原爲洋紙專稅，當時因洋紙大量進口攙奪土紙銷路，爲維持國貨，杜塞漏卮計，於民國二十年間開辦，初屬委員設處辦理，旋以收不敷支，遂於民國二十一年一月，改爲招商承辦，事變停頓，旋於民國三十年二月，由財政廳恢復開征，依照從前辦法，參酌現在實際情形，更名爲紙類專稅，重訂土洋紙稅率征收章程，提交省務會議，核准照辦，暫交省稅局直接征解，計年來征獲稅款，國幣壹百零壹萬玖千餘元。

十一、油荳專稅

此項專稅，從前原爲油荳厘金，及台炮經費，民國二十年裁撤厘費，二十二年八月舉辦舶來農產品雜項專稅，油荳兩類，亦在征收之列，迨事變停征，初擬恢復舶來農產什項專稅，因於環境關係，暫未能依照從前辦法，完全規復，特將油荳兩種劃出，定名爲油荳專稅，重行規定稅率，及征收章稅，提交省務會議，通過照辦，飭由省稅局直接征解，計開辦以來，年可收入約國幣壹百肆拾柒萬餘元。

十二、顏料專稅

土洋顏料，在昔均征坐厘台炮經費，民國二十年裁撤厘費，二十一年二月開辦顏料專稅，事變時停頓，旋於三十年。

廣東省二十九年度下半年地方歲入經常門概算數

科目	金額	
廣東省地方普通歲入	一、〇六三、〇二七	〇〇
田賦	三七〇、一七三	〇〇
契稅	三〇、〇〇〇	〇〇
營業稅	四一〇、六五〇	〇〇
地方財產收入	二二、五八四	〇〇

科目	金額	
房捐	一八〇、〇〇〇	〇〇
其他收入	四九、六二〇	〇〇

廣東省二十九年度下半年地方歲入臨時門概算數

科目	金額	
廣東省地方普通歲入	六、四九〇、七二二	〇〇
田賦	二〇八、五七二	〇〇
補助款收入	二、六〇〇、〇〇〇	〇〇
其他收入	三、六八二、一五〇	〇〇
二十九年度地方歲入經臨合計	七、五五三、七四九	〇〇

廣東省三十年度地方歲入經常門概算數

科目	金額	
廣東省地方普通歲入	三、〇〇九、二〇二	〇〇
田賦	一、二九一、一一〇	〇〇

契稅		三七、五七八	〇〇
營業稅		八八四、三三〇	〇〇
地方財產收入		四六、四三二	〇〇
房捐		五五五、六〇〇	〇〇
其他收入		一六八、五八二	〇〇
車船牌照稅		二四、八四〇	〇〇
地方行政收入		七三〇	〇〇

廣東省三十年度地方歲入臨時門概算數

科目		金額	
廣東省地方普通歲入		二五、八〇六、〇八九	〇〇
田賦		一、七四二、四四七	〇〇
補助款收入		七、九八〇、〇〇〇	〇〇
其他稅捐		一一、八六七、一三四	〇〇

出入口貨專稅		二、一六〇、〇〇〇	〇〇
地方事業收入		一六、七三〇	〇〇
禁煙收入		一、三六七、七一八	〇〇
慈善費附加收入		六七二、〇六〇	〇〇
三十年度地方歲入經臨合計		二八、八一五、二九一	〇〇

上列二十九年度下半年及三十年度全年地方歲入經臨概算，均係按軍票本位編列，征收時，除另有專案規定者，如田賦禁煙等收入，應各照專案核定征收外，其餘各款，均以軍票額按各該月份公佈比率伸合國幣征收，緣本省因環境關係，業經呈奉中央核定，暫准以軍票收授，故編造年度歲入概算，均以軍票本位編列，以昭劃一，合附註明。

廣東省二十九年度下半年地方歲出經常門概算數

科目		金額	
廣東省地方普通歲出		六、二七八、五三二	〇〇
行政費		八六五、九三六	〇〇
司法費		一二二、四九三	〇〇

警察費	一、一五二、〇八七	〇〇
財務費	三一一、五七五	〇〇
教育文化費	六八一、九八六	〇〇
建設費	二四〇、三〇〇	〇〇
保安費	九九九、二五五	〇〇
協助費	七七〇、〇〇〇	〇〇
撫卹費	二、四〇〇	〇〇
債務費	六六〇、〇〇〇	〇〇
振務費	四〇〇、〇〇〇	〇〇
臨時辦公費	七二、五〇〇	〇〇

廣東省二十九年度下半年地方歲出臨時門概算數

科目	金額	
廣東省地方普通歲出	一、二七五、二一七	〇〇

科目		金額
行政費		五三、一四六 〇〇
司法費		一九、〇〇〇 〇〇
警察費		三五、二八五 〇〇
財務費		一二九、九一八 〇〇
教育文化費		二五二、〇六七 〇〇
建設費		二三七、九八四 〇〇
保安費		四〇〇、〇〇〇 〇〇
預備費		一五七、八一七 〇〇
二十九年度下半年地方歲出經臨合計		七、五五三、七四九 〇〇

廣東省三十年度地方歲出經常門概算數

科目		金額
廣東省地方普通歲出		二三、六〇一、〇五三 〇〇

行政費		二、五七四、九五五	〇〇
司法費		五七六、三九三	〇〇
警察費		三、四〇五、七三五	〇〇
財務費		二、〇六二、一一八	〇〇
教育文化費		二、四四二、二三六	〇〇
衛生費		四六、二二五	〇〇
建設費		四三八、八一〇	〇〇
保安費		五、一二九、二六四	〇〇
協助費		七九三、七一四	〇〇

第　頁

密行政院汪院長鈞鑒財政部周部長勛鑒粵國省
稅現甫接收整理需時而戰後百廢待舉需款至鉅
前商周部長承允粵國稅悉留粵支用第一步由五
月份起每月另由部補助粵省政費國幣四十萬元
第二步三個月後酌減補助費第三步六個月後免
除補助并以餘款解部等因現本此辦法以定施政
方針暨各項預算除函財政特派員將粵國庫收入
按旬移送省金庫核收外特電請鑒核仍請覆備案
陳耀祖叩

廣州來電 廿九年五月廿九日下午六時 發
三十日二時廿分 譯
備註

引自《汪偽檔案》

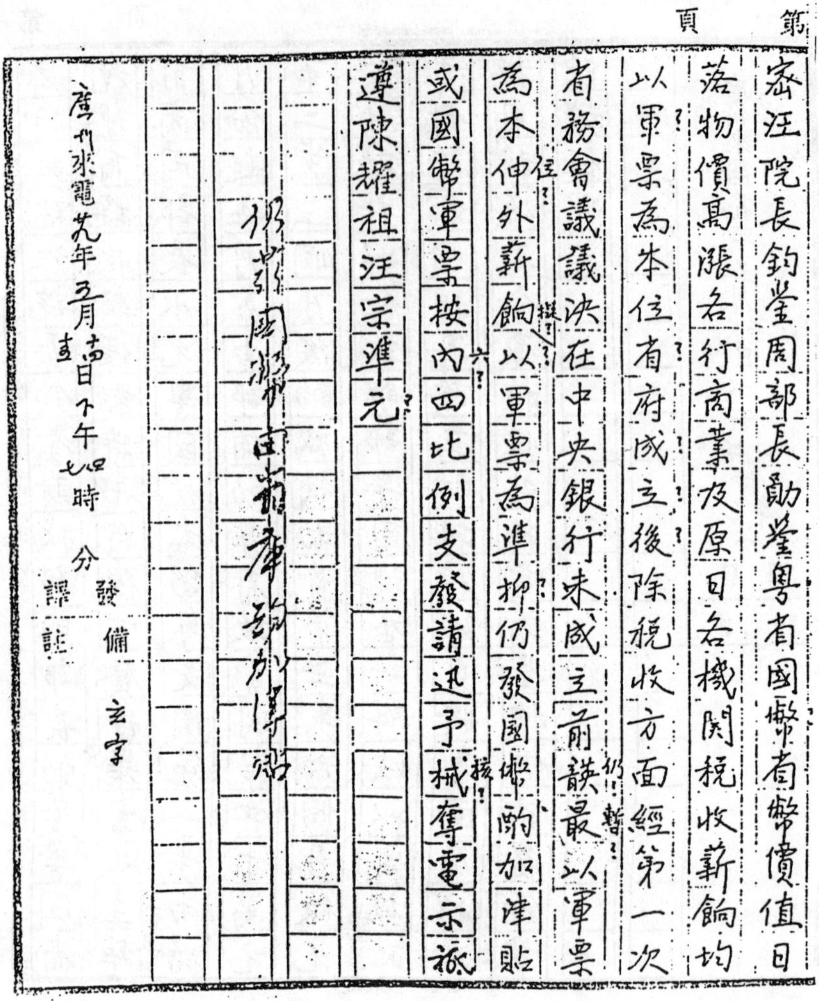

第　頁

密汪院長鈞鑒周部長勛鑒粵省國幣省幣價值日落物價高漲各行商業及原日各機關稅收薪餉均以軍票為本位省府成立後除稅收方面經第一次省務會議議決在中央銀行未成立之前誤最以軍票為本仲外薪餉以軍票為準抑仍發國幣酌加津貼或國幣軍票按內四比例支發請迅予械奪電示祇遵陳耀祖汪宗準元

抄致周部長[illegible]

廣州來電廿九年五月十四日下午七時　分發

譯註　備　玄字

引自《汪僞檔案》

第 1 頁

密行政院汪院長鈞鑒并轉財政部周部長勛鑒廣東國有稅接收情形如下(一)廣州市烟酒稅五月佳日接收(二)食鹽禁烟專賣及存鹽二百七十餘萬斤五月灰日接收(三)廣州市其他國有稅六月東日完全接收(四)省府成立以前兩年來鹽烟專賣餘利收保証金約軍票三百萬元經迭次折衝商定以軍票一百萬元為廣州市建設基金五十萬撥為治安費餘款除保証金外擬作省銀行基金並由宗準自動聲明決不作消耗用途除廣州市建設基金應俟商妥保管手續再行核辦外餘款業於微魚兩日接收清

來電 年 月 日 午 時 分 發

譯

備註

引自《汪僞檔案》

第2頁

楚，其他各縣國有稅正逐步接收，謹電陳察核。陳耀
祖、汪宗準叩。

廣州羽電 九年六月七（九）日下午五（三）時四十（卅）分

發

譯

備註

引自《汪偽檔案》

第　　頁

汪院長鈞鑒馬電奉悉日方擬自動取銷粵東綏靖督辦公○設置東江行政督察專員祇管轄潮安潮陽澄海三縣汕頭市在外并以陳光烈署理由省府任命現為因應事機權宜處置提出省務會議先行派委同時呈請鈞院簡命務懇俯准通過為禱(二)汕頭市長周之楨因年高能力已差日軍部主張更換請省府派人職以為周之楨可調省酌任省委員汕頭市長擬以廣州市財政局局長許少榮接任因財廳劃分省市稅時許十分努力幫助且與日方亦有相當感情如任汕市長東江財政月約百萬有整理

來電　年　月　日　午　時　分

譯　發

註　備

引自《汪偽檔案》

第　頁

希望鈞座如以為可行擬即與日方聯絡辦理當否

乞電示耀祖

廣州來電廿九年七月廿四日上午二時卅分發

廿五日下午九時廿分譯

備

註

引自《汪偽檔案》

第　頁

汪院長鈞鑒汪廳長宗準攜回手示敬悉中央津貼
廣東省政費經提出省務會議議決自八月份起請
中央停止惟國稅仍請准留粵使用以資應付當時
陳彭東原略有異議外一致贊成通過請轉致周部
長佛海為禱職耀祖

廣州來電 廿九年七月廿三日上午八時十分發
廿四日下午三時〇分譯
備註

引自《汪僞檔案》

第　頁

明鈞鑒職處暨所屬機關部隊經費雖與省府暫定五月份起協助法幣七成唯因法幣跌風未已值平崇三成似此情勢非再設法難以應付伏懇趁汪廳長來京就近指示補救辦法期與省防軍一致待遇而裕軍食如何之處伏候電示職謳一

廣州來電三十三年四月廿二日下午五時十分發 六時四十分譯

備註 一 性

引自《汪僞檔案》

第三節 汪僞集團與廣東金融運作問題之關係

壹 前言

金融，作爲國家財政的分支，乃指與通貨有關的事務。具體而言，一爲銀行業務，一爲貨幣制度。抗戰以前，國民政府致力於整頓金融，改組銀行，統一貨幣。抗戰軍興，又設法穩定幣值，以保證軍需民用。日僞在華中、華南淪陷區的金融統制，便是在這一歷史背景下進行的。

華中、華南兩個淪陷區當中，華中淪陷較早。日本華中方面軍（派遣軍）及汪僞政權的勢力範圍，包括以上海、南京爲中心的蘇、浙、皖地區。而以廣州爲中心的華南淪陷區，日軍佔領較晚，統治亦不穩定，僅就所見函電史料探討汪精衛對廣東省金融運作的梗概。

貳 抗戰前中國金融概況

南京國民政府成立伊始，面臨金融混亂狀況，遂先後改組中央銀行、中國銀行、交通銀行，成立農業銀行，商業銀行也得到很大發展（由一九二七年的五十七家，發展到一九三六年的一四六家）。在貨幣方面，先是廢兩改元，繼而於一九三五年十一月四日，實施法幣制度，將銀本位改爲外匯本位。由中央銀行、中國銀行和交通銀行發行法幣，取代民初以來通行的銀元；實行白銀國有，所有銀元、生銀均應兌換法幣，禁止流通；中央銀行、中國銀行和交通銀行按照現行匯率，無限制售賣外匯。一九三六年二月，中央銀行開始發行輔幣。至一九三七年六月，法幣流通量已達十四億元，與一九三三年銀行流通量十四億元相等。在日本占領華中華南地區之前，法幣在此兩地經濟網中已紮下根基，擁有雄厚實力。❶

抗戰爆發後，軍需款項劇增，法幣發行量日益擴大。爲了粉碎日僞的套匯陰謀，也爲了限制一般的逃匯現象，維持法幣匯率，國民政府繼一九三八年三月實施外匯買賣管制後，於同年十月，商請英國匯豐銀行與中國銀行合資一〇〇萬英鎊爲基金，共同維持上海市價匯率。一九三九年三月八日，英國財政大臣宣布將向中國提供借款，以穩定法幣的匯率。十日，中英雙方代表在倫敦正式簽訂平準匯兌基金合同，規定基金總額爲一、〇〇〇萬英鎊，中方由中國、交通兩銀行共同承擔五〇〇萬英鎊，英方由匯豐銀行承擔三〇〇萬英鎊，麥加利銀行承擔二〇〇萬英鎊。此項基金用於香港、上海兩地的外匯市場，專供維持中國法幣與英鎊之比值。英國政府爲匯豐、麥加利銀行提供擔保，另設立以英國專家羅杰士爲主席的委員會負責基金的管理與運用。但是，隨著日僞方面收集法幣衝擊上海外匯市場，投機商推波助瀾，法幣匯率市價下跌。❷

一九四〇年七月，中英兩國再度籌集補充基金，計得美金五〇〇萬元，英鎊一六〇萬鎊，但未動用。一九四一年四月，又設立中英美平準基金，由中方出資二、〇〇〇萬（一說一、二五〇萬）美元，美方出資五、〇〇〇萬美元，英方出資五〇〇萬英鎊，設立有三方代表組成的平準基金管理委員會。這就使法幣匯率大體上得以維持，直到同年十二月太平洋戰爭爆發。

華中地區以上海爲中心，是中國的經濟和金融中心，又是英美列強在華利權的集中地。英美銀行聚集於上海租界，金融勢力強大，以英鎊美元支持中國法幣，法幣基礎牢固。因此，日僞在華中地區實施金融統制，破壞中國法幣制度，實現其「幣制統一」的目標，不得不非常愼重，即先使用軍票，再發行「華興券」，最後發行「中儲券」，對法幣既排斥又利用，企圖逐步地將中國法幣驅逐於日本占領區以外。❸

參　戰時廣東省金融概況

戰時廣東後方金融業也是處境維艱。戰前，廣東金融業相當發達，僅廣州便有政府及民營的銀行二十四家，外國人經營的銀行八家。民營的錢莊，廣州有五十四家，汕頭一〇一家，台山八十三家，海口十家❹。日軍入侵後，廣東金融業受到毀滅性打擊，除外國人的銀行繼續營業外，其餘大部分遷往港澳，停業的也不在少數。得以遷往粵北的僅廣東省銀行一家。一九三九年二月以後，中國、中央、交通、中國農民銀行才陸續在臨時省會韶關設立分行。整個廣東省後方銀行系統到一九四一年才得以建立。民營的銀行無法繼續在後方開業，民營的錢莊只有僑匯較多的開平、興寧、梅縣、惠州有一些，這些錢莊對工商業自然無法提供充足的資金。

廣東省銀行在粵北時期包攬了後方的大部分金融業務，但後方工業薄弱，對工業的放款有限，吸收信托存款、買賣有價證券、辦理房地產按揭及保險等業務幾乎完全停止。以放款而言，一九三七年該行放款一八、三〇〇、一八三元，粤北時期，則從未有一年達到此數字（折合成原幣值）。最高的一九三九年僅爲這一年的六五%，最低的一九四五年不及一〇%。而且，這個時期放款的主要對象是軍隊和政府機構，工商貸款所占比重很小。一九四四年底日軍攻陷曲江，廣東省銀行與其他銀行遷至平遠縣，據該行行長稱，這一段時間裡，「各銀行除經理公庫、支付軍政費用及應付軍匯外，其他業務幾乎等於零」。❺

肆　僞中央儲備銀行設立及其金融統制

㈠僞中央儲備銀行的設立

關於取代華興商業銀行，解決華中的貨幣金融問題，日本在扶植汪僞成立政權過程中即有種種設想。一九三九年九月十五日，日本華中派遣軍經理部制定〈樹立新中央政權統一中國幣制之件〉，提出，沿用帶有傳統色彩的中國銀行之名，合併華興商業銀行，使該銀行券在華中、華南流通，回收軍票、法幣，其對外價值以華中的日元即軍票時價爲基準，統一華中、華南幣制後，再合併聯銀，統一蒙疆之外的關內淪陷區的幣制。一九四〇年三月十七日，即將走馬上任僞財政部長的周佛海提出了新政府貨幣案，即在新中央銀行設立之前，改組華興商業銀行，發行新銀行券❻。但是，因設立新的中央銀行案已是既定方針，允許不同銀行券流通，無寧只會增大新中央銀行統一幣制的困難，因此，周佛海所提方案遭冷落。

一九四○年三月三十日，汪精衛偽政權正式登場，在其所發表的政綱中宣布再建中央銀行，統一幣制。四月十一日，偽中央政治委員會會議通過成立「中央銀行籌備委員會」案，任命周佛海為籌備委員會主席，錢大櫆為副主席，陳之碩、柳汝祥、陳君慧、張素民、梅哲之、夏宗德、顧寶衡等為籌備委員會委員，起草關於中央銀行的組織、業務等方案。汪偽國民政府是在日本扶植下成立的，其一切大政方針須經日本同意，接受「指導」。一九四○年九月十日，日本興亞院會議制定〈關於設立新中央銀行華中貨幣對策之件〉，提出：關於軍票，強化維持其價值方案，同時極力控制當地發放量；援助偽方設立新中央銀行，發行新貨幣，使之與法幣等價；關於新中央銀行與華興商業銀行的關係，使華興商業銀行投資於新中央銀行，調撥資金，取消其貨幣發行權[7]。第二天，興亞院聯絡委員會又提出〈關於中央儲備銀行法草案日方意見〉，對於汪偽籌委會的立案幾乎逐條提出要求事項或「善意的提醒」，強行要求修改，甚至要求模仿偽聯銀，設置日本人顧問。[8]

一九四○年十月二日，日本為指導汪偽設立中央銀行，專門設立了「新中央銀行及新通貨對策委員會」（簡稱新通貨對策委員會）。十一月二日，該委員會召開第一次會議，達成〈秘密協定案〉，就汪偽新設中央銀行、顧問制的採用、外幣管理、軍票地位及華北、華中連接地帶的貨幣處理問題都作出了明確規定。關於採用顧問制問題，規定：汪偽政權在與日方協商的基礎上招聘一名日本人作銀行顧問，銀行實施以下業務時，須提前向顧問諮詢：關於銀行營業問題需理事會議決事項；有關外幣匯兌及外國銀行事項；有關舊通貨事項；關於軍票及日本貨幣事項；有關蒙疆華北事項，等等。「顧問在認為必要時可要求銀行總裁、副總裁就銀行業務加以說明」，「關於重要行政事務顧問可列席董事會」[9]。

關於外幣管理問題，規定：「專設外幣管理委員會，由日本及中方各推荐兩人組成，有關規定的制定及變更，中方要與日本協商」[10]，關於軍票問題，日本主張根據作戰需要決定軍票流通之存續，反對新設儲備銀行與軍票工作相關聯，令汪僞政權把武漢及廣東地區排除在新設儲備銀行所轄區域之外，要求汪僞「認同日本所取流通軍票政策並予以協助，且使新銀行也同樣予以確認和協助」，「關於新通貨流通區域，必須隨時與日本協商」，「爲維持軍票價值，使新設銀行隨時按日方的決定，進行一定數量的新貨幣存款或進行新貨幣與軍票的交換」，這樣就要求新設中央銀行不能採取任何不利於日本軍票工作的金融政策，無條件「協助」日方維持軍票價值成了新銀行的義務：關於華北、華中相接地帶蘇淮地區的幣制處理，要求汪僞維持原狀。上述各點於一九四〇年十二月六日被概括爲〈中央儲備銀行細節指導暫行要領〉，除確認以上各點外，又特別規定：關於貨幣法、中央儲備銀行法及其它有關章程的改正、有關貨幣及匯兌等重要政策的決定及改正，中方須提前與日方聯絡協商；關於「中央儲備銀行」的設立及其所發銀行券的流通，不得妨礙「中國聯合準備銀行券」及軍票的流通及其價值的維持；新貨幣目前先用於財政收支結算，逐漸向法幣流通區擴展，僞華北政務委員會所轄區不流通新貨幣；除海道、武漢日軍占領區、安慶日軍占領區、華南及海南島日軍占領區正處於戰事中，在作正式決定前，不流通新貨幣[11]。上述「指導」明確了汪僞中央儲備銀行的職能及其貨幣金融政策的基準，也確保了日本對該行的控制。於是，十二月十七日，由汪僞首要之一周佛海與日本「大使館」參事官日高信六郎簽訂〈設立中央儲備銀行備忘錄〉，最後確認了日本「指導」下的有關「營業方策」、顧問設置、外匯管理等方面的政策。⑫

日本直接干預指導下定案的〈中央儲備銀行法〉與〈整理貨幣暫行辦法〉，分別於一九四〇年十二月十九日、二十日公布。根據銀行法，僞中央儲備銀行的主要業務是發行本位貨幣及輔助貨幣兌換券，經管國庫，經理接收內外債券及其本利支付事務；經理、收付國營事業資金；管理全國銀行儲備並經理各銀行間匯撥結算事宜；代理地方公庫及公營事業資金之收付；經收存款，「政府」發行或保證的國庫證券及公債息票之重貼現；國內銀行承兌票，國內商業匯票及期票之重貼現；買賣國內外殷實銀行即期匯票、支票；買賣「政府」發行或保證的公債庫券；買賣金銀及外國貨幣；辦理國內外匯兌及發行本票；以金銀爲抵押放款；以「政府」發行或保證之公債庫券爲抵押放款等等⑬。因顧及到汪僞政權的面子，關於顧問問題，銀行法沒有涉及。〈整理貨幣暫行辦法〉規定：中央儲備銀行券亦稱法幣，使其與舊法幣等價流通，並回收舊法幣；新行設立後，停止華興商業銀行券的發行，並回收其流通部分：廣東、武漢地區暫不流通中儲券。⑭

僞中央儲備銀行以周佛海爲總裁，錢大櫆爲副總裁，同時設有理事會及監事會。以周佛海、錢大櫆分任正副理事會主席，董事會主席由羅君強擔任。一九四〇年十二月二十日，周佛海發表聲明，宣稱：爲成立中央儲備銀行「數月以來，竭慮殫盡，積極規劃，所有資金準備、營業方針、內部設置以及鈔票發行等一切事宜，一一籌備就緒」，定於一九四一年一月六日在南京成立，開始營業，並於重要城市設分行⑮。十二月二十一日，周佛海主持召開「

中央儲備銀行」第一次理事會。會議通過各局、處長人選，並由日本使館「推荐」，聘請日本金融專家木村增太郎爲顧問，吉川智惠丸爲副顧問。

繼僞中央儲備銀行總行於南京中山路一號開業後，一月二十日，上海分行（設於外灘十五號）開業；二月十日蘇州支行（設於觀前街一八九號）開業；三月三日，杭州支行（設於太平坊大街二七〇號）開業；五月十九日，蚌埠分行（設於二馬路二九四號）開業。此後，該行相繼在下關，蕪湖、南通、無錫、嘉興、常熟、太倉、揚州、鎮江及日本東京設立辦事處。總行組織機構主要有業務局、發行局、國庫局、外匯局、總務處、稽核處、秘書處、無線電台等。另有金融檢查事務處設於上海，在南京設分處，辦理檢查事務。

這樣，幾經謀略和「協商」，日本控制下的汪僞中央儲備銀行終於帶著種種枷鎖起步了。

(二)「儲備券」的發行與「幣制統一」

一九四一年一月六日，僞中央儲備銀行開業當天，便開始發行一元、五元、十元三種兌換券，一分、一角、二角、五角五種輔幣券。其流通區域，僅限於上海、南京、杭州及蘇、浙、皖三省日軍占領區。汪僞財政部發表公報稱「嗣後人民納稅、匯兌及公私往來，一律使用新法幣」。對於仍流通於上海、南京、杭州及蘇浙皖日軍占領區的法幣，「暫准與中央儲備銀行之法幣等價流通。如有意存破壞、拒絕收受等情事，一經發覺，定當依法懲處、不稍寬貸」。僞財政部長周佛海亦發表談話，宣稱：新法幣發行後，待舊法幣跌至相當程度以下，當即穩定新幣制。對於由香港流入的法幣，將加以相當的限制。[16]

爲使「新法幣」得以流通，汪僞還制定各種法令強制推行。除前述所發公告，強迫民衆不得拒絕使用僞幣外，一九四一年二月十八日又公布〈收兌舊法幣暫行辦法〉，規定中央儲備銀行接收的法幣只限於中央銀行、中國銀行、交通銀行券，但不包括三行新版的五〇元及一〇〇元券。而且，凡以新法幣兌舊法幣者，予以充分兌換。三月十三日，汪僞中央政治委員會會議又通過〈妨礙新法幣治罪條例〉，規定：㈠妨礙新法幣流通又破壞其信用者，處五年以上徒刑並罰五、〇〇〇元以下罰金；㈡拒絕使用新法幣者，判三年以上、十年以下徒刑並罰五、〇〇〇元以下罰金；㈢銀行、銀號、錢莊有上述情節者，除治罪罰款外，還要吊銷營業執照⑰。進而，汪僞財政部規定從九月一日起，在僞法幣流通區域，所有關鹽統稅及其它中央稅收，一律改收新法幣及「新法幣支票」；一切地方稅收，在已經設立中央儲備銀行分行、支行及辦事處的地區，收用「新法幣」；而在未設中央儲備銀行分行、支行、及辦事處的地區，或「新法幣」尚未普及的地區，「仍暫准以舊法幣繳納」。⑱

由上可見，在太平洋戰爭爆發前，汪僞制定各種條例或法令，利用行政力量強制推行中儲券的流通。但鑒於華中法幣的牢固勢力，沒有像僞中國聯合準備銀行那樣馬上排斥並禁止法幣流通，而是先以強力擴大中儲券流通區域著手實施「幣制統一」的。當然，這與上海英法等國租界的存在有關，只要租界存在，想排斥在英美支持下的法幣勢力，其困難程度已由華興券的流通過程所證明。因而，即使「中央儲備銀行」是作爲汪僞中央銀行而設立的，其對法幣仍不得不採取非常謹慎的逐漸排擠對策。太平洋戰爭爆發後，其金融對策便迅速作出調整。

一九四一年十二月八日，太平洋戰爭爆發的當天，日軍進駐上海租界，把英、美及江浙財閥系銀行置於軍管之下，由日本的橫濱正金、三井、三菱、住友、台灣、朝鮮六家銀行具體負責軍管銀行的業務清算工作，全部接收了這些銀行所保有的金、銀[19]。日軍控制了上海租界，就意味著占領了法幣在華中賴以存在的根基。

一九四二年一月，日本中國派遣軍經理部作出的〈關於大東亞戰爭開戰後中國貨幣金融新對策實施現況之文件〉強調，隨太平洋戰爭爆發後法幣價值的下落，「在華中占領區內切斷新舊法幣之間的等價聯繫，禁止舊法幣流通，全面擴大中儲券流通，使之成爲華中統一貨幣，並調整回收軍票方案」，這已是「中央現地一致的既定方針」。但是，「說起來容易，事實上實行起來極難」，從而指出了盡早實施該方案的非現實性[20]。因此，在太平洋戰爭爆發後一段時間內，日僞雖提出利用中儲券驅逐法幣的方針，但並沒有像華北那樣強行全面回收法幣，實施「幣制統一」。

一九四二年三月六日，日本興亞院會議通過〈大東亞戰爭開始後華中貨幣金融暫定處理要綱〉，規定：

一、以打倒舊法幣爲目標，積極乘此壓迫之勢，脫離新舊法幣等價關係；二、強化中央儲備銀行對於中國銀行及錢莊業的統制力，使其指導華中金融……；三、鑒於要使中央儲備銀行盡快成爲我方軍費及其它必需資金的調撥銀行，整備擴充相應的顧問制度，進一步強化我方控制力，同時，使該行運營完全與我方政策相協調……；

四、關於內債處理，此時不要國民政府積極發表聲明；五、關於軍票，只要情況允許，可迅速廢止新規發行，爲此，中央現地雙方須聯絡後極秘密且迅速地準備必要的施策。㉑

至此，利用中儲券驅逐法幣政策正式提上日程，並提出停止軍票的新規發行，表現出用中儲券「統一華中幣制」的明顯趨向。〈要綱〉關於回收法幣作了若干補充規定：使「中央儲備銀行」即時起盡量控制用新法幣兌換舊法幣；廢止新法幣與舊法幣的等價關係，兌換依據市場行情進行。以上方針被迅速付諸實施。三月三十日，僞財政部正式宣布中儲券脫離與法幣的等價關係，並公布〈修正整理貨幣暫行辦法〉，規定：自三月三十一日起，納稅及一切公務開支，一律使用中儲券㉒。這就標誌著汪僞政府在日本支持下，開始實施與華北同樣的排斥法幣，「統一」貨幣金融的政策。

日僞此項政策的實施，使華中經濟頓時陷入混亂。由於法幣與中儲券不能等價兌換而根據特定的比率進行特別兌換。法幣與中儲券之間也出現了兌換行市，中儲券成爲投機對象，不斷從流通過程退出。法幣大量上市，出現了與日僞設想相反的結果。因此，日僞又不得不調整施策。五月十二日，日本興亞院會議通過〈關於整理華中貨幣措施〉，改變根據市價決定法幣與中儲券匯率的辦法，而用中儲券全面兌換法幣㉓。此後，日僞連續降低法幣價值，直至五月二十六日，法幣對中儲券比價爲二比一爲止。二十七日，周佛海發表聲明，宣布從即日起以中儲券爲蘇浙皖統一貨幣，全面回收法幣；法幣仍以二比一比價兌換中儲券。六月一日，為實施上述政策，汪偽財政部公布〈整理舊法幣條例〉、〈收回舊法幣辦法〉、〈安全金融公債條例〉等四項法令，規定自六月八日起至二十一日，以法幣一〇〇對中儲券五〇之比率，實行新舊法幣全面兌換㉔；法幣回收地區暫定為蘇浙皖三省及南京、上海兩市。六月二十三日，又公布〈禁止使用舊法幣辦法〉，六月二十五日起，南京、上海兩市均禁止使用法幣。

為強化偽中央儲備銀行發券制度，日本政府繼一九四一年六月對汪偽國民政府借款三億日元後，一九四二年七月二十八日，日本銀行與偽中央儲備銀行訂立借款合同，又向汪偽國民政府借款一億日元，以便使其穩定以日系貨幣為信用基礎的金融機構。㉕

日偽為促使中儲券流通，到一九四二年底，增設分行店鋪到二十五家；日本工部局、商業交易分別從一九四二年二月、三月起使用中儲券立帳、收付；日本公共費用從六月二十日起實行軍票、中儲券兩種建制；七月到八月，獎勵日本內地使用中儲券購買物資；九月到十月，上海、南京小商販使用軍票、中儲券兩種建制；十一月起，日本官廳、國策公司等的工資也用中儲券支付等等，採取了種種行政措施，推進中儲券流通。㉖

十月二十一日，日本新通貨對策委員會召開會議，決定禁止保有舊法幣，並全面禁止法幣流通，實行舊法幣對中儲券的最終兌換㉗。據此，汪偽國民政府於十月二十五日，發布財政部布告及財政部部長聲明，宣布從十二月一日起全面禁止法幣流通，十一月一日到三十日，實施最終兌換。這樣，從十二月一日起，蘇浙皖三省內全面禁止使用舊法幣。㉘作為中國國民政府抗戰經濟基礎之一的法幣在淪陷區遭驅逐，國民政府抗戰實力受到了很大打擊。

廣州和武漢日軍占領區當初被排除在中儲券流通區外。一九四二年七月六日，僞中央儲備銀行廣東支行成立，中儲券開始在廣州等日軍占領區內流通使用；八月三日，又在漢口設中儲行支行，從此，中儲券也在武漢及其周圍日軍占領區內流通使用。同時，從七月十日起到七月二十三日兩周時間在廣州、廈門、汕頭，從八月十日起至八月二十三日在武漢地區實施中儲券對法幣的全面兌換。華南自七月二十四日、武漢自八月二十四日起法幣被禁止使用。一九四三年一月到三月間，分別實施法幣與中儲券最後兌換後，華南從一九四三年一月二十六日、武漢從二月十五日起，全面禁止法幣流通。㉙

日僞利用中儲券所推行的幣制統一，是在軍力和行政力的強行干預下進行的。實現所謂幣制統一的地區，僅限於日軍占領的城市及其周邊地區，在廣大的農村，日僞回收法幣幾乎是不可能的。一九四二年六月底，回收法幣額上海近八·四億元，內地農村近二·九億元，這與一九四一年底兩地的法幣流通額二十三億元、三十億元相比，上海的回收率約爲四〇%，而內地農村還不到一〇%㉚。在城郊及農村，法幣仍有很強的流通力，無錫「出城四、五里，舊券（指法幣）廣泛流通」，常州「城市在一定程度上可認爲實施了全面兌換，但鄉村兌換不完全，還殘存相當數量的舊券」，鎭江「新券（指中儲券）也只能在軍隊警備區及縣城市使用」。㉛

日本扶植汪僞政府設立僞中央儲備銀行，企圖利用中儲券統一華中幣制，實現其對華中淪陷區的金融統制。對華中的法幣採取了利用、排斥和打擊的幣制統一工作。但是，自一九三七年十一月，日軍從杭州灣帶入軍票，以作軍費支出和獲取物資的手段時起，在日軍的強力推行下，軍票在華中、華南占領區有相當數額的流通量。日僞回收法幣後，中儲券、軍票成了華中、華南日軍占領區的主要流通紙幣。軍票的存在，對旨在標榜「統一華中幣制」的汪僞政府來說，無疑是一個巨大的諷刺。因此，爲保全汪僞政權的面子，並最終利用其統制華中金融，日本不得不考慮收回軍票。一九四一年秋，日本政府提出「迅速尋機代替軍票使用中儲券」[32]。一九四二年三月六日，興亞院會議制定的〈大東亞戰爭開始後華中貨幣金融暫定處理要綱〉中又提出，只要情況允許，可迅速廢止軍票發行。此後，日本政府、興亞院、大藏省、中國淪陷區日本駐軍多次進行秘密聯絡協商，在確認不影響軍費調撥、軍需物資獲得及對日輸出的前提下，一九四二年八月七日，由興亞院會議通過〈有關廢止軍票新規發行措施〉，提出「爲實現華中及華南（海南島除外）的貨幣統一，應盡快廢止軍票的新規發行，中儲券取而代之。」具體要領如下：最遲到一九四三年四月一日完全廢止華中華南占領區軍票的新規發行；在盡可能的範圍內，改用中儲券代替軍票，極力擴充中儲券的流通區域及部門；廢止軍票新規發行後，日本支出軍費等需要中儲券時，中方應順利確保供應，日方爲培植強化中央儲備銀行，並維持儲備券價值，盡可能給予援助，迅速強化僞中央儲備銀行的日本人顧問陣容；廢止軍票新規發行後，盡快改軍票存款爲中儲券存款，同時回收殘存的軍票[33]。八月八日，興亞院聯絡委員會又制定〈廢止軍票新規發行之前具體措施〉。八月十日，日本陸軍次官向中國派遣軍總參謀長發出通知，要求有關各方根據興亞院會議及聯絡委員會決定作出相應處理。八月二十六日，中國派遣軍總參謀長就廢止軍票新規發行致函華中、華南占領區的日本駐軍登、呂、波集團參謀長，指出「貨幣工作是以對敵封鎖和摧毀敵人抗戰力爲目的的」，「廢止軍票新規發行及有關貨幣施策與原來的軍票對策同樣都是軍隊的任務」，要求各兵團以下部隊「徹底貫徹」，協助占領區內偽中央儲備銀行的運營及其施策。[34]

根據上述決定和指示，日本侵略軍軍費調撥和軍需物資徵調有了保證。與前述促使中儲券流通工作相連，根據日本政府決定，自一九四二年五月二十二日起，以一八比一〇〇實施軍票對中儲券的兌換；一九四二年六月以後，日方公共事業費、日人商社零售物價、軍需物資交換所等改原來的單一軍票建制爲軍票中儲券雙重建制；日軍軍費和日本駐華官廳、商社等的工資也用中儲券支付，逐漸擴大中儲券流通範圍，減少軍票流通量，以逐漸向廢止軍票發行過渡[35]。一九四三年二月二十七日，日本軍票對策委員會在上海召開，制定如下廢止軍票新規發行大綱：

(1)廢止軍票新規發行內容：除海南島和香港以外的華中華南地區，自一九四三年四月一日起，國庫金支出、銀行存款、借貸、匯兌等支付，不再使用軍票。(2)市面流通軍票的處理方針：不馬上回收，繼續讓其自由流通。(3)軍票債權、債務處理方針：不立即改爲中儲券建制，承認軍票的存續。(4)對軍票持有者的指導方針：使其協助完成中儲券一體化工作。[36]

大綱表明，日本沒有提出馬上回收軍票政策，而是取漸進方策，這實際上是維護手持軍票的日本人的利益。

一九四三年三月二十四日，日本駐中國派遣軍總司令部，中國方面艦隊司令部、駐僞中華民國日本大使館聯名，日本大藏省、大東亞大臣、華南日軍、汪僞國民政府財政部長分別發表談話，宣布從四月一日起，廢止軍票新規發行，「原則上國庫金的支出、銀行存款、借貸、匯率等，不再使用軍票，改用中儲券」，以便用中儲券來統一華中貨幣工作㊲。日本廢止軍票新規發行，是以利用中儲券調撥軍費等爲條件的。一九四二年八月十日，中儲行與橫濱正金銀行之間訂立了相互存款契約㊳，即兩行間彼此在對方銀行存款，以同樣條件同等利率付給利息。據此，一九四三年二月五日，日本陸、海、企劃院、大藏、大東亞五省訂立〈關於在中國支出的臨時軍費特別會計所需資金當地調撥之件〉，規定以前由發行公債募集的戰費的「華中華南部分向正金銀行借入，……讓正金銀行據儲銀正金相互存款契約，用中儲券調撥所需資金」㊴，其步驟是，日本政府命橫濱正金銀行上海分行從臨時軍費特別會計中支出戰費，正金銀行將其全額記入中儲行在正金銀行的以金建制的帳戶，與此同時，中儲行按一〇〇元對一八日元的固定匯率，把同額款項換算成中儲券記入正金銀行在中儲行的帳戶。這樣，橫濱正金銀行在中儲行內的存款不斷作爲戰費支取出去，而中儲行在正金銀行的存款卻取不出去。日本就這樣把巨額戰費負擔轉嫁給了汪政權，而避免了其國內亂發紙幣引起的通貨膨脹，卻使中國華中華南淪陷區陷入了嚴重的通貨膨脹之中。從一九四三年四月一日起，中儲券在很大程度上取代了軍票，完全軍費化了。中儲券發行量僅四、五、六三個月與三月底相比就增發了一倍，到九月底，增發了六十七億元㊵。增發累計幾乎與汪僞國庫支出額相等，其中九八%是用於軍費開支㊶。到一九四五年九月，除蘇州、杭州、寧波分行外，中儲券發行總額達四六二億元。[42]

除了進行上述「幣制統一」活動外，汪僞還制定了中儲行統制金融法規，試圖強化其作爲銀行中之銀行的職能。一九四二年八月二十一日，發布〈金融機關管理暫行辦法〉，九月十八日，又制定實施細則。規定了金融機關許可制，匯報營業義務，向中儲行存款以作支付存款儲備，以及金融機關的業務範圍等。此外，一九四二年七月，僞中央儲備銀行頒布〈銀錢業商品擔保放款管理規則〉，一九四三年一月、三月，又分別制定〈儲備銀行上海分行同業借貸辦法〉、〈借貸限制辦法〉、〈儲備銀行新貸款限制規定〉等，旨在控制與銀錢業公會的金融交易，並直接或通過該業公會，控制貸款。一九四三年五月，針對物價飛漲之勢，汪僞公布〈屯積主要商品治罪條例〉，對商品投機行爲實施戰時特別刑罰，以圖控制物價。但是，物價飛漲之勢不僅沒有得到抑制，反而成倍猛增，從以下上海批發物價變動指數[43]，便可一清二楚。

一九三六年平均	一〇〇	一九四〇年一二月	五六七	一九四三年　六月	六、五五六
一九三七年一二月	一三〇	一九四一年一二月	一、六五〇	一九四三年一二月	一一、〇六六
一九三八年一二月	一五三	一九四二年　六月	二、五七五	一九四四年　六月	二二、九二三
一九三九年一二月	三四二	一九四二年一二月	三、三九九	一九四四年一二月	九四、一七〇

伍　從函電史料觀汪精衛對廣東省金融運作梗概

一、民國二十八年十二月十一日十一時汪精衛自上海致電函到廣州未署明何人，該函電內容爲：

各電悉㈠俟李、彭、顏到後，商議再定。㈡軍機須法幣二百萬元，現港存款不可挪移，而此間存款又無如此之多，須另籌始足數，況如何購買？如何鑑定？如何運送？如何收儲？亦須有辦法，請由港諸同志商辦法，由此間籌款。㈢道原致電悉，我前電謂珩（林汝珩）、豪、節可加入政委會，並非謂可加入籌備，如必須加入籌備，請再與諸同志商定後，電知。季。妹田。[44]

由上述函電可知汪表示購買軍械給廣東省軍隊，需法幣二百萬元，需款孔急，非另籌不可。當時使用法幣爲單位，事實上，日本決定任法幣在華中、華南佔領區流通，使其與軍票等價，利用它套購軍需物資，獲其外匯。這就是對法幣的既排斥又利用的政策。

二、民國二十八年十二月二十二日汪精衛自上海致電函陳耀祖，該電內容爲：

廣州陳委員耀祖鑒：號電悉，密豫（預）算不宜變更，所需二千五百元，由兄另行籌付，由滬匯上應用。兆銘馬。[45]

三、民國二十九年二月六日汪精衛自上海致電函李謳一，該函電內容為：

廣州李謳一先生鑒：謳、劉兩兄電悉，可以撥進行生活費壹萬元照給。銘。[46]

上述二封函電，是汪和陳耀祖、李謳一，三人對預算、生活費調度往來的點滴經過。

四、民國三十年四月二十二、二十四日李謳一致電函汪精衛，該函電內容如下：

明鈞鑒：職處暨所屬機關部隊經費，雖與省府暫定五月份起協助法幣七成，唯因法幣跌風未已，值軍票三成，似此情勢，非再設法，難以應付，伏懇趁汪廳長（指汪宗準）來京，就近指示補救辦法，期與省防軍一致待遇而裕軍食，如何之處，伏候電示。職謳一。[47]

由上述函電可知，在日本統制掠奪下，淪陷區內一方面貨幣發行量不斷增加，一方面物資不斷減少，乃導致通貨膨脹，法幣慘跌，軍費匱乏，李謳一乃不得不向汪精衛求救。

事實上，從另一方面言，日軍在占領華中後，之所以沒有採取如華北那樣驅逐法幣的政策，原因有三：第一、日本深知，華中不同於華北，法幣在華中經濟網中已紮下根基，在農村也有相當的滲透，僅靠強力來驅逐法幣不容易實現。第二、上海有日本不敢妄加染指的英美等國利權集中的租界，而且金融勢力強大，「如外國銀行以全力與我競爭的話，我國銀行必會屈服而拜其後塵。[48]」日軍如強力推行回收法幣方針，必將遭到支持蔣中正國民政府幣制改革的英美金融機關的反擊，華北「幣制統一事業」對天津租界的棘手處理已是前車之鑒。第三、假設實施驅逐法幣政策，就很難在淪陷區收購物資，即使對長江流域實現了軍事占領，也不可能在經濟上占領該區，物資會向法幣區流轉，這樣反而會增強國民政府的抗日力量，而日本占領區的經濟活動就有陷入停滯狀態的危險[49]。因此，日本決定任法幣流通，使其與軍票等價，利用它套購軍需物資，獲取外匯[50]。這就是對法幣的既排斥又利用的政策。

在日軍看來，「軍票是應確保軍隊行動自由及其生命的經濟性武器」。所謂確保軍隊行動的自由，即指通過使用軍票，避免由日本內地補給軍需的不便，而在日軍占領當地由軍方自由按需調撥當地物資；所謂確保生命，即指維持軍票價值與日軍的給養及軍需調撥密切相關，軍票價值暴落將危及軍隊生命[51]。因此，爲使軍票發揮經濟性武器的威力，必須使其具有貨幣的流通力，即賦與其價值。否則，發放出的軍票，將單純作爲征發劵滯留於民衆手中，或與法幣交換後，流回辦理軍票的金融機關。如果這樣持續下去，軍票的價值就會驟降甚至化爲零，而否定使用軍票的目的本身，因此，不僅要賦予軍票以價值，使其得以流通，而且必須維持其價值。爲此，日本採取種種對策，企圖在盡可能廣泛的地區內流通軍票，並維持其與法幣的高比價。[52]

爲使軍票得以廣泛流通，確立所謂軍票經濟，日本把以前由日銀劵等日系貨幣占據的流通渠道讓位給軍票，並動員日方銀行、治安維持會、商工會及降日的中方金融機關，在各地設立並增加法幣與軍票交換所。一九三九年四月，又實施軍票票據交換，力圖改變淪陷區以前的法幣建制爲軍票建制。例如，火車、公共汽車車票，電燈、自來水費、房租、治安維持會的人事費等都用軍票支付[53]。當然，這些都是賦與軍票流通力的枝節工作，更主要的是賦予其價值，即在商品流通中以一定程度的物資證明其價值。其方法之一是供應「宣撫品」。即日軍用軍票強行從百姓手中收購軍需物資。使軍票得以大量散發後，又廉價賣給中國百姓所需要的日常用品，如食鹽、煙草、砂糖、糧米、布匹等，而這些物資非軍票不能購買，這樣，軍票就具有了購買這種「宣撫品」的流通力。日軍用這種強制性措施使軍票具有了價值。具體負責該項工作的是一九三八年底在各城市設立的宣撫用品配給組合，一九三九年八月，以日本華中派遣軍經理部爲中心，設立了華中軍票交換用物資配給組合，統一了原宣撫用品配給組合。在軍隊直轄下，軍配組合統制對華中民需品供給，借以維持軍票價值，擴大軍票流通。這種軍配組合，由總務部和按商品類別分設的各部組成。在上海設事務所，在漢口、南京等華中要衝設分部或辦事處，在東京、大阪、大連等地設聯絡部。

此外，日本還控制軍票的發放，統制外幣購入，加強市場操作。爲防止軍票在中介金融機關或個人手中滯留，日本採取以下對策促其流通，維持其價值：日本在華國策公司完全用軍票核算；日本及中國商社的商品交易以軍票爲媒介；禁止用法幣匯款而改爲軍票；以回收軍票爲目的而採用高物價政策；從日本內地補給軍票交換用物資等[54]。實際上，日軍所說控制軍票發放主要指對占領區的經濟方面的影響，其作戰所需物資仍通過不斷發放軍票強行收購。所謂控制購入外幣，主要指控制不急需的外幣需求，盡量減少法幣需要。另外，設立維持軍票價值的特別資金制，即設立丙、丁、伊、呂、波等價值維持資金，通稱「乙資金」，以便在軍票價值下落時，購買軍票。

日本爲維持軍票價值，還在上海著手軍票與日銀劵之間的交換，爲對其進行管理，一九三八年十二月二十日在軍經理部設軍票交換許可所，通過發放許可證，使上海銀行、漢口銀行及錢莊辦理軍票與日銀劵間的交換[55]。從一九三九年四月起，日系銀行發行的軍票票據都集中於正金銀行上海分行，軍票票據的交換量增大。但是，一九三九年五月以後，法幣持續貶值，從八便士降到同年八月的三便士，爲避免法幣貶值的不良影響，日本便尋求一種能取代法幣的日系貨幣。當時，上海日系貨幣有日銀劵、日元支票及軍票流通，據日系貨幣價值變動進行投機的行爲仍盛。爲打擊這一投機行爲，日本政府確定了回收上海地區的日銀劵，以軍票取而代之的方針。爲此，日本政府實施各種政策，獎勵使用軍票。一九三八年八月十日起，錢莊開始軍票與法幣兌換，十一月起，銀行存款開始用軍票支取，日銀劵存款也用軍票支取。進而從九月起限制銀行用日銀劵支取存款，促使上海地區使用軍票。一九三九年九月六日，日本制定〈統一華中日系貨幣於軍用手票之件〉，明確規定以上方針，並推進實施。同時，決定設置軍票對策委員會，以維持軍票價值[56]。軍票對策委員會由華中派遣軍經理部長，第三艦隊主計長、興亞院華中聯絡部經濟等三局長、大藏省上海財務官、日銀上海參事組成。爲維持軍票價值，擴大軍票流通，進行各種立案調查。一九三九年十一月二十二日，興亞院會議決定〈關於統一華中日系貨幣之件〉，進一步確認了上述擴大軍票使用方針[57]。軍票流通過採取以上措施，從一九三九年十二月一日起，上海地區日系貨幣清一色軍票化。軍票流通量由此進一步擴大。

日本推行軍票流通的機構和政策大致如上。可以說，日本是爲了從中國及第三國榨取物資，而從日本賣出一定數量物資即「宣撫品」。而且，作爲軍票價值證明的物資並不僅限於日本產品，軍票交換機構一旦成立，軍票對法幣的比價關係成爲現實時，日本就一定程度上控制了淪陷區的物資流通，從而用其控制的中國商品，維持軍票價值58，企圖使軍票戰勝法幣，在中國淪陷區調撥更多的軍需物資。由此可知，日本的軍票政策實際是一種「欲取先予」，最終以掠奪軍需物資、擾亂中國法幣經濟爲目的的「經濟戰」的一部分。

在日本政府及軍隊的強力推行下，沒有任何發行儲備金的軍票得以在華中淪陷區大量流通，其狀況如下表：59

華中軍票流通量一覽表（單位：千元）

	流入額	流出額	實際流通額
一九三九年 一月	五三、四四〇	二、二七三	五一、一六七
六月	八七、二八四	四、三七三	八二、九一一
一二月	一、一四七、八八七	三八、九八八	一〇八、八九九
一九四〇年 一月	一四九、三〇〇	四四、七八八	一〇四、五一二
六月	二〇四、三〇八	六九、七五八	一三四、五五五
一二月	二七八、六五二	八五、三二四	一九三、三二八
一九四一年 一月	二九六、五二六	九〇、七四二	二〇五、七八四

十二月	三四〇、三三三	九八、六七七	二四一、六四六
一九四二年 一月	四〇三、九二六	一〇六、二四五	二九七、七一七
八月	四〇六、六〇八	一〇七、七五九	二九八、八四九

陸 結論

華中、華南淪陷區物價飛漲的主要原因之一，在於中儲券的大量發行。汪僞參戰後，軍費支出增加，更加大了僞幣發行量。而日本實施「以戰養戰」政策，中國淪陷區內的物資被大量掠走，致使淪陷區的物資奇缺。總之，在日本統制掠奪及汪僞政權對廣東省的金融掌控下，淪陷區內一方面貨幣發行量不斷增加，一方面物資不斷減少，這樣勢必導致通貨膨脹。汪僞中央儲備銀行企圖通過金融統制來控制物價，不過是徒勞而已。

註釋：

❶、❷、❸ 陳鐵健，〈抗日戰爭時期日僞在華中華南的金融統制〉，《慶祝抗戰勝利五十週年兩岸學術研討會論文》，（民國八十四年九月一日至三日）頁二一三。

❹ 劉佐人，〈抗戰八年之廣東金融〉，《廣東省銀行月刊》，復第二卷第九、十期合刊（廣州：廣東省銀行秘書處，一九四六年十二月），頁一。

❺ 同前❹，頁三。

❻ 清水善俊，《中國事變軍票史》（非賣品），頁一六八—一六九，轉引自陳鐵健，〈抗日戰爭時期日僞在華中華南的金融統制〉頁一二。

❼ 同前❻，《中國事變軍票史》，頁一七四—一七五。

❽ 淺田喬二，《日本帝國主義統治下的中國》，（東京：樂游書房，一九八一年），頁三一二。

❾（日）大藏省銀行，《中央儲備銀行》所收。

❿ 同前❾。

⓫ 小林英夫，《「大東亞共榮圈」的形成與崩潰》（東京：御茶水書房，一九八〇年），頁一四二。

⓬ 同前❽，頁三一五。

⓭ 陳鋼，〈汪僞中央儲備銀行簡介〉，《民國檔案》，一九九三年第三期，頁一三九。

⓮ 同前⓫，頁一四一—一四二。

⓯《中華日報》，一九四二年十二月二十一日。

⓰《中華日報》，一九四一年一月七日。

⓱《中華日報》，一九四一年三月十四日。

⓲《中華日報》，一九四一年九月一日。

⑲同前⑪，頁一四三。

⑳同前⑪，頁一四四。

㉑同前❻，清水善俊，前揭書，頁二三二—二三三。

㉒、㉓同前⑪，頁一四四—一四五。

㉔、㉕日本銀行調查局，《日本金融史資料，昭和篇》，二十七卷（東京：日本大藏省印刷局，一九七〇年），頁四六四。

㉖、㉗同前❻，清水善俊，前揭書，頁二四五。

㉘、㉙同前❻，清水善俊，前揭書，頁二四六。

㉚、㉛同前⑪，頁一四七。

㉜同前❻，清水善俊，前揭書，頁二六六。

㉝同前❻，清水善俊，前揭書，頁二八八—二八九。

㉞同前❻，清水善俊，前揭書，頁二八九—二九〇。

㉟同前❻，清水善俊，前揭書，頁二九〇—二九二。

㊱同前❻，清水善俊，前揭書，頁三〇三。

㊲同前❻，清水善俊，前揭書，頁三一〇—三一二。

㊳（日）大藏省理財局，《金融協定等關係集》，頁二九一—二九二。

㊴（日）《續，現代史資料一一占領區貨幣工作》（東京：みすず書房，一九六六年），頁四四七。

㊵同前㊴，頁三一八。

㊶同前❽，頁三五二。

㊷同前⑬，頁一三九。

㊸同前❽，頁三二三。

44 〈汪精衛致廣州函電〉（未署明何人收），（民國二十八年十二月十一日十一時），《汪僞資料檔案》，法務部調查局資料室藏，鋼筆原件影本。

45：〈汪精衛致陳耀祖函電〉（民國二十八年十二月二十二日），《汪僞資料檔案》，法務部調查局資料室藏，鋼筆原件影本。

46 〈汪精衛致李謳一函電〉（民國二十九年二月六日），《汪僞資料檔案》，法務部調查局資料室藏，毛筆原件影本。

47 〈李謳一致汪精衛函電〉（民國三十年四月二十二、二十四日），《汪僞資料檔案》，法務部調查局資料室藏，鋼筆原件影本。

48 東亞研究所，《在中國外國銀行勢力的發展、分布及影響》（日本：東亞研究所，一九四〇年），頁七三。

49 同前⑪，頁一二九。

50 東亞研究所，《中國佔領區經濟的發展》（日本：東亞研究所，一九四四年），頁五〇〇。

51 同前㊿，頁五〇二。

52 （日）中國派遣軍經理調查資料，一九三九年六月十二日。

53、54 同前㊿，頁五〇三。

55 同前⑥，《中國事變軍票史》（非賣品），頁三七。

56 同前55，頁一五三—一五六。

57 興亞院，《興亞院重要決定事項（一）》（日本：大藏省資料區三五〇—五）

58 同前㊿，頁五〇五。

59 同前㊿，頁五一四—五一五。

廣東省銀行
放款業務實際報告表

中華民國29年11月份起至31年2月份止

收項 總數	收項 餘數	摘要	付項 餘數	付項 總數
5124346.55	1201205.00	定期抵押放款		3923141.55
11303820.00	4544020.00	活期抵押放款		6759800.00
10224400.00	6000.00	貨幣抵押放款		10218400.00
17742408.26	4100073.93	往來透支		13642334.33
957104.52		往來抵押透支		957104.52
45352079.33	9851298.93	合計		35500780.40
		餘額	9851298.93	9851298.93
45352079.33	9851298.93	總計	9851298.93	45352070.33

定期抵押放款業務實際報告表

中華民國29年11月份起至31年2月份止

收項 總數（十萬千百十萬千百十元）	收項 總數（角分）	收項 餘數（十萬千百十萬千百十元）	收項 餘數（角分）	摘要	付項 餘數（十萬千百十萬千百十元）	付項 餘數（角分）	付項 總數（十萬千百十萬千百十元）	付項 總數（角分）
86000	00			29年 12月份				
60000	00			30〃 1〃			7600	00
168100	00			〃 3〃			81945	00
306850	00			〃 4〃			136855	00
243700	00			〃 5〃			219800	00
18150	00			〃 6〃			241350	00
295275	00			〃 7〃			89050	00
200750	00			〃 8〃			199542	00
130141	55			〃 9〃			278498	00
395075	00			〃 10〃			95656	55
73400	00			〃 11〃			322415	00
19805	00			〃 12〃			221930	00
1627100	00			31年 1〃			22350	00
1500000	00	1201205	00	〃 2〃			1937750	00
5124346	55	1201205	00	合計			3923141	55
				餘額	1201205	00	1201205	00
5124346	55	1201205	00	總計	1201205	00	5124346	55

廣東省銀行
滙出滙欵業務實際報告表

中華民國29年11月份起至31年2月份止

收項 總數（十萬千百十萬千百十元 角分）	收項 餘數	摘要	付項 餘數	付項 總數（十萬千百十萬千百十元 角分）
		29年 11月份		81920 00
773985 00		〃 12 〃		12797 73
100809 82		30年 1 〃		75840 87
639294 70		〃 2 〃		53753 26
101855 34		〃 3 〃		18974 28
958782 72		〃 4 〃		1 34976 90
1245606 21		〃 5 〃		2 64590 48
5529412 81		〃 6 〃		2 88439 95
1736481 93		〃 7 〃		4 63952 21
973700 84		〃 8 〃		8 94404 73
2357211 19		〃 9 〃		1 57307 82
1304936 58		〃 10 〃		1 32600 20
189219 23		〃 11 〃		6680 25
9898119 81		〃 12 〃		7485 00
490879 11		31年 1 〃		1 7992 18
1305848 18		〃 2 〃	814313 59	1 8741 20
26606143 47		合計	814313 59	27 0457 06
814313 59	814313 59	餘額		
27420457 06	814313 59	總計	814313 59	27 0457 06

廣東省銀行

匯兌業務實際報告表

中華民國29年11月份起至31年2月份止

收項 總數	收項 餘數	摘要	付項 餘數	付項 總數
26606143 47		匯出匯款	81431359	2 2045706
12097596 21		未付匯款	6627904	1: 6387525
38703739 68		合計	88059263	39 3433231
880592 63	88059263	餘額		
39584332 31	88059263	總計	88059263	39 4833231

廣東省銀行

未付滙款業務實際報告表

中華民國26年11月份起至31年2月份止

收項總數	收項餘數	摘要	付項餘數	付項總數
131301.24		30年 8月份		143644.14
1276072.34		〃 9〃		1324181.25
1731020.63		〃 10〃		1719651.72
1729300.83		〃 11〃		1583540.83
2405328.83		〃 12〃		2816790.26
2883461.92		31年 1〃		2579008.24
1941110.42		〃 2〃	66279.04	1897058.81
12097596.21		合計	66279.04	12103875.25
66279.04	66279.04	餘額		
12163875.25	66279.04	總計	66279.04	12163875.25

廣東省銀行
存款業務實際報告表

中華民國29年11月份起至31年2月份止

收項總數	收項餘數	摘要	付項餘數	付項總數
411000.00		定期存款	14850.00	425850.00
652278.83		往來存款	93.82	652372.65
302131355.47		甲種活期存款	15928153.07	318059508.54
3816572.99		乙種活期存款	1368416.92	5184989.01
307011207.29		合計	17311513.81	324322721.10
17311513.81	17311513.81	餘額		
324322721.10	17311513.81	總計	17311513.81	324322721.10

廣東省銀行
定期存款業務實際報告表

中華民國29年11月份起至31年2月份止

收項 總數	收項 餘數	摘要	付項 餘數	付項 總數
十萬千百十萬千百十元角分	十萬千百十萬千百十元角分		十萬千百十萬千百十元角分	十萬千百十萬千百十元角分
		29年 12月份		3000.00
		30" 4"		408000.00
		" 11"		13650.00
11000.00		" 12"		
400000.00		31年 2"	14850.00	1200.00
411000.00		合計	14850.00	425850.00
14850.00	14850.00	餘額		
425850.00	14850.00	總計	14850.00	425850.00

廣東省銀行

往來存款業務實際報告表

中華民國29年11月份起至31年2月份止

收項總數	收項餘數	摘要	付項餘數	付項總數
339.66		29年 11月份		339.66
8243.72		〃 12 〃		3555.00
4884.80		30年 1 〃		4575.00
9222.00		〃 2 〃		9425.00
4962.99		〃 3 〃		5418.66
43265.80		〃 4 〃		74198.15
88219.60		〃 5 〃		61145.10
17082.97		〃 6 〃		62603.24
3845.95		〃 7 〃		3915.91
2157.22		〃 8 〃		2100.00
45491.01		〃 9 〃		55924.50
137263.00		〃 10 〃		127397.32
525.00		〃 11 〃		235275.71
250599.79		〃 12 〃		15324.08
28110.16		31年 1 〃		40726.24
13065.16		〃 2 〃	93.82	450.08
652278.83		合計	93.82	652372.65
93.82	93.82	餘額		
652372.65	93.82	總計	93.82	652372.65

第　頁

各電悉（一）偽參核款以後商議再定（二）軍械餘法幣二百萬元現港存款不可挪移而此間存款又無此多多餘另籌料呈數港如何購買如何經費如何運如何收儲安能有辦法請由港諸同志商辦法由此間籌款（三）述原擬電旨我前電謂預算節可加大以委令並非謂加入籌備如何加入籌備委員請再與諸同志商定

復電知李樵田（廿二）

廿八年十二月十一日十一時　分發於汕

備註

引自《汪偽檔案》

第　　頁

廣州陳委員耀祖鑒錦電悉密餘尊函宣處及所需

二千五百元由兄另行籌付由滬匯上應用兆銘

廿八年十二月廿一日　時　分發於滬

備註

引自《汪偽檔案》

第　　頁

廣州李退一兄鑒 謳劉雨人君來意 可以撥[illegible]行生活

費壹萬元照給 [illegible] 謳

廿九年二月[illegible]日　時　分發於滬

備註

引自《汪僞檔案》

第　　頁

汪院長鈞鑒汪廳長宗準攜回手示敬悉中央津貼
廣東省政費經提出省務會議議決自八月份起請
中央停止惟國稅仍請准留粵使用以資應付當時
陳彭東原略有異議外一致贊成通過請轉致周部
長佛海為禱職耀祖

廣州[illegible]廿九年七月廿三日上午八時十分發
廿四下三〇譯
備註

引自《汪僞檔案》

第　　頁

明鈞鑒職處暨所屬機關部隊經費雖與省府暫定五月份起協助法幣七成唯因法幣跌風未已值平崇三成似此情勢非再設法難以應付伏懇趁汪廳長來京就近指示補救辦法期與省防軍一致待遇而裕軍食如何之處伏候電示職謳一

廣州來電三十年四月廿二日下午五時十分發
四日下午六時四十分譯
備註
性

引自《汪偽檔案》

頁 1

密行政院汪院長鈞鑒并轉財政部周部長勛鑒廣東國有稅接收情形如下（一）廣州市烟酒稅五月佳日接收（二）食鹽禁烟專賣及存鹽二百七十餘萬斤五月灰日接收（三）廣州市其他國有稅六月東日完全接收（四）省府成立以前兩年來鹽烟專賣餘利及保証金約軍票三百萬元經迭次折衝商定以軍票一百萬元為廣州市建設基金五十萬元撥為治安費餘款除保証金外擬作省銀行基金並由宗準自動聲明決不作消耗用途除廣州市建設基金應俟商妥保管手續再行核辦外餘款業於微魚兩日接收清

來電 年 月 日 午 時 分

發 課

備 註

引自《汪僞檔案》

第 2 頁

楚其他各縣國有稅正逐步接收謹電陳察核 陳耀

祖汪宗準叩

廣州羽電廿九年六月廿七日下午五時四十分發

廿九日下午三時卅分譯

備註

引自《汪偽檔案》

第　　頁

密行政院汪院長鈞鑒財政部周部長勛鑒粵國省稅現甫接收整理需時而戰後百廢待舉需款至鉅前商周部長承允粵國稅悉留粵支用第一步由歸五月份起每月另由部補助粵省政費國幣四十萬元第二步三個月後酌減補助費第三步六個月後免除補助外以餘款解部等因現本此辦法以定施政方針暨各項預算除函財政特派員將粵國庫收入按旬移送省金庫核收外特電請鑒核仍請覆備案

陳耀祖叩

廣州來電廿九年五月廿九日下午二時廿分

發　譯

備　註

引自《汪僞檔案》

第　頁

密汪院長鈞鑒周部長勛鑒粵省國幣省幣價值日
落物價高漲各行商業及原日各機関稅收薪餉均
以軍票？為本位省？府成？立？後？除稅收方面經第一次
省務會議議決在中央銀行未成立前最（仍？暫？）以軍票
為本（位？）伸外薪餉（擬？）以軍票為準抑？仍發國幣酌加津貼
或國幣軍票按內（六？）四比例支發請迅予械（核？）奪電示祇
遵陳耀祖汪宗準元？

[illegible]

廣州來電　廿九年五月十四日下午七時　分發
備　玄字
譯電

引自《汪偽檔案》

第六章　抗戰時期汪精衛集團與廣東省關係㈢

第一節　汪偽集團與廣東警政保安問題之關係

壹　前　言

汪偽政府在上海籌備時期，特工權力高於一切。特工中財迷、官迷甚多，很想搞個公開名義機關，大家來做官。在這一要求下，就決定在偽行政院下面設一警政部。為了避免丁默邨與李士群之爭，由特務委員會主委周佛海兼部長，李士群為政務次長，鄧祖禹為常務次長，楊樹屏為秘書主任。李士群兼政治警察署長，馬嘯天為副署長，蘇成德為特別警察署長，余樸為副署長，陳光中為總務司長，趙志為訓練司長，申振綱為首都警察廳長。警政部全體人員大部分是特工出身的，各省警務處也歸警政部指導監督，以便於把特工人員插入到普通民政警察裡去，而特務委員會特工總部及各地的特工區、站，依然暗中存在著。❶本文擬從函電史料觀汪精衛與廣東省警政治安問題之關係。

貳　汪僞警政部、調查統計部與特工總部關係

民國二十九（一九四〇）三月至三十年（一九四一）八月汪僞警政部與特工總部關係，大致爲警政部下設有警務司、保安司、訓練司、總務司、視察司、參事室、專員室、技正室、特種警察署、政治警察署，下轄各種單位，與特工總部息息相關。民國二十九年（一九四〇）十二月，周佛海辭去警政部長之兼職，推薦李士群升任部長，周佛海並向汪精衛保薦親信楊樹屏（周之舊部屬）由主任秘書升任常務次長。汪已經同意，不料李士群暗中唆使蘇成德寫信給汪，反對楊樹屏任次長，迫使汪已經提向行政院會議的任命案撤回。周佛海只得另派楊以他職，但以蘇成德亦不得升任次長爲條件。周佛海與李士群交惡，這是一個重大的起因。不久，李士群在日軍支持下包攬清鄉，從而奪得江蘇省地盤（原任省主席高冠吾調安徽），權勢盛極一時。周佛海就找影佐禎昭，密商對李稍加抑制辦法，結果未徵求李士群的同意，即進言汪精衛把警政部撤銷了。❷

民國三十年（一九四一）八月，李士群的僞行政院警政部長被汪撤銷了。李大鬧情緒，汪怕李搗亂，又在軍委會設置一個類似警政部的調查統計部，讓李當部長，來敷衍他。馬嘯天想當該部次長，沒有當著，也大發牢騷。汪又在調查統計部內設一個政治警察總署，來安撫馬。民國三十二年（一九四三）李士群死後，汪精衛急將調查統計部撤銷，另設一個政治

部，既管軍隊政訓，又管特務工作，把調查統計部縮編為政治保衛局，由新任局長黃自強來領導。民國三十四年（一九四五），陳公博取消政治部，特設一個政治保衛總監部，自任總監，而以丁默邨為副監，胡鈞鶴為秘書長。❸

附表一 汪偽警政部與特工總部關係表❹

（1940年3月～1941年8月）

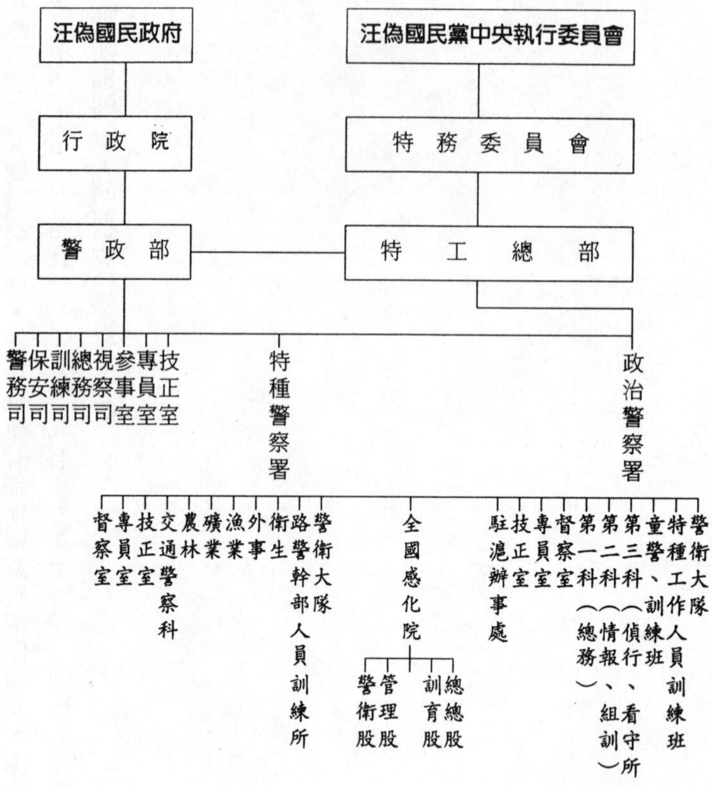

附表二　汪僞調查統計部與特工總部關係表❺

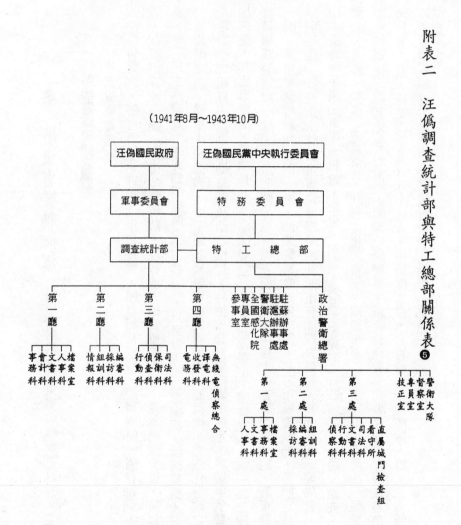

(1941年8月～1943年10月)

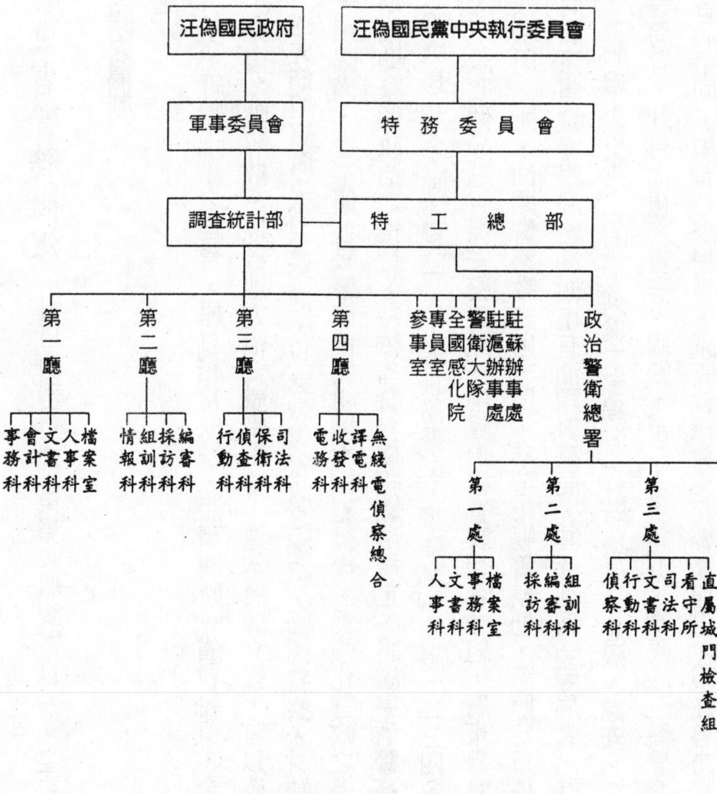

參　廣東省警務概況（引自前揭書《廣東省政概況》頁一～三三）

一　各級警察機關之編制

㈠　廣東省警務處

粵省警政，刱自清季，經數十年之經營，原具相當成績，詎事變時，省會警察，全部撤防，各縣市警政機關，亦復多數解散，以致地方治安咸受影響，逮本府成立後，首以確定治安，安定民生爲職責，遂先飭組織廣東省警務處，以爲恢復警政之樞紐，顧因警察人材缺乏，物質設備未週，結果未臻圓滿，迨奉頒各級警察機關組織大綱施行後，爲強化警政之機構，嚴密警察之組織，以期協助整個政治之推行，特依省警務處組織法規定，將廣東省警務處重加調整，其組織機構，設處長一人，副處長一人，下設秘書室，視察室，及第一二三四各科，直轄鐵路警察隊一隊，下設七個分隊，保安警察隊一中隊，密查諜報各一組，廣東警官學校一間，廣東省會警察教練所一所，汕頭警察教練所一所，其各市縣警察局，悉照定章編制，分別等級，計廣州市有廣東省會警察局，汕頭市有汕頭警察局，其餘列爲一等局者，計有中山、南海、番禺、東莞、順德、新會、六縣，列爲二等局者，計有增城、惠陽、潮安、博羅、澄海、五縣，列爲三等局者，計有從化、寶安、兩縣，至三水、花縣、潮陽、三縣警察局、因經費關係，與其他各局不同，未有分課辦事，祇設教職員專司警務而已，現在各市縣警察局長警人數，共達四千五百九十餘人，偵緝隊人數，七百餘人，消防隊人數，二百餘人，茲將省警務處組織法及廣東省警務處組織系統圖，附列如后。

◎省警務處組織法（二十九年八月二十四日修正公布）

第一條　省警務處直隸於警政部兼受各該省省政府之指揮監督處理全省警察事務

第二條　省警務處得於不抵觸法令範圍內發布單行警察章程但須呈報警政部核准并報省府備查

第三條　省警務處對於所屬機關之處分或命令認爲違背法令妨害公益或侵越權限時得停止或撤銷之

第四條　省省警務處設左列各科。

一　第一科

二　第二科

三　第三科

四　第四科

第五條　每一科掌左列事項

一　關於章制之規劃事項

二　關於人事事項

三　關於文書及印信事項

四　關於編纂及統計事項

五　關於會計及庶務事項

六　其他不屬各科事項

第六條　第二科掌左列事項

一　關於行政警察事項

二　關於司法警察事項

三　關於訓練事項

第七條　第三科掌左列事項

一　關於全省警察經費之籌劃事項

二　關於全省警察經費之釐定調整事項

三　關於全省警察經費之審核事項

四　關於全省警察裝械及配備事項

第八條　第四科掌左列事項

一　關於情報之搜集事項

二　關於政治動態之注意查察事項

三　關於外事警察事項

四　關於政治犯之偵查緝捕事項

五　其他政治警察事項

第九條　省警務處設處長一人綜理會處事務並指揮監督全省警察機關及所屬職員副處長一人輔助處長處理全處事務

第十條　省警務處設秘書主任一人秘書一人至三入承處長之命辦理審核文件處務會議及機

要事項

第十一條　省警務處設科長四人科員十二人至二十四人

第十二條　省警務處因事務之需要得設技士二人至四人分配各科股務

第十三條　省警務處設視察長一人視察四人至六人視察全省市縣警政

第十四條　省警務處因事務之需要得設辦事員書記各若干人

第十五條　省警務處處長副處長簡任

秘書主任秘書科長視察長荐任由處長遴選合格人員呈請警政部察核呈薦並報省政府備查

視察委任或荐任待遇科員技士委任由處長遴選合格人員委用呈報警政部察核備案並報省政府備查辦事員書記由處長委用之

第十六條　省警務處得設警士教練所依部頒章程辦理之

第十七條　省警務處各項辦事細則由處擬訂呈請警政部核定並報省政府備查

第十八條　本法自公布日施行

廣東省警務處組織系統圖

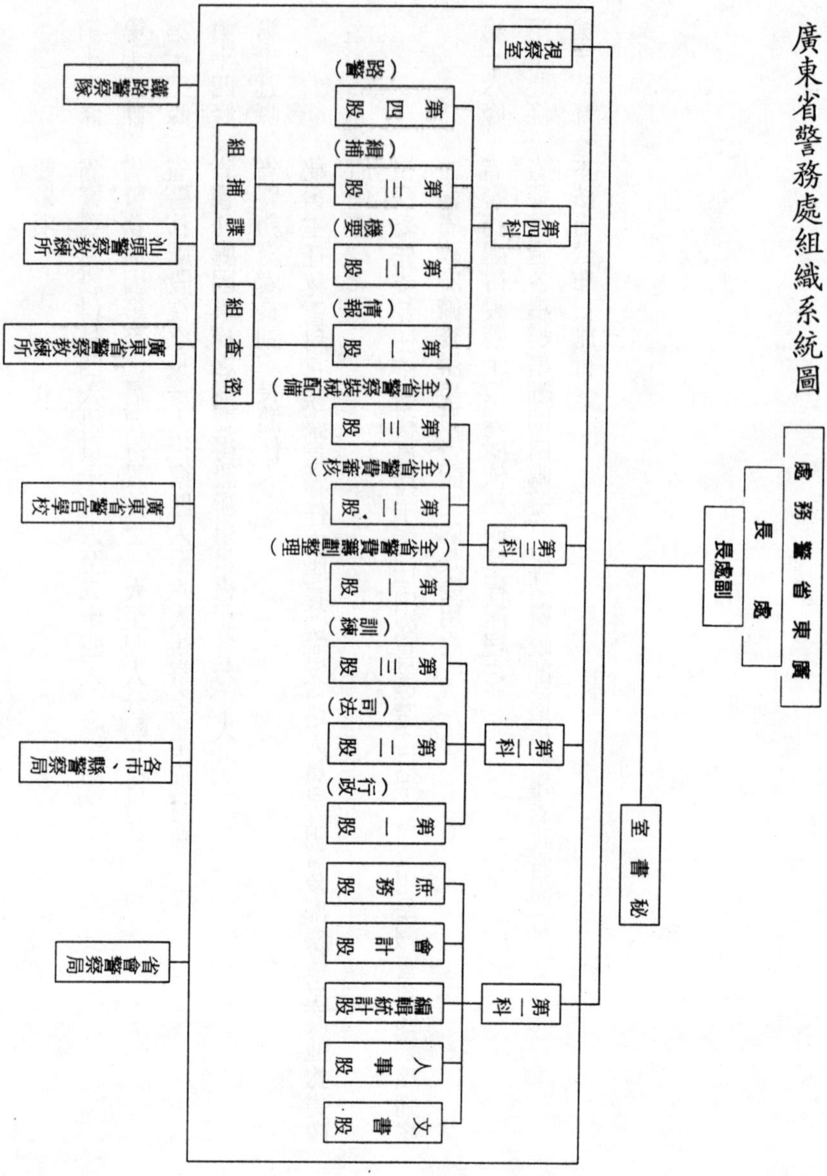

㈡ 廣東省會警察局及各分局

廣州市爲廣東省會地方，依照各級警察機關編制大綱規定，應設省會警察局，直隸本省警務處，掌理省會地方警察事務，爰由本府令派郭衛民爲廣東省會警察局局長，於民國三十年二月間，組織成立，其組織機構，設局長一人，下設秘書室，督察處，及第一二三四各科，直轄有漢民、太平、德宣、陳塘、黃沙、南岸、海幢、西禪、洪德、東堤、逢源、海珠、靖海、惠福、小北、長壽、芳村、石涌、蒙聖、西山、前鑑、大東、等二十二個分局，荔灣分駐所，另有偵緝隊，保安警察大隊，警察消防隊各一隊，綜計長警人數，一千二百六十六人，偵緝員數，一百六十餘人，保安警察人數，五百六十餘人，消防隊員數，一百二十餘人，所用長短槍械，約九百五十餘桿，每月收入警捐等費，約軍票六萬八千餘元，悉解警務處核收解庫，至每月經費，約共軍票壹拾九萬八千餘元，均由省庫撥給，其各分局長警，悉經廣東省警察教練所訓練期滿派充，所屬官員，亦分別施以軍事訓練，以加強警政之效能。

廣東省會警察局組織系統圖

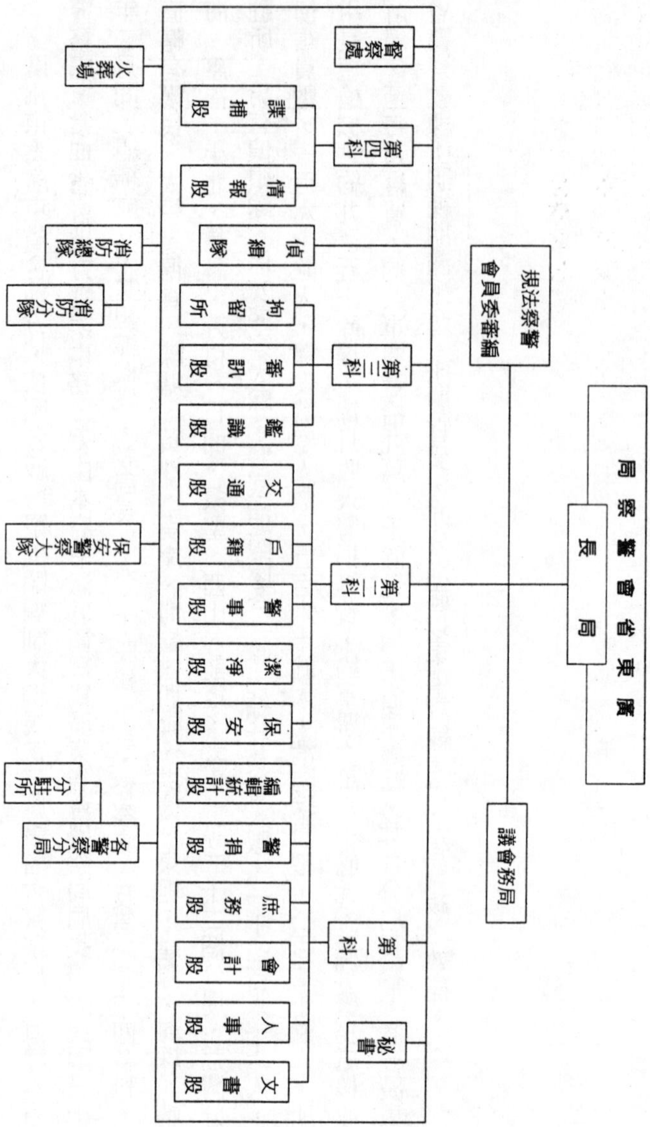

分局組織系統圖

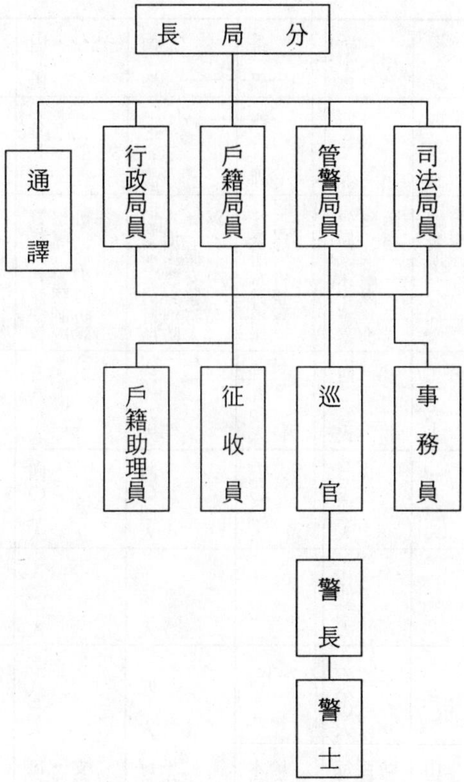

(三)　各市縣警察局

汕頭市爲本府直轄市。應設汕頭市警察局，直隸廣東省警務處，兼受汕頭市政府之監督指揮，其他各縣，須設縣警察局，直隸廣東省警務處，兼受各縣政府之監督指揮，均經分別設置成立，茲各該警察局之警務概況，表列如左。

◎廣東省市各縣警察局警務概況表

警局別	內部組織	外部編制	長警人數	保安警察人數	消防隊員數	偵緝人數	經費狀況	訓練狀況
汕頭市	設四科及督察處	分局五分駐所三保安警察隊一	四三五人	四〇人		一五人	每月經費三萬八千三百餘元由市府撥支	長警由主管警官訓練現設汕頭警察教練所施以訓練
中山	五課	警察所九保安警察隊一警察訓練班一偵緝消防隊各一	五八八人	四〇五人	二一人	一八三人	每月收入警捐約一萬元另由縣撥支三萬六千元	長警由警訓班訓練四個月後並由主管長官按日施以學術科訓練
南海	四課	警察所二分駐所六偵緝隊三消防隊一保安警察大隊一	二一九人	四〇四人	一三人	一四九人	每月經費三萬七千餘元由縣撥給	長警星期一三術科訓練四五學科訓練
番禺	四課	警察所八派出所二保安警察隊二	一九〇人	五〇〇人			本局經費由縣發給各所自行籌給	長警由省警教所訓練並由主管長官訓練
新會	四課	分局二保安警察隊一偵緝隊一消防隊一	四三二人	三三人	四二人	一六〇人	每月收入六千八百餘元由縣府補助三萬四千餘元	每天施以學術科訓練
東莞	四課	警察所六分局一警察隊一	三〇六人	一五二人			由縣撥給經費	實施軍事訓練及授以警察常識
順德	四課	警察所三警察中隊三分隊一偵緝	一二九人	三五六人		一五人	每月經費一萬五千二百餘元由縣	集中長警訓練注重射擊教練

		隊一					府撥支	
增城	三課	警察所五保安警察隊一	一一一人	一〇三人		四人	除自行籌給外由縣每月撥支七千八百餘元	集合長警施以學術訓練
潮安	三課	警察所十分駐所十派出所一特警隊一	五〇二人	一一人			除自行籌給外由縣每月撥七千五百餘元	設警訓所訓練長警
澄海	三課	警察所五保安警察隊一	二〇〇人	五〇人		六人	每月經費五千餘元由縣撥給	設警訓所訓練
惠陽	三課	警察所一保安警察隊一	四四人	五〇人			由省庫撥給	集中訓練
博羅	三課	警察二中隊		二〇六人			每月經費五千八百餘元由縣府撥支	每日分別施以學術科訓練
從化	二課	警察隊一分駐所一		四〇人			每月經費一千五百餘元由縣府撥給	每日分別訓練
寶安	二課	警察隊一分局四	一一四人				經費由縣支給	每日施以學術科訓練
三水	不設課設職員六員	警察所二保安隊一偵緝組二	三七人	四二人		一五人	經由縣發給	集中訓練
花縣	不設課設職員二員	保安警察二中隊		一四七人			經費由縣發給	分別實施學術科訓練
潮陽	不設課設職員數人						經費由縣發給	分別訓練

廣東省會警察局保安警察大隊組織系統圖

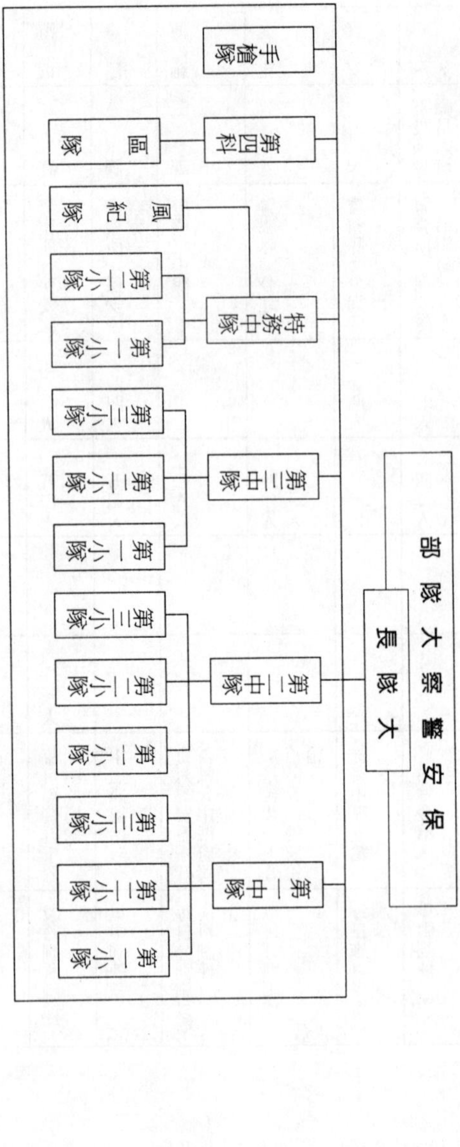

◎廣東省各縣市警察中隊編制表

職別	員額	薪額	備考
中隊長	一	二〇〇、〇〇〇	
中隊副	一	一〇〇、〇〇〇	
分隊長	三	八〇、〇〇〇	計三員共月支二百四十元
通譯	一	九〇、〇〇〇	
特務長	一	六〇、〇〇〇	
司書	一	五〇、〇〇〇	
警長	九	四〇、〇〇〇	計九員共月支三百六十元
一級警士	一八	三〇、〇〇〇	計一十八名共月支五百四十元
二級警士	二七	二六、〇〇〇	計二十七名共月支七百零二元
三級警士	四五	二二、〇〇〇	計四十五名共月支九百九十元
看護警	二	二六、〇〇〇	計二名共月支五十二元
司號警	二	二六、〇〇〇	計二名共月支五十二元
雜役	四	二二、〇〇〇	計四名共月支八十八元
伙伕	八	一八、〇〇〇	計八名共月支一百四十四元
合計	官佐八 長警一一五		計一百廿三員名共支三千五百八十八元

二、經費及械彈

(一) 經費之指定

查廣東省警務處經費每月軍票三萬六千二百六十五元，由本府飭庫按月撥支，其廣東省會警察局經費，每月軍票壹拾九萬七千八百八十元，亦由本府飭庫按月撥給廣東省警務處具領轉發，至各市縣警察局經費，均由各市縣地方款收入項下撥支，嗣因各市縣地方款項，盈絀不一，爲切實推進警政起見，復由本府于三十年冬間，飭令廣東省警務處，會同廣東財政廳，通飭各市縣政府，自本年一月份起，每月就地方款收入項下，切實指定的款呈候核明，儘量撥充各該縣警察機關經費，並由各該縣警察局統籌支配，各級警察機關，既以此爲支出標準，按月將收支狀況，報由警察局彙呈考核，以憑隨時指飭改善，至各市縣警察局之經費狀況，已於本編第一章第三節，附表列明，茲不再贅。

(二) 提高長警待遇

本省各市縣長警薪餉，頗感微薄；又值物價高漲，生活困難，本府爲提高其待遇，俾能安心服務起見，飭據廣東省警務處，會同廣東財政廳，核明僉擬警長警士餉額，分三級辦理，計一級警長，月餉五十元，二級警長，月餉四十五元，三級警長，月餉四十元，一級警士，月餉三十元，二級警士，月餉二十八元，三級警士，月餉二十六元，均爲軍票額，並以通案比率發給國幣，當經本府核准施行，現在本省各市縣警察局，均經一律遵照辦理。

(三) 購發械彈

本省各市縣警察所用械彈，多欠完備，爲充實其警力以強化治安起見，由廣東省警務處，呈奉核准在治安費項下分別撥給，購置大批新式槍械及子彈，發給所屬各警察局，或保安警察隊領用，計共七九步槍，七百六十餘枝，子彈八萬五千餘發，至廣東省會之治安方面，省河雖有水上警察，不分日夜駕駛電船巡邏，但實力究有未足，爰於三十年九月，裝設鋼甲電輪一般，命名爲「飛雷」號，由廣東省會警察局直接指揮調遣，常川梭巡河面，維持水上治安，該輪除置備必需武器外，並於首尾兩端，各置新式機關槍一挺，探射燈一枝，以資捍衛。

三　治安

(一)保衛地方治安工作

關於保衛地方治安工作，除由廣東省警務處直接派遣保安警察第一中隊，出駐江門，分派鐵路警察隊，分駐廣九廣三粵漢三鐵路主要車站，及派遣密查諜捕兩組人員，隨時出發廣州市區暨市區近郊及各縣屬地方，嚴密偵查緝捕反動份子外，其餘關於省會地方治安事項，則責成省會警察局負責，汕頭市治安，則責成汕頭警察局負責，各縣地方治安，則責成各該縣警察局負責，協同駐防各該當地軍憲人員，緊密連結，切實辦理，并由廣東省警務處總其成，按月責令塡責具報，如有特別事情發生，則隨時專案報告，又爲明瞭各地情形，以期縝密保護治安起見，特注重蒐集各方情報，其種類分爲軍事政治經濟社會四部門，軍事情報，如敵匪軍之駐地動態及異動等項屬之，政治情報，如敵方各種政治設施及特工人員組織動態等項屬之，經濟情報，如敵方之糧食生產物資輸運各地物價人民生活狀況等項屬之，社會情報，如各地民衆言論思想及行動之趨向以及地方一般情況等屬之，蒐集情報工作，除由廣東省警務處分配特務人員，駐在廣州市區及各縣地方，暨派員常川港澳直接查報外，并飭由各市縣警察局，按旬或按月塡報一次，又關於轉飭所屬塡報各種與治安有關之情報，按月彙轉省府綏署核辦，現在賡續辦理中者，計有敵匪情蒐集情報表，綏靖工作報告表，所屬隊警駐地暨警備區域月報表等三種，對於保衛治安工作，各級警察機關，均竭力以赴，至與地方治安有關如戶口總調查，係爲杜絕奸細而設，故於民國三十年十月間，由廣東省會警察局與廣州市政府會同舉辦全市戶口總調查，事前組織調查戶口委員會，於同年十月二十五日起，開始挨戶散派調查表，并飭令各分局盡量派出長警協助工作，以確立治安，至於市面流浪民衆調查工作，則由各分局派警辦理，毘連市區之鄉村人口調查，亦由省會警察局令飭近郊各分局就近調查，調查完畢，成績頗佳。

㈡　檢查行旅

關於檢查行旅事項，由省會警察局飭令各分局，隨時檢查各旅店及可疑住戶，並派警駐守各碼頭，檢查來往行人，茲將檢查工作，略誌如左：

㈠派警擔任卡位檢查：廣州警防司令部，於去年五月一日成立後，爲謀確保本市治安計劃，增設檢查卡位五十六處，關於派警駐守，交由省警察局辦理，計派出男警一百零二名，女警七十四名，協助軍隊，施行檢查。

㈡特別警戒檢查：1.特別警戒檢查，由去年八月四日起，至十日止，爲　汪主席蒞粤巡視，及東亞新聞記者代表大會開會期間，全市施行特別警戒檢查，並分派督察員馳赴規定警戒路綫，協同當地分局員警工作，及查視各分局長警勤務風紀，至於會場警戒檢查事項，亦派出督察員，會同偵緝隊探員，保安警察隊員警，負責辦理。2.臨時警戒檢查：由去年十月三日至十三日間，爲防範不虞，特施行臨時警戒檢查，將全市劃分爲中西南三個勤務督察區，每區暫設勤務督察長一員，另配督察員二員，負責監督指揮處理臨時發生事故，各分局長員長警，一律在局住宿，並加派員警，不分日夜，輪班竣巡檢查，3.一般警戒：關於各種紀念大會警戒檢查工作，在開會時，派定督察八員至十員，擔任會場糾察，並會同偵緝隊探員，保安警察隊員警，負責會場警戒檢查工作。

㈢施行流動檢查：爲確保省會治安起見，自去年十月一日起，開始施行流動檢查，每日派出督察員或服務員二人至四人，會同偵緝隊探員，保安警察隊警士，分赴指定地區，知會該管分局，派出男女長警協助，在各重要街道，檢查可疑行人車輛，施行以來，市面治安日形穩固。

㈣加派女警察協助檢查：爲利便婦女往來檢查，曾將廣東省警察教練所第一期畢業女學警，分派往太平、靖海、陳塘、長壽、東堤、大東、洪德、西山、德宣、西禪、等分局服務，協助軍警檢查婦女工作，迨第二期女學警五十名結業，撥派本局服務，除增加原日分局補充缺額外，並派一部分前往漢民、蒙聖、海幢、逢源、等分局服務，同時太平、漢民、陳塘、蒙聖、等分局，即將以前暫僱用之女檢查員解僱，所遺職務，由女警擔任，以後將各期畢業女學警，陸續派赴各分局補充。

㈢　消防設備

關於省會消防，設有消防總隊部，總隊部之下，設有第一二兩分隊，及荔灣分駐所，總隊部設於文明路，第一分隊設於河南南華中路海幢寺側，第二分隊設於芳村上市橫街，荔灣分駐所設於多寶路尾，總隊部內設有大型機車三輛，救護車及運輸車各一輛，小型機車五輛，其他消防工具，如救生槽、救生網、滅火筒、救傷床、鷄公鈎、帆喉等，均有設備，各分隊亦配有大型機車，小型車及各種救火用具，目前爲加強消防設備起見，增設小型機車四輛，除二輛在總隊部外，一在荔灣分駐所，一在芳村分駐所，此外汕頭市、南海、番禺、中山、順德等各縣地方，均有消防隊之組設，力量及配備，相當充實。

㈣　推行指紋鑑識

自警務處推行指紋鑑識以來，捺印犯人指紋共計七千七百三十七名口，捺印警兵伕役指紋，共計二千六百四十九名口，代理各機關捺印指紋者警官學校學生，一百七十八名口，警務處鐵路警察隊，一百四十六名口，各縣市警察，二百零三名口，地方行政人員訓練所學員，一百八十七名口，捺印法院刑事案犯，二百九十八名口，共計一千零一十二名口，總計共捺印指紋，一萬一千三百九十八名口，查指紋發現犯人前曾犯案者，一千六百三十五名口，其他發現前曾犯案者，六十二名口，總計發現前曾犯案者，一千六百九十七名口。

㈤　各項事業之取締

廣東省警察局，關於各項事業之取締，即㈠旅館㈡廣州市人行路㈢妓館及娼妓㈣荐人館㈤陸上交通管理㈥攝影繪畫㈦鑄造徽章商店㈧檢查飲食店衛生設備㈨廣州市導遊社及導遊員，

以上各項事業，均經訂定取締章則，呈奉核准施行。（章則從略）

四　訓　練

(一) 警官學校

本省警官學校，於民國三十年四月，接收前中央警官學校廣州分校改組成立，由廣東省警務處長兼任校長，第一期學生，於三十年五月二十日入校，共計一百一十名，至三十一年六月上旬即訓練期滿結業，學生訓練分三部門，一爲警察學科，一爲法律學科，一爲軍事學術科，上學期軍事術科較下學期爲多，至全校經費總額，每月一萬伍千貳百陸拾伍元，茲將該校組織系統表及教育暨訓練概況，分載如次。

廣東省警官學校組織系統表

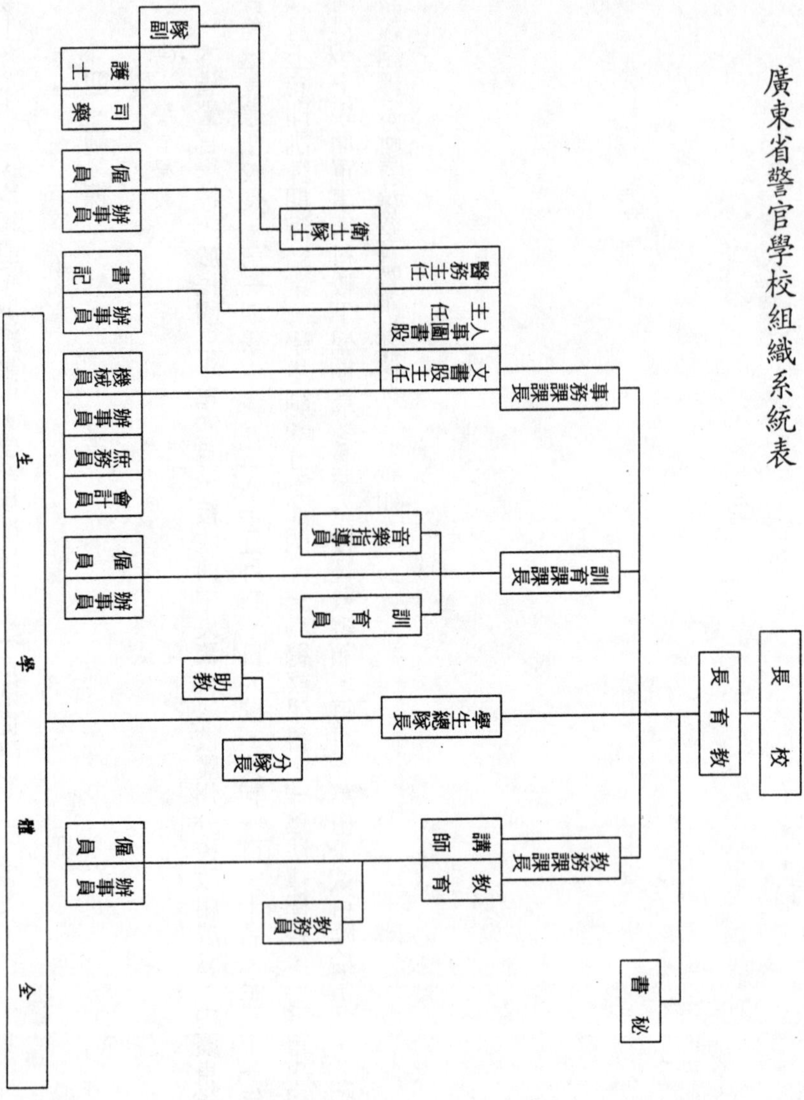

1. 教務概況

甲、確定全期學術科教育進度暨斟酌時間分配回數，以期齊一步驟，循序漸進，編定學科進度表，術科進度表，及教育使用時間表，學術科回數分配表，等四種按週切實施行。

乙、辦理特訓班—特別訓練班之設立，係選擇前中央警官學校廣州分校畢業學員十名，特別訓練三個月，授以射擊、游泳、車輛駕駛、柔道等特殊技術，以及衛戍警備軍訓等各項常識，該班經於三十年七月二十一日，訓練期滿結業，同年八月一日，分派在校內各部服務，九月一日，由警務處派出各地服務。

丙、辦理警衛訓練班—該班係於三十年十月十三日開始訓練，授以學術兩科，基本教育及警衛勤務等舉辦一班，爲期兩月，經於同年十二月二十一日，辦理完結。

2. 訓練概況

訓育工作，首應與學生接近，藉悉其實在生活狀況，及個人之思想認識，從而加以指導，其關於管理者，如內務檢查，儀容檢查，郵件檢查等屬之，關於課外活動者，如體育訓練，音樂指導，校內集會，參加校外集會等屬之，關於思想方面者，如精神講話，小組會談，個人談話，出版校刊，指導出版壁報等屬之，辦理以來，頗著成績。

㈡ 警察教練所

1. 組織內容：廣東省警察教練所，自本府成立後，劃歸警務處接辦，其內容組織，大率本民國二十五年前廣東省警士教練所之辦法，祇將以前訓練主任，改爲總隊長，其餘多仍舊貫，於正副所長之下，設教育長一員，教育長之下，設教務主任事務主任，醫務主任兼醫官，總隊長，各一員，再於每主任，及總隊長之下，設教官、通譯、文牘員、教務員、庶務員、辦事員、中隊長、區隊長、區隊附、女警隊區隊長附，醫助、司藥、看護、各若干員。

2.訓練期間：現就廣州警察數量，仍未敷實用，訓練時間，現以四個月爲一期，將來辦至全市警察人數足用時，則延長至六個月爲一期，仍在市區招考，投考資格及待遇，大率與前同。

3.學科及術科：學科約佔五分之三，術科約佔五分之二，至教學方法，初訓練時用注入式，經過相當時間，則參以啓發式，再至相當時間，則酌施設計教學法，而尤注重實習，除於嚴格的紀律訓練外，切實培養其管理支配應付等自動能力。

4.訓練女學警：本市自經事變後，爲維持省會地方治安起見，對於碼頭卡口檢查婦女工作，均由男警察執行職務，於我國禮俗，似不適宜，雖有少數地方，僱用女檢查暫代警察任務，但因未經訓練，致未克盡職，故招考女警察訓練，實屬需要，業於二十九年十一月間，特辦女學警一隊，現每期招考五十名，與男學警同一待遇，畢業後派赴各分局或各地執行檢查工作，茲并將該所系統表附載於後。

廣東省警察教練所系統表

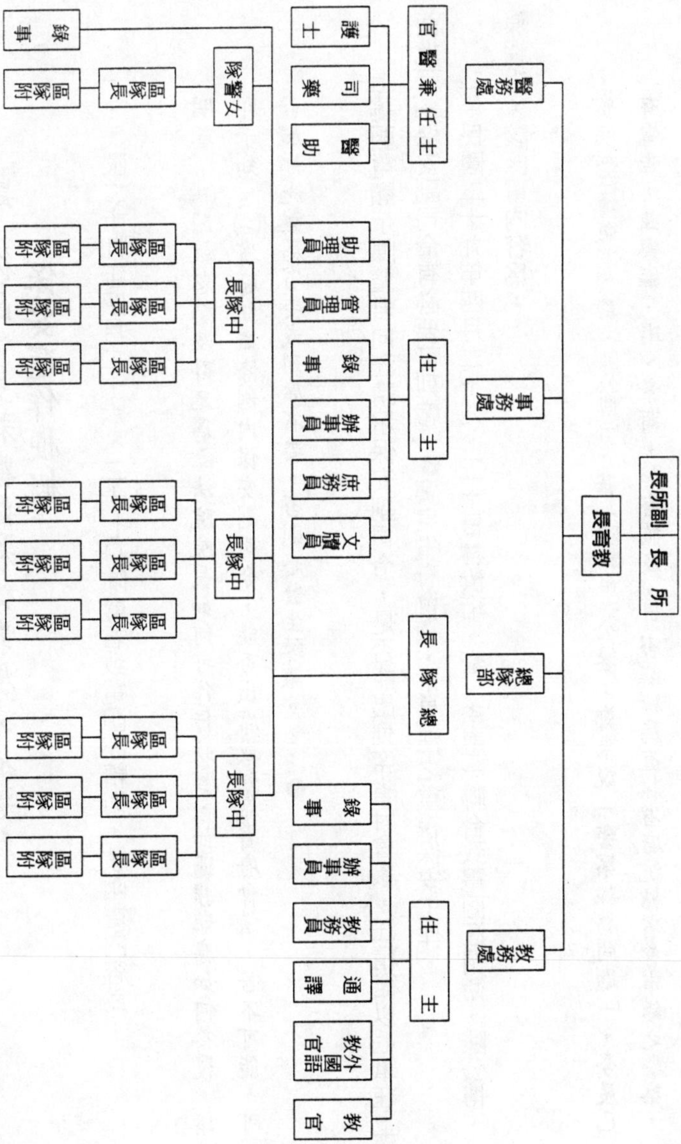

肆 從函電史料觀汪精衛對廣東省警政保安運作梗概

一、民國二十九年四月二十六、二十七日陳璧君致電函汪精衛，該函電內容爲：

明鑒：㈠閱報忽想及群兄爲立法院院長如何可作行政官，如遇非難應如何答覆，請即示知。㈡省府組織條例內保安副司令，能否出席或列席省府會議，若不可能，可否加鄭洸薰爲省委或列席省委，否則恐發生障礙。……❻

上述函電顯示陳璧君向汪請示保安副司令，是否能出列席省府會議，汪精衛以毛筆在上面批示「保安副司令有必要可列席」❼廣東省府會議，可見汪之重視保安工作。

二、民國二十九年四月二十九、三十日林汝珩、豪、李謳一聯合致電函汪精衛、陳公博、陳耀祖，該函電內容爲：

密明（汪精衛）、群（陳公博）、華（陳耀祖）公鑒：鄭來說「警察隸屬問題」，今晨已有電告，茲與謳、珩、豪商，如有詢及，可否解釋爲直隸省府統轄省會市鎭之警察，其餘綏靖任務由保安隊任之，此點可使洸薰、李道軒職權劃分，但對市府如何解說，乞電示「和平」。珩、（仲）豪、謳。❽

上述函電顯示汪僞廣東軍頭鄭洸薰向林汝珩、豪、李謳一等詢問，關於警察隸屬、職權、定位問題，汪則以毛筆字在上面批示「電悉，省會所在地，現有全省警務處則市不必再有警察局，此爲通則，詳由德昭（陳耀祖）回復面商。明。」[9]

三、民國二十九年七月十八、二十一日陳耀祖致電函汪精衛，該函電內容爲：

行政院汪院長鈞鑒：廣東綏靖督辦問題，經將詳情報告，由君直面呈，惟現與日軍部磋商情形略有不同，日方主張改設東區行政督察專員兼區保安司令，只轄潮、澄各縣，劃出汕頭市不在轄區之內，專責人選由省府選定，此項辦法，日軍部已令知當地日軍將成事實，謹先電聞，應如何辦理，請電示遵。職陳耀祖。[10]

上述函電顯示日方主張設區行政督察專員兼區保安司令，以配合警政、特工、清鄉工作之執行。

四、民國三十年三月七、八日陳耀祖致電函汪精衛，該函電內容爲：

密行政院汪院長鈞鑒：本省保安司令部自成立以來，業已編有教導隊一中隊、保安團一團，保安特務總隊三大隊，逮中區司令部成立，又將和平救國軍改編爲保安團四團，特務總隊一大隊，所有各團隊分駐廣州及各縣地方，擔任治安剿匪工作，當著成效至東區方面，亦設有保安隊，原係東區綏靖公署商承友軍組設，旋因綏署撤銷改隸東區行政督察專員管轄駐防汕頭東區各屬，嗣奉院令廢止保安制度，正擬靜候辦理，詎接閩粵邊區綏靖司令部黃大偉，咨以東區保安隊與彼部綏靖工作恐有抵觸，應如何辦理，商請見復等語，查保安制度既奉廢止，現在新定制度又未頒行而友軍方面，極注意保安隊之存在，究應如何處置，耀（祖）未便擅擬，理合電請鑒核，迅賜電示祇遵。陳耀祖。⑪

上述函電顯示陳耀祖向汪請示的函電史料中，可以看出偽廣東省之下設保安司令部，下轄教導、保安、特務總隊於一體，分駐廣州及各縣地方，配合清鄉工作積極展開綏靖事宜。

五、民國三十年五月三十日陳耀祖、汪宗準致電函汪精衛，該函電內容為：

明崖鈞鑒：兩電敬悉，承示收支可改用軍票，公務員及兵警生活立告解決，極感。惟收支用法幣幾費交涉始獲實現，立予推翻亦覺可惜，擬照比率以國幣支付，既維立權亦無礙員兵生活，準（汪宗準）、甫自中順新，視察返省，擬稍清理再遵電來京。華、準艷。⑫

上述函電顯示汪偽政府在華中、華南發行軍票，擾亂金融市場，導致物價飛漲，軍隊與警察等公務員待遇受到很大的波及，陳耀祖向汪請示軍、警人員薪水是否以國幣或軍票支付。函電上有批示「華、準鑒：明公云關於改用軍票一事，軍票與法幣並用。」⑬但又刪除。

伍　結論

一九一一年孫中山先生推翻滿清，建立中華民國，全國各地的警察組織也隨著地方政權依附臨時政府。直到民國十六年北伐統一後，國民政府才有完整的警察組織，從民國十六年到三十八年，共計二十二年的時間裡，按國民政府的警察理論和組織法規，將全國的警察組織劃分爲：中央警察機關、地方警察機關和其他警察機關三類，在地方警察中又細分爲：首都警察廳、省警察機關、市警察機關、縣警察機關、特種公安局、特種組織等。[14]此外，因國內政府的警察組織從三十年代起，逐漸被特務機構所挾制，內政部警政司、首都警察廳等重要的警察機構被軍統分子掌握了領導權，軍統等特務組織常以警察的身份出現，甚至有貌似警察組織，實爲軍統機構的情況。例如戴笠就長期把持「中國警察學會」、「中央警官學校教務委員會」等警界單位，抗戰勝利後，不少警界要職，都是軍統出身。從函電史料觀抗戰時期汪精衛對廣東省警政保安的運作梗概，亦可看出汪僞政權對廣東的掌控，仍脫離不了以特務工作體系結合在一起的方式來對付重慶國民政府的軍統特務。

註釋：

❶黃美眞編，《僞廷幽影錄—對汪僞政權的回憶紀實》，頁五一，（北京，中國文史出版社出版，一九九一年五月第一版）。

❷同前❶，頁五一。

❸同前❶，頁四四。

❹馬嘯天、汪曼雲遺稿，黃美眞整理，《汪僞特工內幕—知情人談知情事》，頁一六六（河南人民出版社出版，一九八六年十二月第一版）。

❺同前❹，頁一六七。

❻〈陳璧君致汪精衛函電〉（民國二十九年四月二十六、二十七日），《汪僞資料檔案》，法務部調查局資料室藏，鋼筆原件影本。

❼〈汪精衛致陳璧君函電〉（民國二十九年四月二十六、二十七日），《汪僞資料檔案》，法務部調查局資料室藏，鋼筆原件影本。

❽〈林汝珩、仲豪、李謳一致汪精衛、陳公博、陳耀祖函電〉（民國二十九年四月二十九、三十日），《汪僞資料檔案》，法務部調查局資料室藏，鋼筆原件影本。

❾同前❽，毛筆原料影本。

❿〈陳耀祖致汪精衛函電〉（民國二十九年七月十八、二十一日），《汪僞資料檔案》，法務部調查局資料室藏，鋼筆原件影本。

⓫〈陳耀祖致汪精衛函電〉（民國三十年三月七、八日），《汪僞資料檔案》，法務部調查局資料室藏，鋼筆原件影本。

⓬〈陳耀祖、汪宗準致汪精衛函電〉（民國三十年五月三十日），《汪僞資料檔案》，法務部調查局資

料室藏，鋼筆原件影本。

⑬ 同前註⑫，毛筆原件影本。

⑭ 潘益民，〈國民政府在大陸執政時期警察組織制度考略〉，《民國檔案》第四期，（南京：中國第二歷史檔案館出版，一九九五年十一月出版），頁一三二。

第　　頁

明鑒閱報忽想及辜兄為立法院院長如何卸作行
政官如遇非難應如何答覆請即示知(二)省府組織
條例內保安副司令能否出席或列席省府會議若
不能可否加鄭洸薰為省委或列席省委否則恐發
生障礙(三)此間軍校第二旅宣訓班報館等食米交
涉結果即代辦每担廿元市上價卅五元弟
立法院長係行政性與立法院委員不同務希查[illegible]
法委員會常務委員以特兼[illegible]政治
訓練部長已有前例況有人代理不必掛名取消問
題(二)保安副司令有必要可列席明

廣州來電 廿九年四月廿六/廿七日下午四/四時十五/廿分

發	譯
備註	

引自《汪僞檔案》

第　　頁

密明群華公鑒鄭來說警察隸屬問題今晨已有電

告茲與謳珩豪商億有地及可更解釋為直隸省府

統轄省會市鎮之警察其餘綏靖任務由保安隊任

之此點可使洗薰李道軒職權劃分但對市府如何

解說乞電示和平珩豪餛

宅惠[illegible]成政府全市警務容則[illegible]市不必再有警

察局以彥適例詳由俊明同渡西商明

廣州來電　廿九年四月廿[illegible]日下午[illegible]時　分

發　譯

備註

引自《汪偽檔案》

第　頁

行政院汪院長鈞鑒廣東綏靖督辦問題經將詳情

報告由君直面呈惟現與日軍部磋商情形略有不

同日方主張改設東區行政督察專員兼區保安司

令祇轄潮澄各縣劃出汕頭市不在轄區之內專員

人選由省府遴選定此項辦法日軍部已令知當地日

軍將成事實謹先電聞應如何辦理請電示遵職陳

耀祖

廣州來電廿九年七月廿一日下午三時廿五分

發

譯　備

註

引自《汪偽檔案》

第　　頁

汪院長鈞鑒中山現狀係由呂春榮主軍事區大堘(慶)任縣長頃與日方特務機關長談據謂中山縣事擬分先後解決呂春榮成績不良惟念其前有微勞擬請由中央先行調京予以軍事參議或其他閒職其部隊改編為省保安隊至區大慶〇中山〇頗知愛護人民希望暫予維持由省府加以委任稍俟時機再由省府物色替人〇中央以為可行乞先電知即由日軍部通知呂春榮遵照等語應如何辦理乞電示遵職耀祖

廣州來電　艽　七月廿一日下午六時〇　廿四日上午十一時五分

發　備　譯　註

引自《汪偽檔案》

第 1 頁

寄行政院汪院長鈞鑒本省保安司令部自成立以
來業已編有教導隊一中隊保安團一團保安特務
總隊三大隊迨中區司令部成立又將和平救國軍
改編為保安團四團特務總隊一大隊所有各團隊
分駐廣州及各縣地方担任治安剿匪工作當著成
效至東區方面亦設有保安隊原係東區綏靖公署
商承友軍組設旋因綏署撤銷改隸東區行政督察
專員管轄駐防汕頭東區各屬嗣奉院令廢止保安
制度正擬靜候辦理詎接閱粵邊區綏靖司令部黄
大偉咨以東區保安隊與彼部綏靖工作恐有抵觸

來電 年 月 日 午 時 分

發 備 上

譯 註

引自《汪僞檔案》

第 2 頁

進如何辦理商請見復等語查保安制度既奉廢止
現在新定制度又未頒行而友軍方面極注意保安
隊之存在究應如何處置擢未便擅擬理合電請鑒
核迅賜電示祇遵陳耀祖

廣州來電三十年二月八日下午六時卅分

發備

譯註

引自《汪偽檔案》

第　頁

明崖鈞鑒兩電敬悉承示共支可既用軍票給撥薪
及兵警生活并告解決極感惟收支用法幣錢會交
涉始獲實現并予推翻亦覺可惜擬照比率以國幣
支付既低立樁亦無礙而兵生活準甫自中順新視
察返省擬稍清理再遵電來京莘準鹽

華北華中[illegible]改用軍票一事
軍票[illegible]用

廣州來電　三十年五月廿日下午十二時五十一

發譯
備註　寫

引自《汪僞檔案》

第二節　汪偽集團與廣東特務工作問題之關係

壹　前　言

根據日本侵略者影佐禎昭說：「特務工作是一種秘密工作，在政府、政黨執行政策的背後與其呼應，並且一面對付敵人的阻礙，一面爭取民衆，協助其組織。」❶日軍爲「以華制華」在扶植汪僞政權成立後，於汪僞國民黨中央執行委員會之下設置特務委員會，直屬汪的領導，以周佛海爲委員長，李士群爲主任委員，部份改隸僞行政院社會部，以丁默邨爲社會部部長。特務委員會的工作區域從上海地區擴大到長江下游一帶，以後逐漸推進到漢口、廣東地區。本文擬先初步介紹汪僞特工的組織經過概況，進而探討汪精衛對僞廣東省特工運作的梗概。

貳　汪僞特務工作組織概況

一、汪偽特務的起源

李士群是僞特工的源起人，僞特工和李士群是分不開的。他原是中央的叛黨分子，抗戰之前就參加了中統，成爲骨幹分子，抗戰開始後，他原在南京中統工作，有一個由日特土肥原訓練出來的女特務在南京放信號，指示敵機轟炸的目標，被中統捉著並派李調查這個案子，不料李竟與這個女特務勾搭起來，這是他與僞特工最原始的淵源。李和日特有了這樣的關係，遂於一九三八年逃到香港，和日本駐香港總領事中村拉上關係，由中村介紹到上海和日本憲兵隊正式開始特務活動。最初他在滬西憶定盤路諸安濱十號設置特工機關，拉攏中統及軍統分子丁默邨、茅子明、戴英夫、張魯、唐惠民、顧繼武等參加組織，形成僞特工的雛形。一九三九年汪精衛來滬開展賣國的「和平運動」，由周佛海、丁默邨介紹，他和汪精衛相結合，以滬西極司非爾路「七十六號」爲機關，正式開始汪僞特工組織。❷

二、汪僞特務組織的成立

李士群投日以後，至汪僞特務組織成立之前，爲了取得特務經費，經過相當的躊躇和考慮，便推戴周佛海做特工領袖。周爲了使丁默邨暗中分散李士群的力量，也樂得這樣做。結果於一九三九年九月把特工組織擴大，成立了一個特務委員會，周佛海當主任委員，丁默邨當副主任委員，李做委員兼秘書長。照丁默邨的原意，想在委員會內設八個處，把特工的實權掌握在自己的手裡，李士群看透了這一點，對於特工實權不肯放手，結果丁的計劃沒有實現，只設了一個總務處。這樣，特務委員會成了僞特工的最高機關，實際推行特務活動，另設一個「特工總部」。最初特工總部主任是丁默邨，李士群是副主任，但全部特工都是李原來班底，實權仍操在李手中。因此形成了僞特工內部丁李的磨擦。李以日本憲兵和梅機關爲背景，始終占上風。到一九四〇年汪僞還都以後，還把丁擠出特工組織，由李自任特工總部主任。一九三九年下半年，正是僞特工發展的初期，不論政治、經濟、文化、軍事各種各樣特務分子，都兼收並蓄，包羅萬象，連上海四周一些雜色部隊也拉進來，丁默邨野心勃勃，企圖組織軍隊，向周佛海建議設立一個「肅清委員會」，主任委員周佛海，副主任委員丁默邨，其下成立了「和平建國軍總指揮部」，收編雜色部隊。後來因收編第二路司令何天風，被王天木的副官在兆豐公園附近跳舞廳內打死，另一方面又遭到準備做僞陸軍部長葉蓬的反對，結果於同年年底取消。

汪僞特務組織和日本梅機關及憲兵隊是不可分的。在「七十六號」特工總部成立之時，就有日本憲兵澀谷準尉、坂本曹長等八名駐在「七十六號」內，凡是拘禁或暗殺行爲，都要預先通知他們，到日軍駐紮地區還要他們陪同前往。每日「七十六號」拘捕人數、工作情況以及所收集的情報也作成報告，交給他們轉送日本憲兵隊特高課。僞特工所使用的槍枝、手榴彈、定時炸彈等由他們經手向日本憲兵隊取來，槍斃人時也要他們臨時監刑。而梅機關則是站在幕後操縱和設計，總代表是晴氣中佐，副手中島大尉，在「七十六號」斜對面，設有分機關。❸

三、汪偽特務組織的歷史演變

李士群在特工組織初步確立以後，爲了進一步勾結日本侵略者，於一九三九年冬帶夏仲明做日語翻譯同赴東京，事先由晴氣中佐（日參謀本部中國班長，在上海梅機關工作）回到東京布置，在招待宴會完畢後，和幾個日本參謀談話，晴氣問僞特工情況和發展計劃，李說：「蘇浙皖三省和滬寧兩市的治安維持得很好，所有軍統、中統分子大部分都捉住了。」向敵表功一番之後，就提出要求增加經費，晴氣回答說：「經費不成問題，有何人留難儘管對我說，工作要和憲兵隊連絡，只要林少佐（特高科長）說句好話，前途未可限量的。」經過晴氣支持，鼓勵了李和周佛海、丁默邨鬥爭的勇氣，同時也決定了他回國擴充特工組織到漢口、廣州、青島等地的計劃。

李士群回國後不久，汪偽還都南京，爲著把偽特工變成合法組織，和擴張特工到警察部門，就在偽行政院內增設了一個警政部，作爲偽特工的公開機構，部長還是周佛海，李士群任政務次長，拉攏偽首都警察廳長鄧祖禹做常務次長，這樣特工和警察就聯繫起來。偽警政部成立之前，擴大特工組織，增設漢口、廣州兩個區和一個青島站，這時特工的實權雖然握在李手中。但周跨在他的頭上，總是悶悶不樂。況且經費要向周叩頭，諸多牽制，結果又形成周李的火拼。李士群靠著梅機關的後台和手中掌握的實力，於一九四〇年對敵晴氣中佐揚言「我已對部下說過可以做部長，現在沒有做部長對部下下不了台了！」結果把周哄下了台，自己做了部長。同年李爲了籌劃特工經費，在晴氣支持下組織了一個「東南貿易公司」並派梅機關的中島做這公司的支持人，和後方蔣統區交換物資，因此特工經費得到很大的來源，而特工組織和活動也大大地發展。在這一階段，行政機構上雖然添上一個警政部，但特工的實體，還是上海的特工總部，特務委員會的名義也依然存在。❹

一九四一年下半年汪偽開始清鄉，組織清鄉委員會，李士群任常委兼秘書長並兼該會駐蘇辦事處長。從這時起，偽特工又向江蘇省內部深入發展。是年年底特工總部成立駐蘇辦事處，處長黃爾康，副處長蔡起潛。一九四二年又把該處擴大爲江蘇省實驗區，區長胡均鶴，副區長陳斌。這時，周佛海看見李士群的勢力膨脹，很懷醋意，借口清鄉經費浩大，無力再負擔警政部的經費，在行政院會議上提出通過取消警政部。李士群就向晴氣訴說：「清鄉連我的警政部都清去了。」當然晴氣對他表示同情，不久又在僞軍委會內組織一個調查統計部，李士群不但做了部長（楊杰任政務次長，夏仲明任常務次長），而且還兼任了江蘇省省長，集特工、行政、軍事等大權於一身，這是李最自鳴得意的時期。調查統計部成立後，內部人事還是特工總部原班人馬兼任，調查統計部和特工總部是兩位一體的組織。同時在南京設置政治警衛總署，署長爲馬嘯天，在上海「七十六號」也掛上一個調查統計部駐滬辦事處的招牌，主任爲夏仲明。[5]

一九四二年秋，清鄉工作逐漸擴展到浙江方面，僞軍委會在杭州成立了閩贛浙皖四省邊區行營，企圖收編敵占區和後方邊緣地區蔣游擊部隊。李士群派上海特工總部書記長傅也文擔任該行營的秘書長，上海特工總部的重心又暫時轉移到杭州。同年冬天，梅機關晴氣中佐調任華北，李士群又組織了華北特務工作團，團長石林森，副團長王天木，僞特工活動從華中擴張到北京、天津兩地。不過在晴氣調離華中之前，李士群貪污舞弊，種種黑幕早已爲日軍所洞悉，其部下吳世寶也因此而被日本憲兵毒殺。一旦失去了晴氣的後台，李士群的威風和力量，也就由最高峰跌落而轉向下坡，汪僞特工也由鼎盛時期轉到衰落時期了。

晴氣離開華中以後，李士群在僞特工、清鄉區和江蘇省政府的貪污舞弊已沒有人替他包庇，況且特工在清鄉區的驕橫，早已惹起日軍的妒嫉。李士群出入，在汽車前一定有兩部武裝機器腳踏車做前導，威風凜凜，不可一世，連他的後台老板晴氣也看不過眼，曾警告他說：

「我們的師團長出入，還沒有像你這個樣子。」尤其使日本不滿的一件事是：一九四三年初日僞在上海收購棉紗布，通知李士群把江蘇省內的棉紗布收購由上海的商統會辦理，可是他並沒有照辦，反而利用特工的力量把棉紗布收購起來，與蔣第三戰區交換物資，獲得厚利，這是日軍最痛恨的一件事，也是決心殺他的原因。李士群失信於敵人後，周佛海、丁默邨、羅君強這一派人又乘機在敵人面前「戳壁腳」。周佛海早與軍統頭子戴笠相勾結，更希望殺了李士群好向戴邀功，這也促使李士群早亡的原因之一。

李士群也早已察知日本方面對他的不滿，處處謹慎提防。一九四三年九月六日，日本上海憲兵隊特高課長岡村中佐借口調解李士群和熊劍東的不睦，約兩人同到外白渡橋百老匯大樓談話。李帶夏仲明同往，在百老匯大樓七樓岡村所開的房間碰頭，從下午三時談話開始，越談越起勁，到了五時岡村說：「大家多談談，一同吃晚飯。」李本來不願意，後來岡村說：「樓下有大菜」，李聽說公司大餐，也就不以爲意了，繼續談了一個鐘頭，有一個日本女子把小桌和餐具推了進來，李很機警的要夏仲明問岡村這派什麼用，岡村很狡滑的說：「請你吃晚飯，樓上比樓下安全一些。」李聽了也不懷疑了。他們開始吃晚飯，最初喝啤酒，喝湯，吃魚肉，都沒有什麼，吃到牛肉餅，李覺得不好吃，吃了一半就不再吃下去，岡村催他再吃，李再吃一些發覺菜裡有毛病，預備到小便處挖喉嚨，結果因岡村跟在後面沒有吐掉，回轉來再吃，又談了二十分鐘才下樓坐車回家。在車上，他還問夏仲明：「今天牛肉很難吃，你覺得怎樣？」又問：「你覺得今天宴會有什麼毛病？」回家馬上挖喉嚨，把吃的東西都嘔了出來，才安心打牌。第二天到蘇州就發重病，九日死去，結束了這個特工魔王的生命。聽說吃

的是毒菌，無藥可救，臨死前用消治龍打靜脈，已打不進去了。❻

李士群死後，僞特工頓時失去了重心，由梅機關派了僞軍委會高級參謀台灣籍黃自強來，改組特工組織，取消特工總部及調查統計部，改爲政治部，下設政治保衛局，局長萬里浪，副局長胡均鶴，其下再分第一局、第二局，第一局管上海、杭州，第二局管南京及江蘇、安徽兩省。一九四四年底陳公博當僞國府主席後，又把政治部改爲政治保衛部，兼任該部總監，丁默邨、周學昌先後任副監，直到日本投降爲止。

四、汪僞特務組織與日本「梅機關」的關係

日特在中國作政治陰謀活動，有所謂梅、蘭、松、竹四個機關。「梅」以汪僞爲活動對象。「蘭」以廣東、廣西，「松」以華北，「竹」以重慶爲活動對象。梅機關的頭目是影佐禎昭。這個人是日本陸軍大學第一名畢業的所謂「優材生」，能說流暢的中國話，正是日本人所謂的「支那通」。他是一個老特務，在一．二八淞滬戰爭時，就聽到了他的名字。他是勾引汪精衛離開重慶進行賣國「和平運動」的主要策謀者，又是汪僞政權的幕後操縱人。這個機關設在虹口北四川路永樂坊內。機關的主要構成人除影佐禎昭以外，最主要的有谷萩大佐（後來回國任大本營報道部長），今井武夫（後來任日本派遣軍南京總司令部副參謀長），晴氣中佐（日本大本營參謀本部中國班長），石原中佐（影佐副官，專責影佐活動的總務事宜），中島大尉（晴氣的副手）。其中和汪僞特務最有關係的是晴氣，他是總代表，中島是副手，其他當然還有許多工作人員。❼

梅機關在「七十六號」汪僞特工總部成立之初，就是幕後策謀者。一九三九年底，在晴氣中佐引綫布置下，李士群曾親到日本東京和日本參謀本部進行過緊密勾結，回來後以梅機關爲背景而創辦僞東南貿易公司。

一九四〇年汪僞還都以後，李士群鑒於特工組織不斷發展，經費不夠支用，向僞財政部請領，周佛海以「預算所限不好隨便批准」爲由加以拒絕。李士群就向梅機關晴氣中佐申訴：「沒有足夠經費，特工是沒法辦的。」在晴氣策劃下，決定組織「東南貿易公司」，同時鑒於與蔣統區交換物資，這事非同小可，特派中島主持其事。總公司最初設在「七十六」號內，後來移到杭州。總經理是尤菊蓀，秘書尤增壽（尤菊蓀之子），在上海收購棉紗、棉布、西藥等，在「七十六號」斜對面梅機關分機關包裝，向日軍請領「派司」，才能起運，先送到杭州，然後轉運往內地，交換桐油、柏油、木材等軍需物資。資本最先由特工總部負擔，後來因交換物資多了，資本不夠周轉，結果由梅機關給予方便，對於收購棉紗、棉布等東西，款子不夠時，直接由日本人拿出來。因爲幫助東南貿易公司，梅機關還特地在杭州設了一個分機關，所有貿易所得均撥爲特工經費。特工總部得到這筆收入，組織和活動大大地發展起來。這公司一直經營到一九四三年李士群死爲止，沒有中止過。❽

附：汪偽特務組織人事系統表

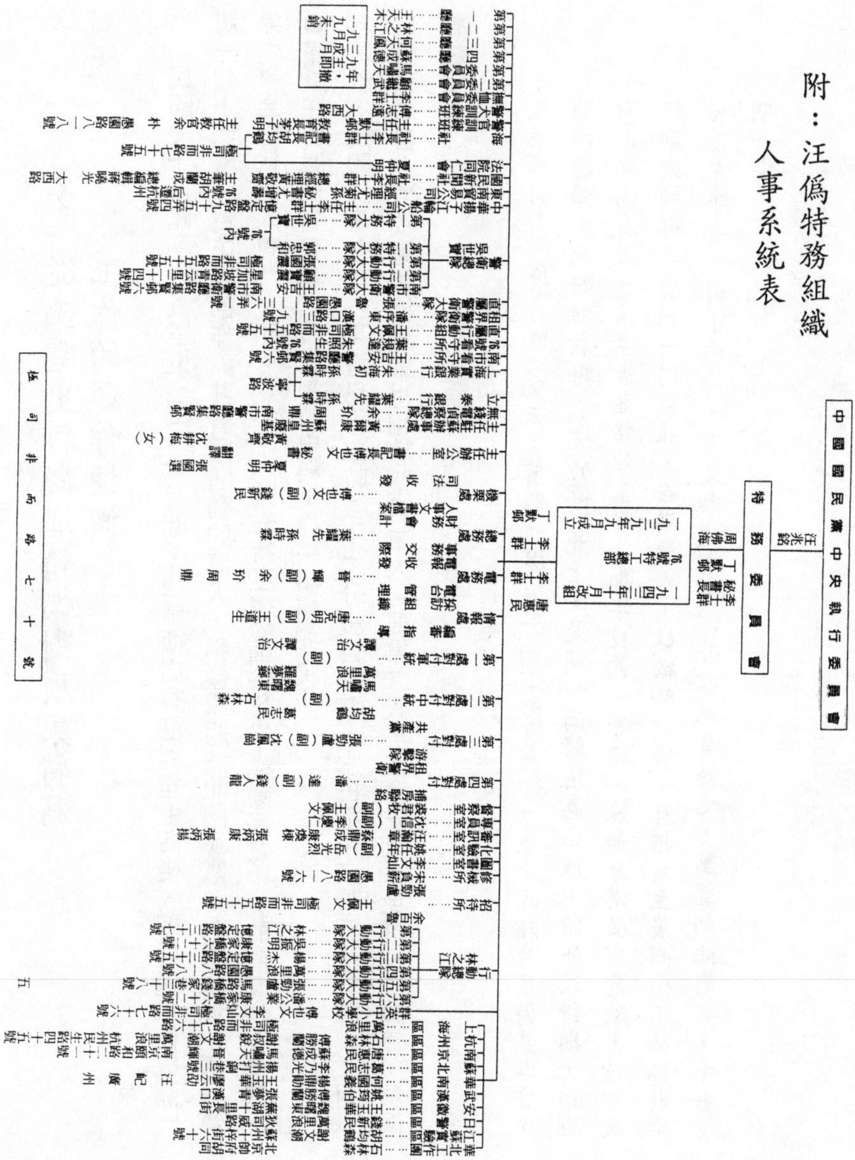

參　從函電史料觀汪精衛對廣東特務工作的運作梗概

民國二十八年（一九三九）五、六月間，汪精衛由香港到達上海後，即通過「梅機關」將「七十六號」特工總部作爲其賣國活動的鷹犬，積極籌組汪記國民黨。八月，僞「國民黨第六次全國代表大會」召開，「七十六號」特工總部則充當了僞國民黨中央的直屬特務機關。[9]僅就汪與廣東省有關之特工函電史料，作一研析如下：

一、民國二十九年二月五日十二時二十二分發自香港，六日下午三時三十分譯及二月六日汪精衛自上海致電函給陳耀祖和陳璧君二人，要渠二人，注意安全，免遭特工暗算，該函電內容如下：

電悉頃得群（指陳公博）電云：密昭（指陳耀祖）蘭（指陳璧君）尊鑒：昨杜月笙對某君言，蘭姊將歸，此行諒敦群（指陳公博）北上，是蘭姊南歸消息已洩，請即改行期，弟臆測內部尚有人通消息者並請注意群「鄰字夜號」等語，妹如赴港必有危險，請即改行期或約群至廣州一同來此，在港諸人，妹欲晤之者，可招之至廣州，不必妹赴港始能集事也。群小洶洶，港又無武衛，何苦以此身餧之，萬望納此忠言，幸甚。明。[10]

二、民國二十九年六月十四日下午五時十五分發自廣州，六月十八日下午五時譯之函電史料，係李謳一致汪之函電，內容爲：

密明鈞鑑：頃軍官學校及彭旅均接特務機關函派連絡官一事，謳隨以連絡官任務，請問佐藤，據稱連絡官係屬事務性質，至關於政務仍由渠負責接洽等語，事關大體，如何應付，乞示遵。謳叩。⑪

由此可知汪所創辦之軍官學校及軍隊均受日軍特務機關派連絡官加以監控，事實上毫無自主性可言。

三、民國二十九年（一九四〇）七月二十三日下午二時二十分發自廣州，七月二十五日下午六時四十分譯之函電史料，係疑似陳耀祖與林汝珩聯名致汪之函電，該電內容如下：

明公鈞鑑：頃據矢崎特務機關長稱：日本有東亞聯盟協會之組織，該會會長木村，不日來粵，甚盼此亦成立類同之組織，以促進東亞百年大計，並稱：㈠粵方組織與北平繆斌之中國東亞聯盟會無關係。㈡在粵成立協會後，將來可在安南、暹邏、緬甸等處設支會。㈢粵方組織之名稱及內容，均聽我方酌定，云對方對此組織甚爲重視，如我方無人進行，頗恐爲彭東原或其他黨外份子所利用，百年大計之宗旨，亦與吾人立場相符，惟事體頗關重大，鈞意以爲可行否？請電飭遵，示應付方針爲禱。

華、珩。⑫

由此函電可知日本特務機關對於民間社會團體組織，仍然特別重視並予以掌握，要汪僞政權與日方合作，共同進行成立類似東亞聯盟協會之組織。

四、民國二十八年十二月二十一日汪精衛自上海致電函其妻陳璧君，該函電內容摘要如下：

招來函悉：㈠妹欲赴渝勸蔣，眞乃與虎謀皮，萬不可行且萬不可更爲一人言之。㈡已遣始探顧，如何再覆，顧（指顧孟餘）於仲鳴死，無一言之弔唁，其心已死，不必再注意其人矣。㈢廣州日方，前來電亦云，道原身上密碼被檢，盼勿再用此碼，乃事隔月餘，昨始來電云密碼外，最低條件誓約軍隊來歸辦法，廣東政委會協定亦全部被檢，憤急已極，是否港府已將此事公布，請告省港同志，如受日方埋怨，勿與強辯，此事由道源疏忽，我等自應受其埋怨也。明。⑬

由上述函電可知，汪叛離重慶國民政府後，其妻陳璧君有意赴重慶勸蔣中正先生放過汪精衛，此一行動被汪勸阻，汪要陳璧君萬萬不可並要提防顧孟餘等，尤其要注意密碼已被重慶特工檢查出來，希望不要再使用。

五、民國二十八年十二月二十四日汪精衛致電函陳璧君，該函電內容爲：

蔣嚴令戴笠動作，數日來亂殺人，盼妹等嚴防勿出門，勿見客，因出門彼必以汽車相撞，見客尤不可測至要。明。⑭

上述函電顯示汪被通緝後，到處躲避重慶特工的追殺，要其妻陳璧君提高警覺。

六、民國二十九年七月二十一、二十四日陳耀祖致電函汪精衛，該函電內容爲：

汪院長鈞鑒：中山現狀係由呂春榮主軍事區，大慶任縣長頃與日方特務機關長談，據謂中山縣事擬分先後解決，呂春榮成績不良，惟念其前有微勞，擬請由中央先行調京，予以軍事參議或其他閒職……中央以爲可行，乞先電知即由日軍部通知呂春榮遵照等語，應如何辦理乞電示遵。職耀祖。⑮

上述函電顯示汪僞廣東省政府要調動軍政人事，必須先知會日本特務機關，徵求其同意。

七、民國二十九年七月三十一日、八月一日李謳一致電函汪精衛，該函電內容爲：

密先生鈞鑒：粵省軍事機關改向對方特務機關連絡，定八月五日開軍事懇談會，職要出席未能離粵，而軍校亦在眞日開課，赴京之期，俟摒擋就緒，再行請示。謳叩⑯

上述函電亦顯廣東省軍事機關仍處處受制於日本特務機關，事事皆要先向其請示。

八、民國二十九年四月十四日汪精衛自南京致電函陳璧君，該函電內容爲：

因風下午五時始到京，記得去年八月我由粵回滬後，港反動緊張，次高遂遇難，此次妹萬勿即赴港，其他同志能不赴港最好，萬不得已，必須格外審愼至要。銘。⑰

上述函電顯示汪表示在民國二十八年八月，渠由廣東回上海後，重慶國民政府緝拿之聲浪高漲，因此有同志名次高者遂遇害，故要其妻特別小心提防，不要赴香港爲要。

九、民國三十年一月四、五日陳耀祖致電函給陳璧君，該函電內容爲：

密菊鈞鑒：今晨在西關何國義部下，情報處長陳某被刺中三鎗，仍可追匪，據報獲一人。華。⑱

上述函電中，何國義爲特工總部華南區副區長，陳耀祖向陳璧君報告何氏部下陳某被刺情形。

十、民國三十年二月十九、二十日陳耀祖致電函汪精衛、李士群，該函電內容爲：

汪主席鈞鑒：並請轉李部長士群兄勛鑒：密耀於本月四日赴潮汕觀察，十三日回省，於十五日與矢崎機關長談話，據謂得報，何國義副處（區）長於三日晚上，親率人員往東亞銀行啓開保險箱，取去紙幣及貴重首飾各值一百萬元，並將其中舊毫券焚燬，問得知否？並謂此事關係重大，省府如何處理？耀答：因赴汕甫歸，昨始得報，但未查實情，希望貴方詳查見告，以資參考辦理後，即詢問何副處(區)長，據稱：因得報該銀行藏有槍械經與日本憲兵聯絡並會同便裝憲兵二人，同往檢查，復有西憲兵隊部派憲兵二人在場巡視，當時確開保險箱百餘個，檢出手槍四枝及港紙大洋毫券等現款連同約值七百元之首飾，共值三萬元，除現款及首飾共值一萬元，已充賞線人及工作人員外，尚餘現款貳萬元及手槍仍存撥歸特工之用。至當時所檢出不通用之毫券，經即放還箱內，此事翌日即往特務機關報告經過情形各等語，本日矢崎機關長派人來府云：軍司令部以此事與治安紀律關係重大，憲兵方面決由軍部軍事裁判，希望中國將何國義處分撤職，如我方不將其撤職，軍部對憲兵亦決處辦，惟軍部對於治安，此後則難以負責協助矣等語，事關華南特工所行之事，自應電呈核辦並請示復爲禱。陳耀祖巧。⑲

上述函電顯示日本特務機關長矢崎向陳耀祖密告汪僞特工華南區副區長何國義涉及不法之情事，要中國方面（汪僞），將何氏撤職查辦。就此事件，汪精衛的侄子汪屺，他也是華南區特工負責人之一，亦於民國三十年二月十九、二十日致電函汪精衛，向汪請示如何處理，該函電內容爲：

密汪主席鈞鑒：並請陳秘書長春圃兄密轉李主任士群勛鑒：據何副區長國義於本月三日報告，廣州東亞銀行倉庫內貯有大批槍械及現款百餘萬元，已與當地憲兵方面聯絡妥善，擬協同開倉取出，除充賞外，半數交憲兵方面，半數撥充特工經費等語，旋於四日報告，在三日晚偕同憲兵二人到該處開倉取得短槍四枝，鈔票及首飾約值軍票三萬元，除充賞外，尚存軍票約二萬元，作特工經費等語，十五日陳主席由汕回省後，與矢崎特務機關長見面，矢崎提出詢問，謂三日晚何副區長在東亞銀行取出廣州市庫券約百萬元，全數燒燬，取去其他鈔票飾物等項，亦値一百萬元左右，是否屬實，並云何國義爲中央高級官吏作此等事，應予免職處分等語，據聞陳主席已另電汪主席及鈞座請示辦理，此事究應如何辦理之處，仍候電令祇遵。職汪屺叩巧。⑳

從上述函電顯示汪屺致汪和陳耀祖致汪之函電內容有所差異，亦即日方矢崎特務機關長與何國義之報告內容並不相符，例如查扣金額數目，差距太大，雙方互有說詞，莫衷一是，只是尚未有資料顯示後來汪精衛是如何處理此事？唯一可以肯定的是汪僞特工與日本特務機關明爭暗鬥，互相傾軋，爭功諉過，複雜與激烈之程度，可以想見一斑，所謂一葉知秋，正是日僞與汪僞日漸走向敗亡的寫照。

肆　結　論

總之，汪僞特務工作和日軍特務工作是分不開的，如「梅」、「蘭」、「松」、「竹」四個機關，其中「蘭」以廣東、廣西爲主要工作對象，「梅」機關的頭目是影佐禎昭，從汪僞對廣東特工運作的函電史料，可以看出汪精衛仍處處受制於日本的玩弄與控制，根本毫無自主權可言並隨時被日軍予以制約與監視而汪僞與日方的特工又內鬥不已，爭功諉過，貪污腐化，最終逐步走向敗亡的道路。

註釋：

❶ 影佐禎昭：〈對汪政府特務工作的協助〉，黃美眞、張雲編，《汪精衛國民政府成立》，（上海：人民出版社出版，一九八四年四月第一版），頁二九七。

❷ 夏仲明：〈汪僞特務組織概況〉（節錄），黃美眞、張雲編，《汪精衛國民政府成立》，（上海：人民出版社出版，一九八四年四月第一版），頁二八四。

❸ 同前❷，頁二八五。

❹ 同前❷，頁二八六。

❺ 同前❷，頁二八七。

❻ 同前❷，頁二八八。

❼ 同前❷，頁二八九。

❽ 同前❷，頁二九〇。

❾ 同前❷，《汪精衛國民政府成立》，頁二七六。

❿ 〈汪精衛致陳璧君、陳耀祖函電〉（民國二十九年二月五、六日），《汪僞資料檔案》，法務部調查局資料室藏，鋼筆原件影本。

⓫ 〈李謳一致汪精衛函電〉（民國二十九年六月十四、十八日），《汪僞資料檔案》，法務部調查局資料室藏，鋼筆原件影本。

⓬ 〈陳耀祖、林汝珩致汪精衛函電〉（民國二十九年七月二十三、二十五日），《汪僞資料檔案》，法務部調查局資料室藏，鋼筆原件影本。

⓭ 〈汪精衛致陳璧君函電〉（民國二十八年十二月二十一日），《汪僞資料檔案》，法務部調查局資料室藏，鋼筆原件影本。

⑭〈汪精衛致陳璧君函電〉（民國二十八年十二月二十四日），《汪偽資料檔案》，法務部調查局資料室藏，鋼筆原件影本。

⑮〈陳耀祖致汪精衛函電〉（民國二十九年七月二十一日、二十四日），《汪偽資料檔案》，法務部調查局資料室藏，鋼筆原件影本。

⑯〈李謳一致汪精衛函電〉（民國二十九年七月三十一日、八月一日），《汪偽資料檔案》，法務部調查局資料室藏，鋼筆原件影本。

⑰〈汪精衛致陳璧君函電〉（民國二十九年四月十四日），《汪偽資料檔案》，法務部調查局資料室藏，鋼筆原件影本。

⑱〈陳耀祖致陳璧君函電〉（民國三十年一月四、五日），《汪偽資料檔案》，法務部調查局資料室藏，鋼筆原件影本。

⑲〈陳耀祖致汪精衛、李士群函電〉（民國三十年二月十九、二十日），《汪偽資料檔案》，法務部調查局資料室藏，鋼筆原件影本。

⑳〈汪屺致汪精衛函電〉（民國三十年二月十九、二十日），《汪偽資料檔案》，法務部調查局資料室藏，鋼筆原件影本。

第　　頁

廣州黃先生轉漢之也此間已與對方約定[illegible]設任廣州之要職

遴公為廣東省主席公然以為我當信之故此事宜

慢慢商量且以鎮秉鈞與廣州館省府轉選以為事由我一電

妹由妹轉廣州接頭也盼兩人妹正趕赴滬

行之際我當請妹來滬妹或不快但請備先固有必要

明(九)發屢向對方轉來黃賢文電甚切明 [illegible]（十三）

卅年五月一日十八時　分發於

備註

引自《汪偽檔案》

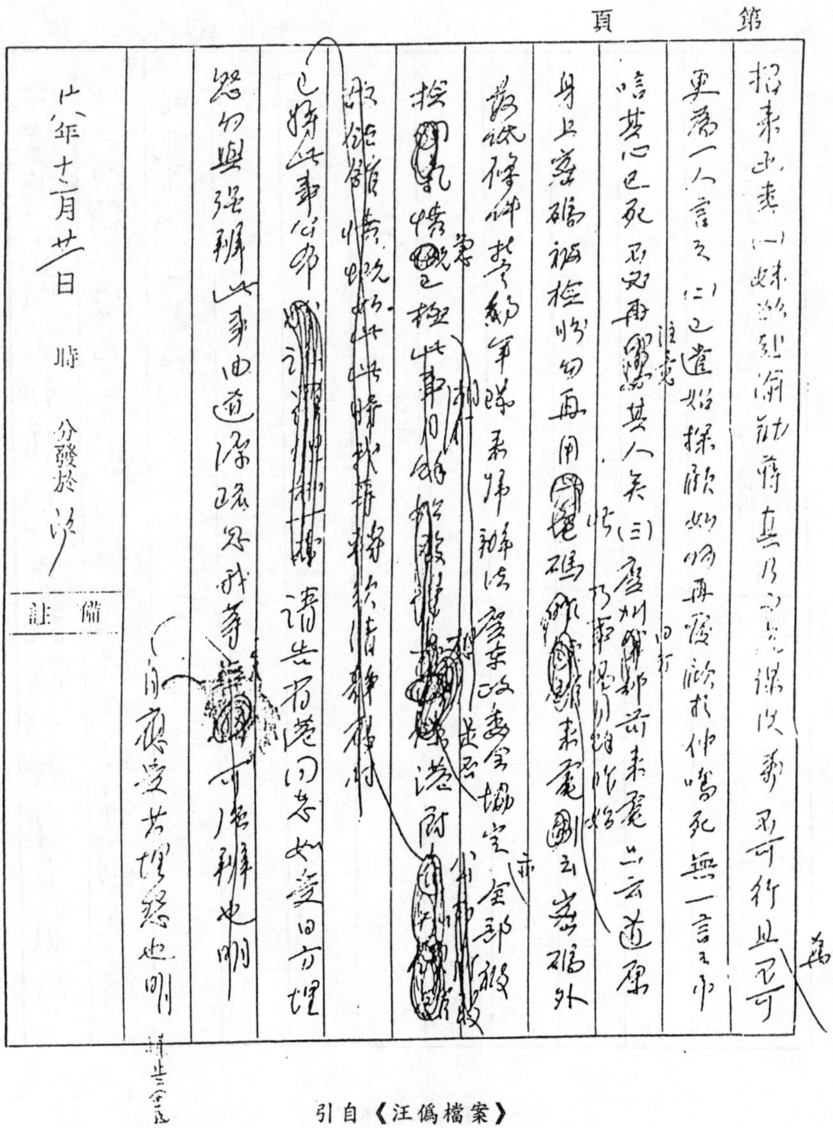

引自《汪僞檔案》

第　　頁

蔣嚴令戴笠動作，數日來亂殺人，盼諸兄嚴防，
以後少出門，勿見客，出門彼此以汽車相接，勿見客，
大局可慮，至要至要。兆銘

廿八年十二月廿日十三時卅分發於

備註

引自《汪偽檔案》

第　頁

汪院長鈞鑒中山現狀係由呂春榮主軍事區大慶
任縣長頃與日方特務機關長談據謂中山縣事擬
分先後解決呂春榮成績不良惟念其前有微勞擬
請由中央先行調京予以軍事參議或其他閒職其
部隊改編為省保安隊至區大慶〇中山〇頗知愛
護人民希望暫予維持由省府加以委任稍俟時機
再由省府物色替人〇中央以為可行乞先電知即
由日軍部通知呂春榮遵照等語應如何辦理乞電
示遵職耀祖

廣州來電卅年七月廿日下午六時〇分發
廿四日上午十一時五分譯
備註

引自《汪僞檔案》

第　頁

崟先生鈞鑒粵省軍事機關改向對方特務機關連絡定八月五日開軍事懇談會職要出席未能離粵而軍校亦在真日開課赴京之期俟擇檔就緒再行請示謳叩

廣州來電 九年八月一日上午十一時卅分（旁註：七　廿　下　三）

發譯

備註

引自《汪偽檔案》

寵惠須得羣電云

第　頁

密照蘭尊鑒昨杜月笙對某君言蘭妹將歸此行諒
敦羣此上是蘭妹南歸消息已洩請即改行期弟臆
測內部尚有人通消息者并請注意羣陳字夜號等
語[illegible]如並港方有[illegible]該即改行期我們羣[illegible]廣州
一同來此在港諸人妹於晤了若可擬了至廣州不
如妹赴港將[illegible]集來也羣[illegible]港又[illegible]武衛何[illegible]
以此月餘之[illegible]納此忠言幸甚明

港來電 九年二月五日十三時廿二分 發
六日[illegible]時廿[illegible]分 譯
備註

引自《汪偽檔案》

第　　　頁

廣州

周風下午五時將到京記得去年八月我由粵回滬後港又新聞漏洩高速照雖此次兼勇切勿赴港若使同志誤不到港最好兼程而行已必須格外審慎至要謹

廿九年五月十四日　時　分發於京

備註

引自《汪偽檔案》

第　　頁

森菊鈞鑒：今晨在西關付國義部下情報處長陳某

被刺中三鎗，仍可追匪，據報獲一人。華

廣州來電三十年一月四日下午七時五十五分

發　備

譯　註　楊

引自《汪偽檔案》

第 1 頁

汪主席鈞鑒并請轉李部長士群兄勛鑒竊耀於本
月四日赴潮汕視察十三日回有於十五日與矢崎
機關長談話據謂得報何國義副處長於三月晚上
親率人員往東亞銀行啓開保險箱取去紙幣及貴
重首飾名值一百萬元并將其中舊毫券焚燬聞得
知并謂此事關係重大有府如何處理擬答因赴
汕甫歸昨始得報但未查實情希望貴方詳查見告
以資參考辦理後即詢問何副處長據稱因得報該
銀行藏有槍械經與日本憲兵聯絡並會同便裝憲
兵二人同往檢查復有西憲兵隊部派憲兵二人在

來電 年 月 日 午 時 分
發 備
譯 註

引自《汪僞檔案》

第 2 頁

場巡視當時確開保險箱百餘個檢出手槍四枝及港紙大洋毫券等現款連同約值七百元之首飾共值三萬元除現款及首飾共值一萬元已交賞線人及工作人員外尚餘現款弍萬元及手槍仍存撥歸特工之用至當時所檢出不通用之毫券經即放還箱內此事翌日即往特務機關報告經過情形各等語本日矢崎機關長派人來府云軍司令部以此事與治安紀律關係重大憲兵方面決由軍部軍事裁判希望中國將何國毅處分撤職如我方不將其撤職軍部對憲兵方決意辦理軍部對於治安此後則

來電 年 月 日 午 時 分

發譯

備註

引自《汪僞檔案》

第 7 頁

難以負責協助吳等從事向華南特工所行之事自

應電呈核辦并請示復為禱陳耀祖巧

廣州來電三十年二月十九日上午十一時廿分

發備

譯註

引自《汪偽檔案》

第 1 頁

密汪主席鈞鑒祈請陳秘書長春圃兄密轉李主任
士群勛鑒據何副區長國義於本月三日報告廣州
東亞銀行倉庫內貯有大批槍械及現款百餘萬元
已與當地憲兵方面聯絡妥善擬協同開倉取出除
充實外半數交憲兵方面半數撥充特工經費等語
旋於四日報告在三日晚偕同憲兵二人到該處開
倉取得短槍四枝鈔票及首飾約值較（軍？）票三萬元除
充實外尚存軍票約二萬元作特工經費等語十五
日陳主席由汕回省後與矢崎特務機關長見面矢
崎提出詢問謂三日晚何副區長在東亞銀行取出

來電　年　月　日　午　時　分

發　備

譯　註

無字

引自《汪偽檔案》

第 2 頁

廣州市庫存約百萬元全數燒燬取去其他鈔票飾
物等項亦值一百萬元左右是否屬實并云何國義
為中央高級官吏作此等事應予免職並分等證據
聞陳主席已另電汪主席及鈞座請示辦理此事究
應如何辦理之處仍候電令祇遵職汪屺叩巧

廣州來電三十年二月十九日上午十一時廿分發
二十日下午八時分譯
備註

引自《汪偽檔案》

第　頁

審明公鈞鑒東區行政督察專員原為適應當時環境而設乃陳光烈受任專員以來不顧功令日方軍部特務機關及當地部隊鑑其營私劣跡希望將其免職另候任用至本專員公署日方並贊成裁撤但因東區一時環境宜徐圖改革擬俟三數月後實行在此過渡時期繼任人選頗難物色日方提出請由耀祖兼任耀亦以為暫兼便於整頓決於兩三月後便行裁撤如以為當敬請提會發表名義以利進行為禱耀祖

廣州來電三十年二月廿八日下午五時卅分

譯發

備註

崇字

引自《汪偽檔案》

第　　頁

明公鈞鑒頃據矢崎特務機關長稱日本有東亞聯盟協會之組織該會會長木村不日來粵甚盼此亦成立類同之組織以促進東亞百年大計并稱(一)粵方組織與北平繆斌之中國東亞聯盟會無關係(二)在粵成立協會後將來可在安南暹邏緬甸等處設支會(三)粵方組織之名稱及內容均聽我方酌定云對方對此組織甚為重視如我方無人進行頗恐為彭東原或其他黨外份子所利用百年大計之宗旨亦與吾人立場相符惟事体頗關重大鈞意以為可行否請電飭遵○示應付方針為禱華珩

廣州來電廿九年七月廿二日下午二時二十分

廿三日六時四十分

發　備

譯　註

引自《汪偽檔案》

第　頁

密明鈞鑒頃軍官學校及彭旅均接特務機關函派
連絡官一事謳隨以連絡官任務請問佐藤據稱連
絡官係屬事務上之質至關於政務仍由渠負責並等 徒洽
語事關大體如何應付乞示遵謳叩

廣州來電 廿九年七月十六日下午五時五分
發
譯
註
備
陪

引自《汪僞檔案》

第三節　汪偽集團與廣東軍事訓練學校之關係

壹　前　言

汪偽政府成立後，接收了偽維新政府的綏靖軍官學校，在此基礎上於勵志社原址開辦了一所「中央陸軍學校」，汪精衛自兼校長，並設校務委員會，由何炳賢任秘書長（實際由他代行校長職權），以劉啓雄（黃埔二期生）爲教育長，鮑文霈爲總隊長（黃埔六期生），辦過二期，質量並不理想。汪精衛的第二個兒子汪文悌，就是第二期畢業。畢業後派到廣東去當營長。❶

汪精衛模仿蔣中正方式，在南京光華門辦了一個將校訓練團，汪自兼團長，由郝鵬舉任教育長。目的是使高級將領都成爲自己的門生。本文擬從函電史料觀汪在抗戰時期對廣東省軍事訓練學校的運作，作一梗概性探討。

貳　汪精衛培養軍官與收編偽軍概況

汪精衛以建軍爲號召，仿照蔣中正的軍事體制，設立偽中央陸軍軍官學校，自兼校長，並以陳公博、周佛海、楊揆一、葉蓬、鮑文樾、何炳賢、蕭叔萱等爲校務委員，何炳賢兼秘書長，劉啓雄爲教育長，鮑文霈爲總隊長。招收高中畢業或有同等程度的人入伍受訓，三年畢業。民國三十二年（一九四三）冬第一期已告結業，同時招考第二期學生入伍。但第一期學生畢業時汪精衛已病死❷，雖按規定分發至「部隊」當下級軍官，可是事實上沒有完全做到。以廣東為例，其時第一期畢業的粵籍學生二、三十人全數被派回廣東，指盼要分別任用，但半年後，陳春圃回廣東當偽省長兼綏靖主任時，他們還只有一個空頭的服務員名義，得不到班、排等下層軍官之實職安排。廣東尚且如此，其他各省很可能大同小異。❸

汪精衛辦理偽軍校，一切以蔣中正為藍圖，因此汪的軍校不過為蔣軍校的翻版。但汪精衛為栽培一批旨在為他效死力的「高足」，所花的心血並不少。例如，每隔一個星期一的早上，他輪流在「軍校」和「中央將校訓練團」紀念週作報告，無論寒暑，從不間斷，可是效果幾等於零。例如，在偽中央將校訓練團的學員中，將官班受訓的學員為師長、旅長級。照規定在受訓期間要住團，可是實際上多數在中山路中央飯店開長期房間，一到晚上就把受訓的師旅長們送回飯店憩息，翌晨又用小汽車送回團裡。如此短期的集體生活也吃不消，還談什麼訓練，所以上下欺騙，文過飾非，只求混過調訓時間，陳春圃在民國三十三年（一九四四）五月起以偽廣州綏靖主任例兼偽中央將校訓練團廣州分團主任期內，也學汪精衛的辦法，每星期一早上差不多總自作報告，可有什麼效果呢？平日的學期、生活等從未予以檢查，掌握思想更談不到，一週講一次話等於虛應故事，結業時送給每個學員一幀親筆署名的照片，以此籠絡羈縻。❹

汪偽中央不僅有偽中央軍校和偽中央將校訓練團，還有偽財政部辦的中央稅警學校，偽警政部辦的中央警官學校，偽海軍部辦的中央海軍學校（設在上海），偽航空總署辦的中央航空學校（設在鎮江），僞特工總部辦的中央政治保衛學校（設在杭州蕙蘭中學），僞宣傳部辦的中央宣傳講習所，僞青少年團總團辦的中央青年幹部學校，等等，其情況各有不同。❺

在廣州，有「和平軍」在汪僞廣東地方政權成立時由日方撥歸汪僞改編事例。就是以李輔群爲「司令」的禺南自衛隊。該隊只有三千人，但全是綠林出身，談不上訓練與紀律。其被改編爲僞陸軍第二十師第四十旅時，李輔群任副師長，後來又恢復李禺南護沙自衛總隊總隊長的名義。❻

參　從函電史料觀汪精衛對廣東軍事訓練學校的運作梗概

一、民國二十八年十二月九日十四時汪精衛自上海致電函陳璧君，該函電內容爲：

本日中央陸軍軍官訓練團，行開學禮，各教職員及各學員、帽章用「和平反共建國」金色篆字，門前懸「和平反共建國」黃地黑字之標語，旗堂上懸總理遺像及黨旗，唱黨歌，由我（指汪精衛）主席説明國旗、帽章等候中政會議議決遵行，目前暫用和平反共建國標語，各人均精神振奮並無頹喪，因我等並未用五色旗，而等候中政會議議決遵行亦並無不合理之處也。我意廣州亦可照此辦法，陸領軍隊將青天白日滿地紅旗暫時捲起而將和平反共建國黃地黑字之標語旗打開，亦是一辦法。明。❼

上述函電顯示汪控制下的廣東軍隊，無論建軍或訓練，汪主張將迎合日本軍方，以和平反共建國黃地黑字之旗幟取代青天白日滿地紅國旗。

二、民國二十九年二月四日陳耀祖致電函陳公博，該函電內容如下：

群兄鑒：迭電計達，明覆廣州分校政訓事務，關係重要，胡澤吾同志不能赴粵，擬請林汝珩同志擔任，林現在省，辦事努力，當能不負委託也，特達之查照爲荷。昭。❽

按林汝珩曾任汪僞政府廣東省教育廳長，陳耀祖向陳公博報告由林汝珩擔任協辦中央軍校廣州分校政訓事宜。

三、民國二十九年五月二十二日汪精衛致電函李謳一，該函電內容如下：

廣州李謳一兄鑒：本日軍委會議決廣州分校由教育長代行校長職務，以後上呈公事，不必用校長汪兆銘名義，惟對分校教職員學生及對外仍可以校長汪兆銘名義行之，請即查照辦理爲要。銘。❾

上述函電顯示汪精衛要中央軍校廣州分校校務由教育長代行，行文不必用汪之名義，但對分校教職員生及對外仍可以汪名義行之，汪事實上想完全掌握廣州分校的一切，非握有槍桿子不可。

四、民國二十九年六月十四、十八日李謳一致電函汪精衛，該函電內容爲：

密明鈞鑒：頃軍官學校及彭旅均接特務機關函派連絡官一事，謳隨以連絡官任務，請問佐藤據稱連絡官係屬事務性質至關於政務，仍由渠負責接洽等語，事關大體如何應付，乞示遵。謳叩。⑩

上述函電顯示日本特務機關要在汪僞的軍校中或軍隊中派連絡官，最主要的目的是要監控軍隊的一舉一動。

五、民國三十年五月二十七日李謳一致電函汪精衛，該函電內容爲：

密明、崖鈞鑒：華返鈞諭敬悉。㈠駐粵部隊薪餉加七辦公費，尚無請求增加之意。㈡彭旅已飭準備候命調京，但近來訓練較前頗有進步。㈢軍校學生隊、政訓隊、憲兵隊，均提前於七月結業，軍官隊因入校未久，縱力提早亦須選（在）八月內方能全部結束。㈣軍校結束後，應否利用校舍器材改辦短期訓練之軍士教導隊，乞示。㈤曹、李兩部已改編，今後自當努力省促以副厚期。㈥聞夫人（指陳璧君）福體偶感微恙，甚念。㈦省府護沙隊，因出防在即，已權將修械所製成之七九新槍四百枝，子彈四萬發，先行撥用，並聞。謳叩感。⑪

上述函電顯示李謳一向汪報告廣州分校概況，其中談到軍校放假或結訓時，是否利用校舍器材改辦短期訓練軍士教導隊，同時也顯示汪之太太陳璧君，身體違和，李謳一順便請安問候，最後也報告爲了廣東省護沙隊急需，暫時先撥用槍枝彈藥事宜。

六、民國三十年五月二十九日李謳一致電函汪精衛，該函電內容爲：

明鈞鑒：儉電敬悉，軍校開辦以來，慘淡經營，逐漸完備且素爲社會注目，亦爲軍事中心，此時結束頗覺可惜，此職所顧慮者也，若純因經費困難，似可由中央核減該校每月最低經費額，飭令改編制，樽節開支，以免負擔增加，如認爲中央仍不能負擔時則依目下情形，粵省軍士，即班長人才極缺，似應在該校結束後仍發給駐粵辦公處教習費二、三萬元，以便設置「軍士教導隊」訓練軍士，謹陳管見以供採納，當否仍乞鈞裁，又前請示關於彭旅與護沙隊交換槍械之電，久未奉覆，甚念。謳叩儉。[12]

上述函電顯示李謳一向汪建議，設置「軍士教導隊」培養訓練軍中基層幹部，如班長人才，應列爲當急之務。爲了培訓班長人才，所需的經費，應寬列而不要刪除。

七、民國三十年五月三十日陳耀祖、汪宗準致電函汪精衛，該函電內容爲：

明，崖鈞鑒：兩電敬悉，承示收支可改用軍票，公務員及兵警生活立告解決，極感。

惟收支用法幣幾費交涉始獲實現，立予推翻亦覺可惜，擬照比率以國幣支付既維立權亦無礙員兵生活，準（汪宗準）甫自中順新視察返省，擬稍清理再遵電來京。華、準艷。⑬

上述函電顯示，在物價上漲與通貨膨脹之時，廣東省長陳耀祖及財政廳長汪宗準聯名向汪精衛致意穩定軍公教人員生活之措施，其中「兵警」「員兵」生活，應對軍人或警察人員而言。

八、民國二十九年十二月一、四日李謳一及駐粵辦公處全體官佐學生致電函汪精衛，該函電內容如下：

國民政府主席汪鈞鑒：欣聞鈞座就任主席，挽垂危之國運，蘇久困之民生，薄海群倫，喁喁向望共冀和平實現，解其倒懸，國步更新，民情擁戴，中華民族同慶復興。職李謳一謹率駐粵辦公處全體官佐士兵暨廣州軍分校全體官佐學生同叩。⑭

上述函電顯示當汪精衛任偽中華民國國民政府主席時，李謳一率廣州分校師生向汪致賀。

肆　結論

總之；汪偽政府於民國三十一年一月，以「中央陸軍軍官學校」一部份畢業生爲骨幹，在南京成立「警衛師」，由李謳一兼任師長，其武器裝備係向日本購買，可以說是汪偽政府新建的武裝部隊。據偽政府公布，迄民國三十二年底爲止，偽軍實力共達四十二個師、五個獨立旅及十二個獨立團；華北方面有十二個集團軍及八個獨立旅。[15]而據軍令部於民國三十二年七月所作的一項調查統計，屬於汪系偽軍，包括蘇浙皖、蘇淮、蘇豫、武漢、閩廣等地區，共約三十萬九千七百六十二人。[16]這次調查結果可信度如何，雖有待商榷，但從函電史料觀抗戰時期汪對廣州軍校組訓的運作，仍可作爲瞭解汪偽武裝部隊在廣東地區擴充情形的參考。

註釋：

❶ 黃美真編，《僞廷幽影錄—對汪僞政權的回憶記實》，頁六九（北京：中國文史出版社出版，一九九一年五月第一版）。

❷ 同前❶，頁一二〇—一二一，按汪精衛於民國三十三年十一月病死於日本。

❸ 同前❶，頁一二一。

❹ 同前❶，頁一二二。

❺ 同前❶，頁一二二。

❻ 同前❶，頁一二三。

❼ 〈汪精衛致陳璧君函電〉（民國二十八年十二月九日），《汪僞資料檔案》，法務部調查局資料室藏，鋼筆原件影本。

❽ 〈陳耀祖致陳公博函電〉（民國二十九年二月四日），《汪僞資料檔案》，法務部調查局資料室藏，毛筆原件影本。

❾ 〈汪精衛致李謳一函電〉（民國二十九年五月二十二日），《汪僞資料檔案》，法務部調查局資料室藏，毛筆原件影本。

❿ 〈李謳一致汪精衛函電〉（民國二十九年六月十四、十八日），《汪僞資料檔案》，法務部調查局資料室藏，鋼筆原件影本。

⓫ 〈李謳一致汪精衛函電〉（民國三十年五月二十七日），《汪僞資料檔案》，法務部調查局資料室藏，鋼筆原件影本。

⓬ 〈李謳一致汪精衛函電〉（民國三十年五月二十九日），《汪僞資料檔案》，法務部調查局資料室藏，鋼筆原件影本。

⑬〈陳耀祖、汪宗準致汪精衛函電〉（民國三十年五月三十日），《汪偽資料檔案》，法務部調查局資料室藏，鋼筆原件影本。

⑭〈李謳一暨駐粵辦公處全體官佐學生致汪精衛函電〉（民國二十九年十二月一、四日），《汪偽資料檔案》，法務部調查局資料室藏，鋼筆原件影本。

⑮余子道：〈汪偽軍事力量的發展和消亡〉，復旦大學歷史系中國現代史研究室編，《汪精衛漢奸政權的興亡—汪偽政權史研究論集》，（上海，復旦大學出版社，一九八七年七月第一次印刷），頁一六二。

⑯秦孝儀主編，《中華民國重要史料初編—對日抗戰時期：第六編，傀儡組織(四)》，（台北，中國國民黨中央委員會黨史委員會，民國七十年九月初版），頁一四四八—一四五一。

第　　頁

本日中央陸軍軍官訓練團行開學禮[illegible]

[illegible]

[illegible]山前[illegible]和平反共建國[illegible]

衛及黨旗唱黨歌由我主席說明國旗[illegible]

議決通行自前擬用和平反共建國標語[illegible]

[illegible]

我黨[illegible]

時提起和平反共建國[illegible]標語旗打倒[illegible]

是否[illegible]

[illegible]

廿八年十二月十九日十一時　分發於[illegible]

備註

引自《汪僞檔案》

第　　頁

屏以請速定計畫明設廣州分校政訓事務關係重要期除另同志外能慎選推請林汝珩同志担任林現在香港辦事努力當能不負委託也特達並盼即覆　兆銘

廿九年二月四日　時　分發於汪

備註

引自《汪偽檔案》

第　　頁

[illegible]

廣州市區一支黨部日議決廣州分校由
教育長代行校長職務以後正式公事
開[illegible]校長汪兆銘[illegible]名義[illegible]
分校教務時不必再用對外名義可以校長
汪兆銘[illegible]名義行之[illegible]即
[illegible]

廿九年三月廿日　時　分發於南京

備註

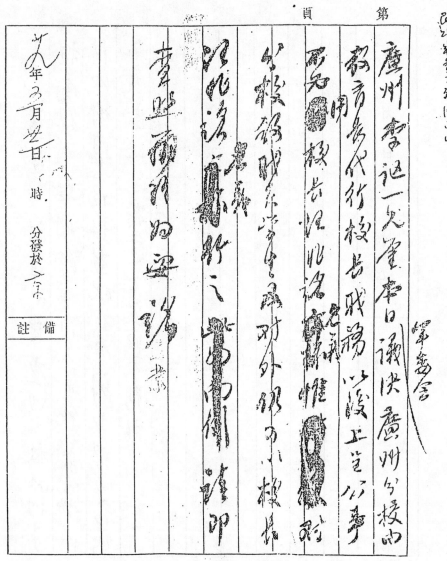

引自《汪偽檔案》

第　　頁

密明鈞鑒頃軍官學校及彭旅均接特務機關函派
連絡官一事謳隨以連絡官任務請問佐藤據稱連
絡官係屬事務性質至關於政務仍由渠負責接洽等
語事關大體如何應付乞示遵謳叩

廣州來電　廿九年七月十六日下午五時五分

發　譯

備　註

陪

引自《汪僞檔案》

第　　頁

密。明奎鈞鑒：華近鈞諭敬悉（一）駐粵部隊薪餉加七辦公費尚無請求增加之意（二）彭旅已飭準備候命調京但近來訓練較前頗有進步（三）軍校學生隊、政訓隊、憲兵隊均提前於七月結業軍官隊因入校未久繼力授早亦須遲八月內方能全部結束（四）軍校結束後擬即利用校舍器材改辦短期訓練之軍士教導隊乞示（五）曹李兩部已改編今後自當努力省促以副厚期（六）閑夫人福體偶感微恙甚念（七）南府護沙隊因出防在即已擬將修械所製成之七九新槍四百枝子彈四萬止先行撥用並聞。謹叩感

廣州來電 三十年 五月廿七日 下午十一時卅分

發　譯

備註

檔字

引自《汪偽檔案》

第　　頁

明鈞鑒儉電敬悉軍校開辦以來慘淡經營逐漸完備且素為社會注目亦為軍事中心比時結束頗覺可惜此職所顧慮者也若純因經費困難似可由中央核減該校每月最低經費額飭令改編制樽節開支以免負担增加如認為中央仍不能負擔時則依目下情形粵省軍士即班長人才極缺似應在該校結束後仍發給駐粵辦公處教習費二三萬元以便設置軍士教導隊訓練軍士謹陳管見以供採納當否仍乞鈞裁又前請示關於彭旅與護沙隊交換槍械之電久未奉覆甚念謳叩儉

廣州來電卅年五月廿九日下午五十時〇八分

發　備

譯　註

驚

引自《汪偽檔案》

第　　頁

明崖鈞鑒：冊電敬悉。承示收支可改用軍票，公務員及兵警生活亦告解決，極感。惟收支用法幣，幾費交涉始獲實現，立予推翻，亦覺可惜。擬照比率以國幣支付，既維立場，亦無礙員兵生活。準甫自中順新視察返省，擬稍清理，再遵電來京。華北鹽

[illegible]改用軍票一事

[illegible]

廣州來電　三十年五月廿日　午　時

發譯

備註

寫

引自《汪偽檔案》

第　頁

國民政府主席汪鈞鑒欣聞鈞座就任主席挽垂危之國運蘇久困之民生薄海羣倫咸喁喁向望共冀和平實現解其倒懸國步更新民情擁戴中華民族尚慶復興職李謳一謹率駐粵辦公處全體官佐士兵暨廣州軍分校全體官佐學生同叩

廣州來電 廿九年十二月一日下午八時十五分 發

四日 二十九十 譯

備註

引自《汪偽檔案》

第　　　頁

汕頭周市長鑒：承賀甚感，願共努力實現和平，施君靜鳴已再晤談。汪兆銘東

廿九年四月一日　時　分發於京

備註

引自《汪僞檔案》

第七章　抗戰時期汪精衛集團與廣東省關係(四)

第一節　汪偽集團與廣東高等教育問題之關係

壹　前言

教育是百年大計，中國歷經八年的抗日戰爭，各方面均受到極大的破壞，戰爭結束後國民政府進行復員工作特別艱鉅，教育部能排除萬難，在斷垣殘壁中進行復員工作誠屬不易，其復員成效，亦值得肯定。但由於主客觀因素的影響，致使全國大專院校無法按原計劃於民國三十五年九月完成復員上課的任務（有些學校於民國三十六年九月才復員完竣），亦沒有完成教育文化平衡發展的理想；另由於各校設備缺乏，許多地方不得不因陋就簡、教授聘請不易，又受困於生活的壓力，無法全心致力教學與研究的工作，提升高等教育素質的理想緩慢而無功；學生方面受遷校、復校之苦，加上生活的壓力，為校園動盪不安的導因，其對戰後中國的政局帶來負面的影響，值得深思。本文擬先從抗戰前後國民政府高等教育院校遷徙與復員的概況談起，進而就函電史料中探討汪精衛對廣東省高等院校的運作之梗概。

貳、戰時國民政府對大專院校遷校復校概況

中國在抗戰之前全國專科以上學校共一〇八所，計大學四十二、獨立學院三十四、專科學校三十二。民國二十六年七月七日，日本發動「七七事變」，戰事逐漸擴大，北平、上海首當其衝，由於該兩城市爲大專院校的集中地，戰事發生後，除少數教會學校及私立學校留在日本佔領區外，大部分學校進行遷移，其遷移方式爲：遷入上海租界或香港、原省區遷移、遷至大後方等。在遷徙中有些學校合併，如西南聯合大學及西北聯合大學，有些學校爲因應戰事的發展一遷再遷，有遷移七、八次之多者。以浙江大學爲例，民國二十六年十一月先從杭州遷往浙東建德，再遷江西吉安，再遷廣西，二十八年十一月，浙大所在地遭日本投擲一百多枚炸彈，損失慘重，遷至貴州遵義，後又遷到湄潭；三十年十二月太平洋戰爭爆發後，許多在上海租界及香港的學校又相繼遷往後方❶，原在貴州的浙江大學、大夏大學、交通大學、廣西大學、湘雅醫學院等亦在民國三十三年冬天之後被迫遷至重慶❷，中國的大後方遂變成大專院校的薈粹之地。

根據民國三十三年七月三十一日復員計畫綱要，有關教育文化的工作重點，第一項即規定對於內遷之各級國立私立學校、社會教育機關及爲收容戰區學生而設立的各級學校，斟酌各校的歷史及其性質，依實際需要分別予以調整、改組、遷移或恢復❸。又三十四年九月二十日至二十六日，教育部於南京召開的全國教育善後會議中再度的強調「爲謀全國教育文化

相當平衡發展起見，現有全國專科以上學校及研究機關之恢復遷移，似有重行調整之必要」❹。爲遷校事宜，三十五年二月教育部召開高等教育遷校會議，對於重慶附近各校遷移次序、員工數額、交通工具之分配進行規劃，當時遷移於大後方準備復員的六十所大專院校，員生約六萬餘人，連同眷屬總共約十萬人，行李、圖書儀器及其他設備，計約一千零二十餘萬公斤，遷回地點近者數百里，遠者數千里❺，遷移的交通問題成爲戰後國民政府的一大負擔。

交通方面首先面對的即是旅運費的籌措及交通工具的安排，就旅運費方面而言，教育部於三十五年度曾編列龐大的旅運費預算，如附表一，旅運費的編列係基於教職員生人數的多寡、旅途的長短、學校的性質等因素而定，如西南聯合大學爲平津區北大、清大、南開等三校所組成，學生人數居各校之冠，亟需搬運的儀器設備亦多，旅運費的編列自較其他學校爲高，西北聯合大學雖爲北平大學、北平師範大學、北洋工學院及河北女子師範學院等合併，但因教職員生人數及器材遠不如西南聯大，因此旅運費編列較少。從數據的表面言，旅運費的預算雖甚可觀，然由於物價於三十五年及三十六年間受通貨膨脹的影響而直線上揚，所編列的旅運費趕不上通貨膨脹的速度。以三十五年八月空運票價爲例，原重慶至北平十一萬元，漲爲二十八萬餘元，比原價多出倍半❻。汽車、火車、輪船票價亦不斷調漲，且在一票難求下，黃牛票爲一般原價的幾十倍。除教職員生的交通安排之外，後方學校的圖書、儀器、及其他設備的運輸亦頗費周章，由於各校情形不一，因此教育部令各校自行處理，以北大、南開、清大合組的西南聯大爲例，於三十四年八月二十三日決議設立聯合遷移委員會❼，三十五年六月十九日，由梅貽琦會同三校代表，與承運商裕和企業公司簽訂合同，限三個半月內運抵平津，這一批圖書儀器物品在八月底順利運到平津。但有些儀器因無法安排交通或運輸費用太貴，將之置於後方。

就交通工具的安排方面而言，教育部爲使戰後教育復員工作順利進行，按各校的交通狀況，規畫不同的交通工具及路線，如附表二。當時重慶的對外交通線不外空、水、陸三項，由於航空事業不發達，高等教育的復員仍以火車、汽車、輪船爲主。戰後中央主管復員交通者，空運方面，原由行政院核配，八月間移交中央、中國兩航空公司辦理；旋又改爲行政院復員運輸委員會第一組負責。中國航空公司有三架飛機，其中三分之一作爲軍事復員之用，黨政機關三分之二，中央航空公司有二架飛機，二分之一作爲軍事機關的復員，二分之一爲黨政機關，因此黨政機關每天可用之飛機三架，以每架飛機乘客二十五人計算，每天運送約七十五人。而且專科以上人員，最初僅限於各校少數籌備人員，後開放各校重要教職員申請，當時核准乘坐飛機者三千多人，實際上，自三十五年五月至八月，專科以上學校機關僅配得機位五百零五人，對高等教育復員工作的推行貢獻相當有限。

水運方面，初由船舶調配委員會配運，七月起改爲渝宜輪運聯合辦事處接辦。當時約有十六條船，每月可往返渝宜縣三次，可運出人員約九千多人，而亟待復員者包括黨政機關、軍事機關、學校機關等，每個機關待運的人員各約數萬人[8]，學校教職員生並未特別禮遇，往往需靠關係進行打點，才可順利成行，經教育部大力爭取，交通當局許以糧船上艙酌配舖位，教育部又在渝宜漢線上置聯絡站，安頓員生住宿及轉程，自三十五年五月至十月，共配得艙位，計專科以上學校機關一萬零四百二十四人，但因船員罷工，水運曾停止配運四十五日，影響到復員工作的進行。

陸運方面，則由公路總局調配，初均由中央黨政軍機關留渝聯合辦事處綜合處置，三十五年八月間「中聯處」撤銷，未盡事宜概交重慶行轅之復員運輸委員會接管，教部則指派負責人留渝，積極協助各校機關籌畫交通。川陜公路自五月起增加一百輛運輸車輛，鐵路方面雖遭破壞嚴重，但國民政府盡力搶修，以疏解復員的人潮，然因交通工具有限，在軍事優先情況下，調度困難在所難免。加以各方紛紛要求教育部協助，而教育部能運用的經費、人力又相當有限，各單位狀況百出，有許多非教育部所能控制，因此事先計劃幾無用武之地[9]。只好鼓勵各校自行設法，准學生隨家屬遷移，或儘量循西北、西南公路東歸。以北洋大學爲例，教育部准許北洋大學復校後，三十五年在英士大學就讀的泰順北洋工學院師生二百餘名，自溫州齊集上海，除少數乘客輪北上外，由泰順北洋工學院院長陳藎民率領乘空放北上的運煤貨輪經秦皇島和塘沽分抵天津。其他學校學生在各自返校時，由於路途遙遠，交通不便，常因川資不足，告貸求乞，甚有拍賣什物者，其艱辛自不待言。同濟大學花了一年多的時間才由昆明回到上海上課，南開大學的儀器至三十六年底始完全運抵天津[10]。朱家驊在南京對教育復員問題作檢討時談到：「教育復員工作目前雖已大體告成，然因時局之不安，致運輸迄未暢通，使復員之時間，稍有延長。」[11]

從以上而言，遷校時由於經費有限，加上交通運輸困難對高等教育復員工作的影響有三：

㈠使復員工作無法按教育部所定的目標於三十五年九月完成，有許多學校開學後，教職員生才陸續抵達。

(二)許多儀器設備不能與學校同時復員，收復區學校設備又無法即時補充，教學研究大受影響。

(三)由於復員速度過於緩慢，學生無心於後方區上課，又不能即時到收復區上課，影響課業甚鉅，而復員學生因旅途勞累，對政府復員措施不滿，導致心理上的急躁與不安，容易被蠱惑，此亦是戰後學運頻繁之因。

學校設備包括教室、校舍、圖書、儀器等，戰後高等教育設備明顯不足，其主因有二：一是抗戰期間遭破壞或被日本掠奪，二是戰後學校及學生數的增加。抗戰期間全國大專院校約可分為四類，一是遷移後方，而原地仍繼續招生上課者，如北平北京大學、國立北平藝術專科學校、南京中央大學、上海南洋大學等。二是遷移後方，該校在日本佔領區停辦者，如平津區的國立北洋大學、河北省立女子師範學院，上海地區之復旦、同濟、省立江蘇學院、江蘇省立蠶絲專科學校、山東齊魯大學、湖南湘雅醫學院等。三是未遷移仍繼續在原地區上課者，如私立燕京大學、私立輔仁大學、私立天津達仁學院、上海醫學院、雷士德工學院、上海音樂學院、德國醫學院、上海商學院等[12]。第四類為停辦，如山東大學、山東省立鄉村建設專科學校等校。

以上四類學校於抗戰期間遭破壞的程度不一，以二十七年八月的統計而言，如附表三，當時所有大專院校除教會學校外，幾乎均受到日本侵華戰事的波及，以上述四類作分析，第一類學校因事出倉促許多圖書儀器未及遷移，毀於日軍的轟炸，倖存者又因日本佔領後的刻意掠奪，使原有的圖書儀器損失殆盡，北京大學即為其例。第二類學校圖書設備損失更為嚴重，以天津北洋大學為例，七七事變天津淪陷後，北洋校園變成為日軍坦克兵營，破壞極為慘重，門窗地板被燒燬，未移走的圖書儀器全部失散⑬，另以天津的南開大學為例，七七事變發生，校舍被敵機轟炸，大部分遭破壞，民國三十五年五月，逐漸修復科學館、女生宿舍、實習工廠及教職員宿舍等三十餘所，但不能修復者亦不少，如秀明堂、木齋圖書館及男生宿舍等⑭，又如河北省立工學院，七七事變後該校被炸，設備蕩然，後該院又被日本作為陸軍醫院分院，改為華北野戰兵器廠天津分廠修理所，傢俱圖書儀器劫掠一空，南京地區各大學遭到破壞更為嚴重。勝利後逐漸修復圖書館、教室、宿舍、直至三十六年十月始正式開學⑮，此外如國立清華大學，校舍為日人所竊據，內部設備被掠取一空，建設亦遭破壞；北洋大學亦復如此⑯，上海復旦大學，原學生第一、二宿舍、女生宿舍、體育館及校外宿舍等建築物已完全被破壞⑰。交通大學校長李熙謀致教育部朱部長函時亦提到，「鑒及京滬杭教育機關被日寇蹂躪，損失甚重，即以交大而論，除校舍內部的損壞外，校具如課桌椅等及大件機器被洗劫一空。」⑱第三類學校如天津達仁學院及上海音樂學院、上海醫學院後又被迫遷至後方。學校為日軍所佔用，第四類學校有些被日本轟炸不堪使用⑲。有些如山東大學為日本軍隊所佔用。

戰事破壞的嚴重教育部長朱家驊亦深感無奈：「戰爭爆發以來，敵蹄所至，廬舍為墟；而尤以對學校之破壞為最烈，敵軍未至，即先之以轟炸；敵軍既至，對學校圖書儀器即加以破壞掠奪，殘破校舍又佔作軍用。以此，學校建築設備之損失，遂不可數計。」⑳

除戰事的破壞之外，戰後學校及學生明顯的增加亦為設備不足之因，抗戰前後的大學數及學生如下表：

時	間	大學學校數	學生數
戰前	二一年九月	一〇三	
	二三年九月	一一〇	
	二五年九月	一〇八	四一、九二二
抗戰	二七年九月	八一	三一、〇〇〇
	三二年九月	一三三	六五、〇〇〇
戰後	三四年九月	一四一	八三、〇〇〇
	三五年九月	一八六	一二八、〇〇〇
	三六年五月	一九三	一五五、〇〇〇

資料來源：杜佐周，〈戰後中國的大學教育〉，《教育雜誌》，第三十二卷第一號（民國三十六年七月一日），頁三一—三二。鍾健，《高等教育》，頁九五七—九六二。

戰後大專院校增加迅速之因素，除因戰事停招而復校者外，有：1.抗戰期間，為因應學生的遷移於後方設立者，如貴州大學；2.戰時合併，戰後獨立者，如西南聯大戰後恢復為清大、北大、南開；3.戰前原為一校，戰後分立辦理，如交通大學，分為交大、唐山工學院及北平鐵道管理學院。4.戰時附於他校，戰後恢復，如安徽大學，附於武漢大學。5.遷移後方學校復員後，在後方的學校另設新校，如光華大學復員後於成都另辦成華大學，西南聯大之師範學院，獨立為國立昆明師範學院。6.有原屬於敵偽所設，戰後改為公立學校，如台灣大學。7.戰後新辦的學校有國立長春大學、國立蘭州大學、私立東北中正大學、國立長白師範學院、國立獸醫學院等。不論是新設或獨立院校，學校數及學生人數的驟增，雖為復員工作的成就，但亦增加復員工作的困難。

不論是日本侵華期間所造成的設備不足，或戰後學生及學校人數驟增所帶來的不足，均是戰後高等教育復員所亟需解決的問題，教育部自抗戰以來相繼托美國圖書社、英國文化委員會代蒐購圖書，戰後更商請聯合國善後救濟總署同意撥美金四百萬元，補助專科以上學校添購設備，並將建訓費所餘二十餘萬美金分配給留置後方及國立師範學院，以充實設備之用。各校校長亦到英美等地募集書籍及儀器，北大方面在胡適努力下陸續購置及募集一些圖書運至中國，廣州大學在創辦人陳炳權的奔走下，得到美國波士頓、紐約、羅斯福等三十餘所大學應允給廣州大學免費入學之名額，並捐贈圖書八萬多冊，儀器一大批，又向美州華僑募得十二萬餘美金作為建舍之用[21]，但此募集的書籍、儀器對各校而言，實如杯水車薪。設備的嚴重缺乏，是戰後高等教育復員的一大障礙。

附表一　三十五年度各大學復員經費暨追加復員經費分配預算表

	預算數	分配數		追加後復員經費
		旅運費	修建費	
中央大學	2,918,000,000	718,000,000	2,200,000,000	6,597,160,000
中山大學	1,434,000,000	243,000,000	1,200,000,000	2,234,000,000
中正大學	809,300,000	109,300,000	700,000,000	1,009,300,000
英士大學	636,000,000	360,000,000	600,000,000	1,036,000,000
西南聯合大學	3,710,940,000	710,940,000	3,000,000,000	5,210,940,000
交通大學	998,350,000	198,350,000	800,000,000	1,448,350,000
暨南大學	885,720,000	135,720,000	700,000,000	1,785,720,000
西北大學	1,008,300,000	58,300,000	950,000,000	1,338,300,000
東北大學	644,440,000	144,440,000	500,000,000	794,440,000
武漢大學	1,030,770,000	130,770,000	900,000,000	2,430,770,000
廈門大學	668,630,000	68,630,000	600,000,000	818,630,000
浙江大學	1,677,390,000	377,390,000	1,300,000,000	3,277,390,000
廣西大學	855,160,000	55,160,000	800,000,000	1,155,160,000
湖南大學	930,580,000	230,580,000	700,000,000	1,080,580,000
河南大學	516,520,000	16,520,000	500,000,000	1,566,520,000
山西大學	325,120,000	25,120,000	300,000,000	375,120,000
同濟大學	1,825,570,000	325,570,000	1,500,000,000	2,185,590,000
復旦大學	1,137,480,000	237,480,000	900,000,000	1,387,480,000
山東大學	708,330,000	8,330,000	700,000,000	780,330,000
中正醫學院	304,680,000	34,680,000	270,000,000	334,680,000
上海醫學院	267,290,000	67,290,000	200,000,000	367,290,000
江蘇醫學院	268,910,000	68,910,000	200,000,000	341,500,000

	預算數	分配數		追加後復員經費
		旅運費	修建費	
西北醫學院	234,900,000	34,900,000	200,000,000	534,900,000
湘雅醫學院	506,260,000	26,260,000	480,000,000	596,260,000
西北工學院	457,804,000	57,800,000	400,000,000	1,131,384,000
師範學院	261,300,000	61,300,000	200,000,000	511,274,260
女子師範學院	94,856,540	94,856,540		276,726,540
西北師範學院	30,000,000	30,000,000		127,160,000
貴陽師範學院	112,500,000	12,500,000	100,000,000	6,709,660,000
桂林師範學院	260,750,000	60,750,000	200,000,000	260,750,000
湖北師範學院	231,000,000	31,000,000	200,000,000	281,000,000
社會教育學院	288,000,000	88,000,000	200,000,000	1,113,925,388
音樂院	404,380,000	54,380,000	350,000,000	874,380,000
上海音樂專校	77,770,000	27,770,000	50,000,000	127,770,000
藥學專科學校	127,040,000	27,040,000	100,000,000	474,360,000
中央技藝專科學校	26,500,000	26,500,000		26,500,000
戲劇專科學校	224,310,000	24,310,000	200,000,000	424,310,000
福建音樂專校	163,490,000	13,490,000	150,000,000	318,490,000
國術體育師範專科學校	127,610,000	27,610,000	100,000,000	157,610,000
體育師範學校	143,640,000	13,640,000	130,000,000	173,640,000
甘肅學院	20,000,000	20,000,000		20,000,000
黃河流域水利工程專科學校	204,690,000	4,690,000	200,000,000	204,690,000

資料來源：《國民政府教育部檔案》，南京第二歷史檔案館館藏檔案，五②／392-393。

附表二　內遷國立專科以上學校交通工具及路線

遷回地點	校院數	交通工具	出發地	備註
南京	三	輪船	重慶	中央大學、音樂院、牙醫學校
上海	三	輪船	重慶、南溪	交大、同濟大學、工學院
鎮江	一	汽車、輪船	璧山	社會教育學院
東海	一	汽車、輪船	北碚	復旦大學
南通	一	汽車、輪船	北碚	江蘇女學院
杭州	二	汽車、輪船	遵義、龍泉	浙大、藝術專校
溫州	一	汽車、輪船	雲和	英士大學
福州	一	輪船	永安	福建音樂專校
廈門	一	汽車	長汀	廈門大學
廣州	一	汽車、火車	東江	中山大學
桂林	一	汽車	榕江	廣西大學

遷回地點	校院數	交通工具	出發地	備註
潮安	一	輪船	進陽	暨南大學
柳州	一	汽車、火車	平越	廣西師範學院
北平	四	汽車、火車、輪船	昆明、江安	北大、清華、北平師範、北平藝術學校
天津	一	汽車、火車	泰順、西安	北洋大學
保定	一	火車、輪船	北碚	國術體育師學院
太原	一	汽車、輪船	宜川	山西大學
濟南	一	汽車、火車、輪船	白沙	女子師範
武昌	一	輪船	東山	武漢大學
長沙	二	輪船	重慶	湖南大學、湘雅醫學院
藍田	一	火車	溆浦	師範學院
南昌	二	汽車、輪船	富都、長汀	中正大學、中正醫學院
開封	一	火車		河南大學

遷回地點	校院數	交通工具	出發地	備註
洛陽	一	火車		黃河流域工程學校
西安	一	汽車	城固	西北大學
寶雞	一	汽車	城固	西北工學院
蘭州	二	汽車	南鄭、壁山	西北師範學院、甘肅學院
昆明	一	汽車	呈貢	雲南大學
瀋陽	一	汽車、火車	三台	東北大學
合計	四三			

資料來源：教育部編，《教育部復員計畫事別計畫》（教育部印，民國三十四年二月，單行）。

附表三　七七事變後中國大專院校的損失

校　　名	財產損失	校　　名	損產損失
中央大學	383,400	北平大學	1,922,317
北京大學	600,000	清華大學	6,050,000
師範大學	1,030,471	山東大學	3,611,663
中山大學	20,000	同濟大學	1,480,000
浙江大學	1,560,000	湖南大學	700,000
廈門大學	1,288,202	北洋工學院	300,000
體育專科學校	176,814	吳淞商船學校	290,700
醫藥專校	49,100	省立河南大學	1,600,000
河北省立工學院	800,000	河北女子師範學校	696,000
浙江省立醫學專校	300,000	山西省立醫學專校	500,000
江蘇省立教育學院	120,000	金陵大學	103,737
大夏大學	550,000	東吳大學	300,000
南開大學	3,750,000	復旦大學	160,000
光華大學	800,000	持志大學	511,100
上海法學院	510,000	正風文學院	100,000
北平國民學院	215,000	同德醫學院	160,000
上海法政學院	50,000	上海女子醫學院	34,651
無錫國學專修學校	26,000	新華藝術專校	110,000
上海美術專校	60,924	東亞體育專校	92,000

備註：1.本表以二十七年八月底爲止。2.單位爲法幣。
資料來源：彭明，＜中國現代史資料選輯＞，第五冊，下（北京：中國人民大學出版社，1989年），頁631-635。

參　汪僞廣東省高等教育概況（引自前揭書《廣東省政概況》第四編教育　頁一—十二）

吾國高等教育，向集中於沿海各重要都市，以是本省高等教育，近十餘年（指民國三十年左右）來亦有相當發展。事變以還，省內各級學校，無形停頓，學舍荒蕪，學子離散，本府成立，鑒於教育爲國家之命脈，學校爲植才之場所。欲謀教育之復興，亟須規復各級學校，省立廣東大學之刱設，實爲復興本省教育之一端，遂於二十九年夏季，飭由廣東教育廳長林汝珩擇定廣州市光孝路，原日國立法科學院爲校址，開始籌備，六月六日，接收校舍，進行辦理各種工作，首先設立文、法、理工、三學院、一面增建校舍，購置圖書儀器，聘請教授，一面利用暑假期間，舉辦夏令補習班，於八月八日，開始招生，九月四日至六日，舉行第一次新生入學試驗，前後取錄新生三百餘人，九月二十五日開學，十月五日上課，十二月呈奉教育部核准備案，三十年二月，復增設農學院，又爲發展職業教育起見，文、法、理工、農、各學院，更附設師範，計政、測繪、農業各專修班，負笈來學，實繁有徒，計全校各院及各專修班，共四百餘人，農學院附設之農業專修班，招生最早，故前學期已修業期滿，經告畢業者，計凡十八人，其餘各種設置，雖未告完備，然亦粗具規模，尚敷應用，今後仍應添置，期臻完善，本篇所舉，不過其犖犖大端而已。茲將省立廣東大學組織大綱附錄如左。

◎省立廣東大學組織大綱

第一章 總則

第一條 本大學定名爲省立廣東大學。

第二條 本大學根據中華民國教育宗旨及其實施方針，以研究高深學術養成專門人材爲宗旨。

第二章 編制

第三條 本大學分設文、法、理工、農、四學院，其所屬之各學系如左：

甲 文學院

一 中國語言文學系

二 教育學系

三 史學系

乙 法學院

一 法律學系

二 政治學系

三 經濟學系

丙　理工學院

一　土木工程學系

二　建築工程學系

三　化學工程學系

四　數理學系

丁　農學院

一　畜產學系

二　植產學系

俟相當時期，得增設其他學院學系及研究院研究所試驗所等。

第四條　本大學於必要時，得增設高中部

第五條　本大學各學院為便利學生實習及推廣學術之應用起見，得附設初中部，農場、林場、工廠、及其他相類之機關。

第三章　教職員

第六條　本大學設校長一人，綜理全校校務，由國民政府任命之。

第七條　本大學設秘書一人，承校長之命，處理全校行政事務，由校長聘任之。秘書設文牘員及事務員若干人，由秘書商承校長委任之，並設文書部，該部設主任一人，由校長聘任之，部員若干人，由主任商承校長委任之。

第八條　本大學設教務長一人，管理全校教務，由校長聘任之。教務處設教務員若干人，由教務長商承校長委任之，並分設註冊、出版、體育三部，各部設主任一人，由校長聘任之，設部員若干人，由各該部主任商承校長委任之。

第九條　本大學設事務長一人，掌理全校教務以外之一切事務，由校長聘任之。事務處設事務員若干人，由事務長商承校長委任之，並分設會計，庶務兩部及醫務室，各部設主任一人，由校長聘任之，設部員若干人，由各該部主任商承校長委任之。醫務室設校醫一人，由校長聘任之，設藥劑師及看護若干人，由校醫商承校長委任之。

第十條　本大學圖書館設主任一人，辦理全館一切事務，由校長聘任之，設館員若干人，由主任商承校長委任之。

第十一條　本大學各學院設院長一人，處理該院院務，由校長聘請教授兼任之。

第十二條　本大學各學系設系主任一人，處理該學系教務，由院長商承校長聘請教授兼任之。

第十三條　本大學各學院設教務員及事務員若干人由院長商承校長委任之。

第十四條　本大學設教授，副教授，專任講師，特約講師，兼任講師，及助教若干人，其聘任依左列規定之一行之。

一　由校長聘任。

二　由院務會議提出，經校長審查合格後聘任之。
三　臨時組織聘任委員會，由校長授權聘任之。

第十五條　本大學教授，副教授，專任講師，及特約講師之聘任期間爲一學年，兼任講師之聘任期間爲一學期。

第十六條　本大學助教，其任期除有特約或特別情形外，適用事務人員之規定。

第十七條　本大學教授，副教授，專任講師，助教，及其他職員，均爲專任職，非經校長特許，不得在校外兼任職務。

第四章　學　生

第十八條　凡具有左列資格之一者，得參加本大學入學考試。
一　凡公立或已立案之私立高級中學畢業者。
二　凡與高級中學同等程度之其他學校畢業者。
三　凡有與前二項之同等學力者。（取錄額不得超過百分之十）

第十九條　曾在教育部立案之公私立大學本科修業滿一年或二年，有相當證明文件者，得參加本大學二三年級生轉學考試。

第二十條　本大學各學院修業期限爲四年。

第二十一條　本大學各學院學生修滿規定年限及課程後，經畢業考試及格者，得稱本大學某學士。

第五章 課程及學分

第二十二條 本大學之課目，分爲左列四類：

一 各院系之必修課目。

二 各院系之選修課目。

三 各院系之實習工作。

四 國文、第一第二外國語。

第二十三條 各院系之必修課目，各生無自由選擇之權，各院系之選修課目，學生應依本校之規定及教師之指導選擇之，各院系之實習工作，至遲於第五學期開始行之。

第二十四條 前條所列課目，除有特別規定外，均定每課目每週授課一小時，授滿一學期者，作爲一學分。但國文，第一第二外國語，則定每週授課一小時，授滿一學期者，作爲半學分。至各院之實習工作，則定每週實習二小時或三小時，滿一學期者，作爲一學分。

第二十五條 各種課目講授完畢，聽講學生經考試及格，方取得該課目之學分。

第六章 成績之計算

第二十六條 各種課目考試成績不及六十分者，爲不及格，不及五十分者，在必修課目重修，在選修課目，願重修與否由該生自定。

第二十七條 考試成績不及格而在五十分以上者，准予補考，但以一次爲限。在一學年中倘有三種必修課目不及格時，須留級一年，倘有五種必修課目不及格時，著令退學。

第二十八條　凡學生於每一課目內缺席鐘點，在該課目規定鐘點五分之一以上者，不得參加該課目之考試，（惟有實習課目者，則定爲四分之一以上），但有特別情形，經教務會議議決，向校長爲變通之建議者，不在此限。

第七章　各種會議

㈠校務會議

第二十九條　校務會議，由校長，教務長，事務長，秘書，訓育主任委員，及各學院院長，圖書館主任，各學系主任，及教授所互選之代表組織之，以校長爲主席，於必要時，附中主任得列席。

第三十條　校務會議，於每學期始末各舉行常會一次，由主席召集之，遇必要時，得召集臨時會議。

第三十一條　校務會議，審議左列各事項：

一、規劃本校一切行政事宜之進行與改善。

二、各學院各學系之設立或廢止。

三、講座之設置，廢止或變更。

四、考查各學院之成績。

五、學生之畢業考試及學位之授與。
六、學術出版物之獎勵及刊行。
七、討論關於與國內外學術機關之聯絡辦法。
八、全校預算之審定。
九、籌議本校之建築及設備。
十、本大學附屬機關之設立或廢止。
十一、關於校長交議事項，及各院處館會部室等所提議或請求審議事項。
十二、審議關於全校各種重要事項。

第三十二條　校務會議議決事項，經校長核定後，交由主管部分執行之，但如認爲窒碍難行時，得提交下次校務會議覆議。

(二)教務會議

第三十三條　教務會議，由教務長，各學院院長，各學系主任，教授，及註冊出版體育三部主任組織之，以教務長爲主席。

第三十四條　教務會議，在每期始末各舉行常會一次，由主席召集之，遇必要時，得召集臨時會議。

第三十五條　教務會議，審議左列各事項：
一、關於學生入學及考試事項。
二、關於學生轉學，轉院，轉系，借讀，及獎勵懲罰事項。

三、關於各學院學生成績之考查事項。
四、關於各學院相關之課程及設備事項。
五、關於學術演講及出版事項。
六、關於各學系增廢之建設事項。
七、屬於教務方面各種章則之制定，廢止，及變更事項。
八、關於隸屬教務處各機關之廢止及變更事項。
九、關於教務方面各種重要事務之舉辦，變更，或停止事項。
十、關於校長交議事項。
十一、關於各學院教授提議事項。
十二、關於不專屬於一院之教務事項。

(三)院務會議

第三十六條　院務會議，由該院長，系主任，教授，講師，組織之，以院長爲主席。

第三十七條　院務會議，於每學期之始末舉行常會一次，由主席召集之，遇必要時，得召集臨時會議。

第三十八條　院務會議，審議左列各事項：
一、關於議定本學院之預算事項。
二、關於本學院之設備事項。
三、關於本學院學生之成績及畢業事項。

四、關於本學院之演講及出版事項。

五、關於本學院學生請求轉入他學院，或他學院學生轉入本學院事項。

六、關於校長，教務長，或校務會議，教務會議交議，及各學系系務會議提議，及請求審議事項。

七、關於本學院之其他一切進行事項。

(四)系務會議

第三十九條　系務會議，由各該學系主任教授講師組織之，以系主任爲主席。

第四十條　系務會議，於每學期之始末各舉行常會一次，由主席召集之，遇必要時，得召集臨時會議。

第四十一條　系務會議，審議左列各事項。

一、籌劃本學系教務上及學術之設備。

二、審議校長，教務長，院長，或校務會議，教務會議，及院務會議交議事項。

三、關於本學系之其他一切進行事項。

(五)事務會議

第四十二條　事務會議，由事務長，會計庶務兩部主任，及校醫組織之，以事務長爲主席。

第四十三條　事務會議，每月舉行一次，由主席召集之，遇必要時，得召集臨時會議。

第四十四條　事務會議，審議左列各事項：

一、全校預算及決算之編訂。

二、校舍建築及修理之規劃。
三、購置校具之考核。
四、事務處所屬各部室提交事件，及各部室聯絡進行事宜。
五、關於事務範圍之其他事項。

第八章　各種委員會

第四十五條　本大學爲輔助校長規劃校務之進行起見，得設左列各種委員會：
一、聘任委員會
二、招生委員會
三、訓育委員會
四、章則委員會
五、出版審查委員會
六、圖書委員會
七、獎學金委員會
八、學期考試委員會
九、畢業考試委員會
十、其他各種臨時委員會

第四十六條　前條各種委員會之委員，由校長於教職員中聘請兼任之。

第四十七條　各種委員會之職權及辦事細則，於集會之始，由各該委員會擬定，經本校章則委員會審議後，呈請校長核准之。

第九章　附　則

第四十八條　本大學各學院學則，各處院部室館會及各附屬機關之章程辦事細則，均另定之。

第四十九條　本大綱如有未盡事宜，得提交章則委員會修正之。

第五十條　本大綱由校長呈請廣東教育廳批准，轉呈教育部備案。

第五十一條　本大綱自公佈之日施行。

肆　從函電史料觀抗戰時期汪精衛對廣東省高等院校運作之梗概

一、民國二十九年六月二十二、二十三日陳璧君自香港致電函汪精衛，該函電內容為：

密明鑒：我愧對執信學校久矣，現決將學校遷回廣州，恢復民十六(年)前之執信，請兄招集京、滬執信校董，開校董會，將議決案用公函付我，全權辦理一切，如朱三嫂不敢遷回，則擬從新組織。菊。[22]

上述函電顯示汪妻陳璧君決定要將執信學校遷回廣州，要求汪精衛召集在南京、上海執信學校董事先生們，並要求全權委由陳璧君辦理一切事宜。事實上後來到民國三十一年汪陳爲了紀念曾仲鳴和沈崧，特別在廣州也設立了鳴崧學校，陳璧君任董事長，於民國三十一年九月一日舉行開學典禮，汪精衛爲該校寫了校歌，定了校訓。在該校開學典禮上，林柏生代表汪精衛致訓詞，陳璧君致答詞，大肆吹捧汪精衛，要學生們學習曾仲鳴、沈崧「爲和平運動獻身的精神」。勉勵學生們要有汪精衛所提倡的「好學、力行、知恥的精神」，做「敏智仁勇的完人」。[23]

二、民國二十九年六月二十五、二十六日陳耀祖致電函汪精衛，該函電內容如下：

密明鈞鑒：據珩稱廣東大學籌備事宜大致就緒，亟應早日組織校董會，董事宜以粵人任之，擬以陳君慧、石光瑛、鄺挺生、林汝珩並由公另選三人共七人爲董事，請公指定董事長並以林汝珩兼校長，是否可行，敬乞核示。華。[24]

上述函電顯示汪精衛在其所控制的廣東省，另成立一所大學，名爲「廣東大學」，組七人董事會，以廣東人爲班底，並聘廣東省教育廳長林汝珩爲廣東大學校長。

三、民國二十九年七月二十三、二十五日陳耀祖再致電函汪精衛，該函電內容爲：

明公鈞鑒：據珩稱廣東大學擬於九月開學，經得此間教育界人士贊助並擬定爲省辦，未知當否。華。[25]

從此函電可知，廣東大學籌備一切順利，於民國二十九年九月正式開學，而且獲得教育界人士贊助，定位在廣東省立層級，而非國立大學位階。

四、民國三十年七月二日周佛海致電函汪精衛，該函電內容爲：

汪主席鈞鑒：板垣後宮異動，確如鈞電所示，華南軍司令內定以現任教育總監部本部長村均繼任，謹聞。職周佛海叩冬。㉖

上述函電顯示日軍人事異動，涉及華南軍司令人事，以教育出身者出任，周佛海向汪精衛報告並確認此事。而汪在廣東設立學校亦脫離不了要受日方的監控，多少亦有關聯。

五、民國三十年七月二、三日陳耀祖致汪精衛函電，該函電內容爲：

明崖鈞鑒：昨日後宮軍司令官，請午膳，談話多關粵省政務，極融洽後談及廣東國立中山大學，後宮主張因廣東爲國父故鄉，中山大學紀念國父亟宜恢復，並比日本學生亦可來此求學，問華意見，當答中山大學爲國立大學，應請示中央決定，在華（指陳耀祖）私人意見，甚贊成。後宮謂：最近將來或到南京與明公會見時，當將此見陳述云，散席後，矢崎約華談話，據謂：後宮已內定調任南京總司令部總參謀長而板垣總參謀長調任朝鮮總司令官，廣東軍司令官則以南寧軍司令官金村繼任，一切命令仍未發展，請守秘密云。華。㉗

從上述函電可知國立中山大學在日軍侵佔廣東之前已遷校，而日方廣東軍司令官後宮向陳耀祖表示，為了紀念孫中山先生，主張恢復國立中山大學，而讓日本學生也可以來就讀，陳耀祖也甚表贊同，因此特地向汪精衛請示，附帶報告日方人事異動之情報，惟尚未見汪是否同意國立中山大學復校之相關史料。

伍　結　論

教育是國家的根本，八年抗戰期間，我國教育精神上的損失，較物質的損失為大，因此在各方關切下，國民政府積極於教育復員工作的進行，在復員過程中面臨如㈠遷校經費，㈡設備嚴重不足，㈢復員經費不足，㈣師資及學風低落，㈤學潮與經費，而在淪陷區裡如汪偽控制下的廣東省，一方面也有建校，復校的動作，茲因尚未有進一步的史料，可茲證明汪偽對廣東地區高等院校有何貢獻，只能從一、二函電史料探其梗概。

註釋：

❶ 吳俊升，〈戰時中國教育〉，見薛光前，《八年對日抗戰中之國民政府》（台北：台灣商務印書館，民國六十七年九月），頁一一三。

❷ 曾昭毅，〈國立貴州大學簡況〉，《貴州文史資料選輯》，第二十六輯（一九八七年十月）頁一，轉引自林桶法，〈戰後國民政府高等教育復原的困境〉，《抗戰勝利五十週年兩岸學術研討會論文》（台北，中央研究院，一九九五年九月一日—三日），頁四—一一。

❸ 中國國民黨中央黨史委員會，《中華民國重要史料初編—對日抗戰》，第七編，戰後中國(四)（台北：中國國民黨中央委員會黨史委員會編印，民國七十年九月初版），頁三六五。

❹ 朱家驊，〈全國教育善後會議及復員工作報告〉，頁四四，《朱家驊檔》編號，一〇六，轉引自林桶法：〈戰後國民政府高等教育復原的困境〉，頁四。

❺ 教育部編，《教育部復員計劃事別計劃》（教育部印，民國三十四年六月，單行。）

❻ 〈周炳琳致胡適書信〉，梁錫華選註，《胡適秘藏書信選》，下冊（台北：風雲時代出版公司，民國七十九年十一月），頁四九四。

❼ 楊正凱，〈西南聯大的研究〉（國立政治大學歷史研究所碩士論文，民國八十二年六月），頁一七二。

❽ 重慶《中央日報》，民國三十五年五月二十八日，轉引自林桶法：〈戰後國民政府高等教育復原的困境〉，頁六。

❾ 王鳳喈，〈戰後中國教育問題述要〉，《教育雜誌》，第三十二卷第二號（民國三十六年八月一日，頁六，轉引自林桶法，〈戰後國民政府高等教育復原的困境〉，頁七。

❿ 南開大學校史編寫組，《南開大學校史》（天津：南開大學，一九八九年十月），頁三三一。

⓫ 朱家驊，〈教育復員工作檢討〉，《教育部公報》，第十九卷第一期（民國三十六年一月），頁四。

⓬ 中共上海市委黨史資料徵集委員會，《解放戰爭時期上海學生運動史》（上海：上海翻譯出版公司，一九九一年六月），頁一二，轉引自林桶法，〈戰後國民政府高等教育復原的困境〉，頁八。

⓭ 史紹熙編，《北洋大學—天津大學校史》（天津：天津出版社，一九九〇年九月），頁三三二，轉引自林桶法，〈戰後國民政府高等教育復原的困境〉，頁九。

⓮ 教育部教育年鑑編寫組編，《第二次中國教育年鑑》，第二冊（商務印書館，民國三十七年二月），頁一三六—一三七。

⓯ 同前⓮，頁二一九—二二二。

⓰ 李書田，〈北洋大學五十年之回顧與前瞻〉，《東方雜誌》，第四十一卷第二十號，頁五六。

⓱ 趙少荃，〈復旦大學的創立和發展〉，《上海文史資料選輯》，第五十九輯（一九八八年七月），頁一五一，轉引自林桶法，〈戰後國民政府高等教育復原的困境〉，頁九。

⓲ 〈戰後之損失賠償與接收〉，《朱家驊檔案》，編號：一二七，轉引自林桶法，〈戰後國民政府高等教育復原的困境〉，頁九。

⓳ 同前❶，頁一〇二—一五一。

⓴ 同前⓫，頁七。

㉑ 張鳴皋，〈廣東大學與陳炳耀〉，《廣州文史資料》，第十七輯（一九七九年十二月），頁一七二。

㉒ 〈陳璧君致汪精衛函電〉（民國二十九年六月二十二、二十三日），《汪偽資料檔案》，法務部調查局資料室藏，鋼筆原件影本。

㉓ 王光遠、姜中秋著《汪精衛與陳璧君》，頁一六四（北京：中國青年出版社出版，一九九二年二月北京第一版）。

㉔ 〈陳耀祖致汪精衛函電〉（民國二十九年六月二十五、二十六日），《汪偽資料檔案》，法務部調查局資料室藏，鋼筆原件影本。

㉕〈陳耀祖致汪精衛函電〉（民國二十九年七月二十三日、二十五日），《汪僞資料檔案》，法務部調查局資料室藏，鋼筆原件影本。

㉖〈周佛海致汪精衛函電〉（民國三十年七月二日），《汪僞資料檔案》，法務部調查局資料室藏，鋼筆原件影本。

㉗〈陳耀祖致汪精衛函電〉（民國三十年七月二、三日），《汪僞資料檔案》，法務部調查局資料室藏，鋼筆原件影本。

第　頁

密明崟我愧對執信学校久矣現決將学校遷回廣州恢復民十六前之執信請兄招集京滬執信校董開校董會將議決案用公函付我全權辦理一切如米三嫂不敢遷回則擬從新組織兼

滬來電廿九年六月廿三日下午五時十分

發

譯

備註

髮字

引自《汪僞檔案》

第　　頁

密明鈞鑒據珩稱廣東大學籌備事宜大致就緒亟
應早日組織校董會董事宜以粵人任之擬以陳居
慧石光瑛鄺擬生林汝珩許由公另選三人共七人
為董事請公指定董事長並以林汝珩兼校長是否
可行敬乞核示華

廣州來電廿九年六月廿五日下午五七時廿分

發　備
譯　註

往字

引自《汪偽檔案》

第　　頁

明公鈞鑒據珩稱廣東大學擬於九月開學經得此
間教育界人士贊助并擬定為省辦未知當否華

廣州來電廿九年七月廿三日下午四時十分發
備

引自《汪偽檔案》

第　頁

汪主席鈞鑒板垣後宮異動確如鈞電所示華南軍司令內定以現任教育總監部本部長村均繼任謹聞職佛海叩冬

東京來電三十年七月二日下午二時四五分
八時二十分

發　譯

備　註

引自《汪偽檔案》

第一頁

明崖鈞鑒昨日後宮軍司令官請作膳談話多關粵
荷政務極融洽後談及廣東國立中山大學後宮主
張因廣東為國父故鄉中山大學紀念國父亟宜恢
復并比日本學生亦可來此求學聞華意見當答中
？
山大學為國立大學應請示中央決定並非私人意

廣州中華民國三十年七月二十日下午八時四十五分

發 備

譯 註

引自《汪偽檔案》

第二頁

見則甚贊成後宮調職近將來或到南京與明公會
見時當將此見陳述云散席後矢崎約華談話據謂
後宮已內定調任南京總司令部總參謀長而板垣
總參謀長調任朝鮮總司令官廣東軍司令官則以
南寧軍司令官今村繼任一切命令仍未發表諸守

來電　年　月　日　午　時　分

發譯

備註

引自《汪僞檔案》

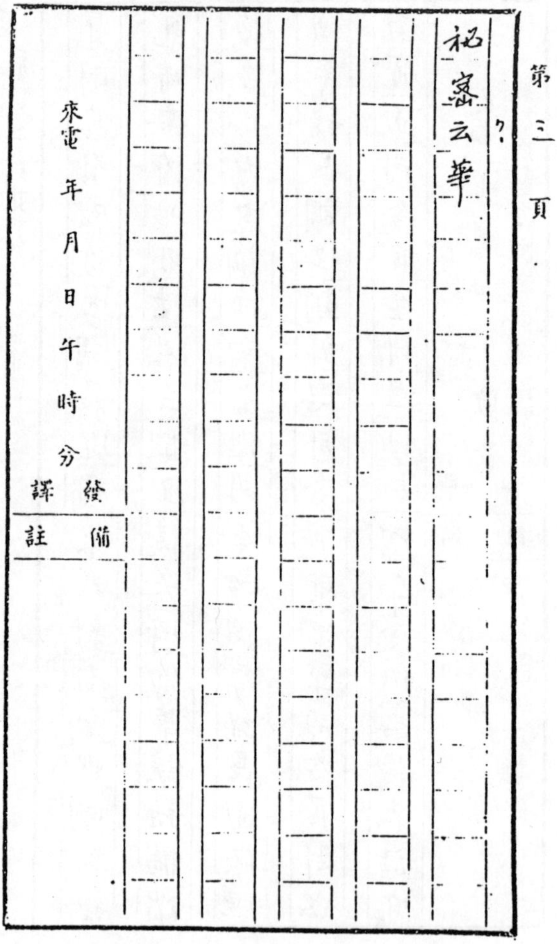
第三頁

秘密云華

來電 年 月 日 午 時 分

發 譯

備 註

引自《汪偽檔案》

第二節　汪偽集團與廣東文化宣傳運動之關係

壹　前言

關於汪僞集團的文化宣傳活動，一直是他們投降賣國罪行中的一個重要方面。其宣傳政策的變化及活動內容的特點等等，也無一不與追隨日軍的侵華步驟亦步亦趨，具有著典型的漢奸色彩。

貳　汪僞各時期文化宣傳政策演變

縱觀汪僞政權的文化宣傳思想，一言以蔽之，曰：「降日賣國」，但隨著形勢的變化，其宣傳的中心及政策，大致可分爲兩個階段。

第一階段：民國二十七年底（一九三八）至太平洋戰爭爆發前，在此之前汪精衛雖然早就與日本暗通款曲，但在公開場合有時卻不得不唱幾句「抗日高調」，自民國二十七年底攜衆逃離重慶國民政府後，始公開鼓吹其漢奸理論，迫不及待地要在宣傳界造成影響，欲「使全國人民瞭解政策，瞭解主義」。❶

當時，抗日戰爭已由初期的防禦階段轉至相持階段。爲了避免在中國這個「泥沼」中陷死，日軍對中國一直沒有放棄過和平勸降的企圖，並希望通過建立和假手於傀儡政權以達到對中國的全面控制。汪的「和平建國」運動也正是適應日本這一企圖而發動的，而且成爲他們這一時期活動的主導方針。對於和平運動的計畫，汪精衛很注重從宣傳上入手，「通過言論，指出……抗日理論的錯誤，宣傳和平是救國救東亞的唯一辦法」。❷因此他一再地在報紙和廣播講話中宣揚日本國力的強盛和無敵，認為中國抵抗到底無非是「輸個精光」，還不如過去的滿清政府有勇氣，戰敗了就承認戰敗，雖然割地賠款，卻尚能保住一部分權益。因此，汪精衛曾特別指示偽宣傳部，要加強對和平運動理論的宣傳，以「提高抗戰無意義的輿論」。❸汪偽報紙也紛紛表示要以此為宗旨，「著重發揚和平運動眞諦……確立中心信仰，誘導知識份子、優秀青年引起共鳴，為維護正義和平而奮鬥」。❹

汪偽集團為了製造「和平」論的理論依據，消弭中國人民的抗日怒火，他們還積極地為日本的侵略行徑辯護，矢口否認日本企圖滅亡中國的野心。認為中日兩國同文同種，有很深的歷史淵源，日本並非要滅亡中國，而是要求在反共共榮的目的下與中國親密合作。為了使這種理論深入民心，汪偽集團特別對宣傳部門寄予厚望，希望他們負起「溝通中日兩國文化，融合兩國人民思想的情感與使命」。❺

除了大肆販賣「和平」論之外，「建國」論也是汪偽宣傳機器極為重視的一個題目。民國二十九年（一九四〇）一月，汪偽南京國民政府正式成立，為了能同重慶國民政府相抗衡，汪偽集團加強了自我吹捧和對重慶政府的輿論攻擊。為了樹立汪偽政權的威望，在日軍支持下，他們採取了強化宣傳的辦法，不計營業性地大量出版擁汪的報紙和刊物，廣播電台也每天定時向人民灌輸其思想，還舉行集會、遊行示威、演講等活動以加強影響，甚至打算接待美國好萊塢通訊社來淪陷區考察所謂新政府的工商文化建設成就，❻以期為偽政權的存在製造依據和擴大影響。在汪精衛等人的督導下，一時間「和平建國」成了淪陷區的熱門話題。

第二階段：太平洋戰爭爆發到汪僞覆滅。太平洋戰爭爆發後，汪僞政權的宣傳政策有了明顯的變化。由於國際間反侵略戰線的建立，中國人民更增強了抗日的信心，加之幾年來汪僞政權在淪陷區的黑暗統治及荒謬乏味的「和平建國」宣傳已使人們感到厭惡。另外，此時汪僞政府已追隨日本向英美宣戰，完成「聖戰」已成爲一切工作的重心。因此反英反美則變爲一個突出的問題被提了出來。汪僞以前對英美的態度是：儘量不去「刺激英美法第三國，可能的話亦爭取獲得這些勢力的共同支持」。[7]而現在英美已成敵國，「大東亞戰爭之完成遂爲一項理想之前提」，文化界、輿論界的任務理所當然地被規定爲「清算英美侵略主義之罪惡，掃除英美自由個人之毒素，消除依賴英美之卑劣的心理，提高打倒英美侵略主義之敵愾情緒」。[8]所謂「知名」人士亦紛紛號召「全國文化同仁……努力奮鬥，以我三寸毛錐，來作十萬精兵，爲政府後盾。借筆端當熱血，努力宣傳」。[9]爲了泯滅中國人民的民族意識，汪僞的宣傳機器還極力宣揚中日同文同種，同赴敵難的謬論，把此次戰爭的性質混淆爲白種人同黃種人的戰爭，要求中國人民爲把白種人趕出東亞而出力。各種形式的動員會、講演會頻頻舉行，對英美的攻擊，眞正做到了至纖至細的程度。

從上述的情況來看，汪僞集團的宣傳政策及中心是隨著日本帝國主義的對華政策亦步亦趨的，是爲其對華侵略服務的主要工具。

參　汪僞文化宣傳活動的開展及特點

汪僞集團對文化宣傳向來十分重視，早在民國十七年（一九二八），陳公博等就在上海出版《革命評論》、《前進》等雜誌，進行反共反蔣的宣傳。民國二十六年（一九三七）七月二十九日，汪在南京發表題爲《最後關頭》的廣播講話，宣揚悲觀論調，早由汪系份子控制的香港《南華日報》和蔚藍書店也成了汪僞集團主和的宣傳陣地。這一時期，所有有關汪氏之主張，完全由《南華日報》爲大本營，向國內外發表。[10]

隨著形勢的發展和汪僞國民政府的成立，他們愈益擴大其宣傳，對淪陷區文化宣傳都加緊控制。

在廣播電訊方面：民國三十年（一九四一）二月二十二日，僞宣傳部和日本駐南京大使館發表聯合聲明，宣佈日軍將廣播事業權交給剛成立的僞廣播事業建設協會，林柏生爲此發表講話，保證在宣傳方針上與日本一致。隨即接受了南京廣播電台，改名爲「中央廣播無線電台」。五月一日，又在南京成了中央通訊社，「除先後成立上海、武漢、廣州、南京、香港、蘇州、杭州、蚌埠、蕪湖、南通、無錫、嘉興、鎭江、揚州等分社及通訊處」，並在「華中、華北各重要市亦均配置通訊員，以加強電訊外圍組織，復與日本同盟通訊社交換電訊，並與德國海通社、德國新聞社、義國斯蒂芬尼社保持密切聯繫。」[11]在淪陷區及軸心國之間逐步建立了一個較爲廣泛和嚴密的廣播通訊網路。

在電影業方面：抗戰爆發之前，中國電影事業已有了初步的發展，上海是其主要的基地，「八·一三」以後，上海電影業遭到了很大的損失，一部分進步的，藝術造詣較高的劇作家和演員撤離了上海，電影公司也大都暫時歇業退入租界，但仍保留著東山再起的資本。不久，由於租界裡的環境相對平靜，電影界又漸漸活躍起來。針對這種情況，民國二十九年（一九四〇）七月，僞行政院核准組織電影宣傳部，同年十一月二十一日，僞立法院會議通過「電影檢查法」案，規定「凡違反國策及宣傳赤化共產邪說者之影片均不得核准。」太平洋戰爭爆發後，爲了便於對電影界實行控制和管理，將諸多電影廠家併爲僞「中華電影聯合股份有限公司」，由林柏生任董事長，日本人川喜多作副董事長，張善琨任總經理，以建立所謂「三位一體之電影國策」。⑫

在新聞報紙方面：民國二十七年（一九三八）十二月二十九日，汪精衛「艷電」剛一發表，他們所控制的《南華日報》即公開轉爲漢奸報紙。民國二十八年（一九三九）七月，汪僞機關報《中華日報》以復刊名義在上海出版。專門培養漢奸記者的「新聞人員訓練班」，也在這一時期在南京成立。各地漢奸報紙紛紛出籠，發展很快，據不完全統計，這一時期的漢奸報紙就達三十四種之多。⑬汪僞宣傳部成立後，新聞報紙統一歸其屬下第三司所管，汪僞集團得以按照自己的意志隨著查封或新辦報紙、雜誌。民國三十年（一九四一），汪僞政權又一度準備實行「一地一刊」及「一事一刊」制，以加強對新聞界的箝制。在僞政權控制的報紙中，以上海的《中華日報》和南京的《民國日報》宣傳能量最大，尤其是前者，往往由汪精衛，周佛海等頭面人物親自撰稿，並通過對報販的收買，使其能夠進入租界內發行，以擴大影響。

汪僞在文藝界的活動也很頻繁，他們拉攏了一批戰前較有影響但缺乏民族氣節的文人如周作人、張資平之流，利用他們的影響，出版了一批漢奸色彩很濃的文學刊物，如《南風》、《文學研究》等，宣傳抗戰無意義論。他們還在報紙上刊登廣告，廣泛征集歌曲，如民國三十年（一九四一）十二月二十五日，《中華日報》和《大阪華文每日報》聯合刊載征募「保衛東亞」之歌的啓事。[14]另外，他們還組織了一系列的文化團體，如「東亞聯盟總會」、「中日文化協會」、「新國民運動促進會」、「中國兒童教育協會」等等，作爲文宣機構或培訓親日份子的基地。隨著汪僞集團文化宣傳陣地的建立，他們的宣傳活動也隨之積極地開展起來，他們的活動具有以下幾個特點：

㈠威脅與利誘結合：爲了打開宣傳局面，汪僞除了依靠日本人的武力和特工組織對抗日的力量予以打擊外，還經常地使用利誘手法收買輿論工具。民國二十八年（一九三九）四月，汪派要員高宗武、梅思平、周佛海等相繼來到上海，期待在文化宣傳界的反對氣氛中打開出路，他們不惜以巨款收買《大美報》、《文匯報》以及《申報》一部分編輯，不讓他們發表攻擊性言論。在此之前，林柏生等還收買了大東印刷廠機器，並據稱汪精衛準備以每月十萬元之巨款爲代價，要求保證不登載不利於自己活動的新聞稿件。《中華日報》的徵歌啓事，也是通過巨額稿酬來招徠生意的。

㈡揣摩群衆的心理：爲了擴大宣傳影響，汪僞一些宣傳刊物竟不惜幹出欺世盜名的勾當。像周佛海控制的《中報》就是在玩魚目混珠的把戲，一是想向人們表明這是中國人辦的報紙；

一是想沾《申報》的光，「因爲《申報》在上海資格最老，一般人對它印象最深，『申』字去掉一橫，就是『中』字，命名《中報》有心影射－打開銷路而已」。[15]不僅在形式上具有投機心理，在內容上，汪僞也注意適合一般人的心理。抗戰爆發後，淪陷區人民飽受日僞殘酷迫害和壓榨，因而對漢奸宣傳本能地感到厭惡，漢奸報紙和其他宣傳品受到冷落。汪僞乃利用文學藝術具有較強的感染力這一特點，將親日投降的毒液注入其中，以此對人民進行潛移默化的影響，一些文化漢奸提出了「以戀愛爲中心」的口號，泡製了大量的色情和遠離生活現實的作品，如「現代派」文人穆時英主持的《國民新聞》，它並不直接地正面宣傳漢奸理論，而以文藝小品爭取讀者，引誘人們的思想偏離抗日的軌道。太平洋戰爭爆發後，汪僞又利用中國人的愛國意識，混淆人種與民族的概念，如電影《萬世流芳》，則歪曲林則徐的形象，企圖將中國人民對日寇的仇恨轉移到英美身上。以此種迂迴的手法達到宣傳的目的。

㈢採取多種形式，擴大宣傳範圍。爲了把宣傳伸展到社會的各個角落，汪僞集團對社會的各個層次採取了多種形式的宣傳手法，組織了大量的社會活動，如舉行中等學校學生演說比賽、國立模範女子中學比賽，花甲同慶會等等，用以收買人心，兼收宣傳之效。他們還經常組織遊行集會，壯大宣傳聲勢並利用「歌謠」在街頭巷尾「歌唱……抗日的痛苦」，[16]在下層社會中進行廣泛宣傳，企圖達到削弱抗日力量的目的。

肆　汪精衛對廣東省進行文化宣傳活動梗概

從函電史料觀之，汪對廣東省進行文化宣傳活動的史實大致如下：

首先是在民國二十九年（一九四〇）九月九日在汪的支持下，由僞廣東省教育廳長林汝珩於廣州成立「中華東亞聯盟協會」，該組織與日人鼓吹「東亞聯盟運動」有關。民國二十年（一九三一）九一八事變之後，由石原莞爾和板垣征四郎，首先在僞滿洲國倡導，其後，「東亞聯盟」之名稱，便一直繼續存在。「東亞聯盟」論，是提倡東亞各國以道義達成大同團結爲主張。[17]汪僞政權成立以後，日本「東亞聯盟」的鼓吹者，更積極在中國淪陷區建立東亞聯盟組織。其中，以民國二十九年（一九四〇）五月，僞華北「新民會」副會長兼指導部長繆斌，在北平成立的「中國東亞聯盟協會」及同年九月九日，僞廣東省教育廳長林汝珩在廣州成立的「中華東亞聯盟協會」較具規模。其中廣東省的組織經過，可從《汪僞檔案》函電史料窺知，茲舉民國二十九年七月二十三日下午二時二十分發自廣州、七月二十五日下午六時四十分譯，由廣東省教育廳長林汝珩及陳耀祖聯合署名之函電內容爲：

明公鈞鑒：頃據矢崎特務機關長稱：日本有東亞聯盟協會之組織，該會會長木村，不日來粵，甚盼此亦成立類同之組織，以促進東亞百年大計，並稱㈠粵方組織與北平繆斌之中國東亞聯盟會無關係。㈡在粵成立協會後，將來可在安南、暹邏、緬甸等處設支會。㈢粤方組織之名稱及內容均聽我方酌定，云對方對此組織甚爲重視，如我方無人進行頗恐爲彭東原或其他黨外份子所利用。百年大計之宗旨亦與吾人立場相符，惟事體頗關重大，鈞意以爲可行否？請電飭遵示應付方針爲禱。華、珩。⑱

可知經過林汝珩、陳耀祖向汪報告後，認爲此乃日本之意，二來可強化汪僞政權在廣東之力量！免被彭東原等人所利用，因此汪決定在民國二十九年九月九日成立該組織。

而爲僞政權所在地的南京，則以僞國民黨中央黨部副秘書長周學昌爲中心，於十一月二十四日建立「東亞聯盟中國同志會」，這一半官方組織，由周學昌、周化人、劉仰山、戴英夫、汪曼雲等二十三人爲理事，多爲僞國民黨中央黨部幹部，奉汪精衛爲領袖。汪精衛對此一組織，態度積極，曾致詞勉勵，謂：東亞聯盟之組織，在使東亞各民族國家，各本於自由獨立之立場，向共存共榮之目的，共同努力；其條件爲政治獨立、經濟合作、軍事同盟、文化溝通。又謂：大亞洲主義爲東亞聯盟之根本原理，東亞聯盟爲大亞洲主義之具體實現。⑲是月底，汪、日「中、日基本關係條約」簽訂及「中日滿共同宣言」發表以後，汪精衛更向記者明確宣稱：

大亞洲主義是國父孫先生所提倡的，我們的同志根據這種理想，對於建設東亞新秩序，蘄其實現；最近發展而爲東亞聯盟的運動，主張東亞各民族國家，在政治獨立、

> 軍事同盟、經濟合作、文化溝通四個基本原則之下，結成聯盟，以貢獻於東亞之永久和平，同時即以貢獻於世界之永久和平。有了這樣的共同前進，東亞各民族國家的關係，祇有越加親睦，越加互相信賴。⑳

很顯然的，汪精衛係假藉孫中山先生民國十三（一九二四）年十一月北上之際特繞道日本，在神戶向日本民間團體演講之「大亞洲主義」，做爲鼓吹「東亞聯盟運動」之工具，企圖迷惑淪陷區民衆之視聽，以遂其強化統治之目的。一位日本學者也認爲汪精衛把日本的「東亞新秩序」、「東亞聯盟」，與孫中山先生的「大亞洲主義」相提並論，無疑是一種「扭曲」，蓋由於時空背景有所差異。其一，民國十三年孫先生演講大亞洲主義時，正當國民黨實行容共，而在二十九年代，日本則視反共爲其東亞方案之重要部分；其二，孫先生主張中日合作，係以中日兩國同受西方帝國主義之壓迫爲前提，而在二十九年代，日本很明顯的就是一個侵略中國領土的帝國主義者。㉑

當時日本「支那派遣軍」總參謀長板垣征四郎，對這項運動非常熱心地支持，遂命辻政信參謀返回東京遊說陸軍中央，意欲使之與原行於日「滿」的東亞聯盟運動相呼應，促成「日、滿、華」全面運動之發展。㉒經其催化，「東亞聯盟運動」逐漸由分散的、區域性的活動變爲統一的，以汪僞國民黨爲中心勢力的運動。十二月十五日，汪僞國民黨舉行六屆三中全會，發佈宣言，強調統一全國意志、集中全國力量之必要，並以完成和平統一，促進東亞聯盟，勖勉「全黨」同志，策勵「全國」民衆，決定建立統一的「東亞聯盟」組織；會議決定增補華北「中國東亞聯盟協會」繆斌、「興亞建國總部」袁殊、陳孚木、「共和黨」何佩瑢、石星川、「大民會」孔憲鏗等黨派、團體之主要份子爲汪僞國民黨中央執行委員。十七日，華中的各團體「興亞建國總部」、「共和黨」、「大民會」相率宣佈解散，一致參加汪僞國民黨。汪精衛發表談話，稱這種解散爲「積極的發展」，對於造成以「國民黨」爲中心勢力，是一有力的推動。㉓

然而，日本政府並不願見所謂東亞聯盟運動擴展爲一項政治運動。是（十七）日，陸軍省內部達成一致見解：「不承認所謂東亞聯盟之國家聯盟形態，只可爲思想團體，不能成爲政治團體」。㉔爲此，陸相東條英機特於十八日親自飛抵南京，向板垣總參謀長下達日本政府旨意。由此觀之，汪僞「東亞聯盟運動」應視爲一項以「大亞洲主義」爲中心基礎的思想運動。

其實，汪精衛等人所以熱衷於鼓吹此一運動，是含有政治上的意圖。汪在「所望於民國三十年者」一文中，即強調：東亞復興與中國自由平等是一件事，中國不能得到自由平等，則沒有能力來分擔復興東亞的責任；而中國自由平等之完全獲得，必於東亞復興中求之。他更堅定地表示：

> 因此中國的獨立，是必要的，與日本協力，也是必要的。根據於這種意義，所以有東亞聯盟的運動，在政治獨立、軍事同盟、經濟提攜、文化溝通四大條件之下，各本於獨立的立場，爲共同的努力。這種工作，自中華民國三十年起，一直做到成功

爲止。㉕

可見，爲僞政權求取自由平等，求取「獨立」，才是他們推動「東亞聯盟運動」眞正的目的。雖然日本疑慮它會變成泛政治化運動而加以規範爲思想運動，但是他們並不放棄對這項「理想」的追求。三十年（一九四一）一月七日，日本衆議院「東亞聯盟議員促進聯盟考察團」一行二十三人，抵達南京，進行活動。汪精衛再度鄭重宣示：

我們深信東亞聯盟之最大目的，在使東亞民族得到共同生活的根據，抵抗英美侵略主義的欺凌。這個目的十二分遠大，也十二分切要。……日本是東亞的先進國，東亞而有聯盟之設立，則日本以其先進國之資格，對於後進國，居於指導之地位，是無可疑義的。……在東亞聯盟之中，中國得到了獨立自由的確保，自然樂於接受日本之指導，樂於與日本攜手共進，樂於追隨先進國日本之後，爲保衛東亞而分擔責任；從此共存共亡，共繁共榮，共甘共苦。

以中國今日所處危急的地位，一般民衆所爲朝夕徬徨、焦思憂慮的是國家民族的安危存亡，只是與之談聯盟，是不會有所深感的。我們必須使大家知道，求國家民族獨立自由的精神和東亞聯盟的精神是一致的。這樣纔能夠提起大家積極的精神，以一樣的精神用之於求國家民族的獨立自由，也用之於促進東亞聯盟，舍此別無他道。㉖

一月十日，周佛海宴請這批考察團成員時，亦呼應汪氏見解，謂：「『東亞新秩序』一語，意義不明，中國主張東亞聯盟；蓋加入聯盟之個體，本身必能獨立，始有加入聯盟之資格，故東亞聯盟必以中國獨立爲先決條件。」[27]基於這樣的理念，汪僞「東亞聯盟運動」，乃得以繼續向前推展。

是年二月一日，汪僞「東亞聯盟中國總會」在南京正式建立，汪精衛自兼會長，陳公博，溫宗堯、陳群、陳璧君、徐良、諸青來、趙毓松任常務理事，梁鴻志、褚民誼、江亢虎、顧忠琛、張永福、徐蘇中任常務監事。周佛海任理事會秘書長，周學昌、周隆庠任副秘書長。總會之下設置四個委員會：指導委員會，主任委員梅思平，副主任委員李祖虞、王敏中；宣傳委員會，主任委員林柏生，副主任委員周化人、袁殊；文化委員會，主任委員繆斌，副主任委員金雄白、何庭流；社會福利委員會，主任委員丁默村，副主任委員彭年、孔憲鏗。汪僞政府各部、會首腦及各省政府主席全部當選爲理事或監事。[28]從此，「東亞聯盟運動」便由一隅而發展到「全國」。廣東方面的「中華東亞聯盟協會」改組爲廣州分會；總會陸續在南京、上海、漢口等地建立分會，在各地分會之下又設支會、小組以及各種特殊的團體，在整個淪陷區形成一定的規模。[29]

周佛海寄望於該總會頗爲殷切，在它創立之日，抒其感想謂：「如東亞聯盟能成立，則今日實爲歷史之值得紀念之一日也」。[30]該總會成立後，各特別委員會也全面開展活動。如指導委員會在一年之內就制訂和頒佈了「東亞聯盟中國總會省市分會組織通則」、「分會以下地方組織通則」、「會員總登記辦法實施程序」、「徵求會員辦法大綱」、「徵求會員實施細則」等十二種組織法規。宣傳委員會草擬了該會工作大綱八種、東亞聯盟要綱十六條，並自七月起，出版「東亞聯盟」月刊，作爲機關刊物，以後這個刊物又與汪僞國民黨中央宣傳部的理論刊物「大亞洲主義」合併，更名爲「大亞洲主義東亞聯盟」月刊，作爲宣傳的指導中心；同時，又出版「東亞聯盟專刊」和一些叢書。文化委員會除了進行文化團體及機關的調查和文化資料的收集外，出版了「新民精神」（原名「武德論」）、「東亞文藝復興運動的展開」、「朝鮮及滿州文化動態調查報告」等宣傳「東亞聯盟」的著作和資料。社會福利委員會本來計劃創辦平民教養所、首都貧民織布工廠、首都婦女職業講習所、小本貸款所、大衆食堂等五項事業，卻囿於經費，未能逐項舉辦。㉛

第　　頁

明公鈞鑒頃據矢崎特務機關長稱日本有東亞聯盟協會之組織該會會長木村不日來粵甚盼此亦成立類同之組織以促進東亞百年大計并稱(一)粵方組織與北平繆斌之中國東亞聯盟會無關係(二)在粵成立協會後將來可在安南暹羅緬甸等處設支會(三)粵方組織之名稱及內容均聽我方酌定云對方對此組織甚為重視如我方無人進行頗恐為彭東原或其他黨外份子所利用百年大計之宗旨亦與吾人立場相符惟事体頗關重大鈞意以為可行否請電飭遵○示應付方針為禱華銜

廣州來電 廿九年七月廿一日下午二時二十分發 廿二日六時四十分譯

發備 譯註

引自《汪僞檔案》

其次，汪僞鼓吹和平反共救國之運動，還命令廣州分校（軍校）之學生，利用暑假返鄉宣傳「全面和平」運動。從民國二十九年六月二十八日下午零時四十分發，九時十分譯之李謳一致汪之函電可知，該函電內容爲：

密軍委員會委員長汪鈞鑒：學員隊遵令自七月十五日起至八月十日止，放暑假二十七天，學生隊亦擬同時放假，飭其回鄉宣傳，冀早收全面和平之效。當否，乞電示遵。職李謳一叩，宥。[32]

此種透過軍校學生宣傳「全面和平」的運動，係與「東亞聯盟運動」有互動關係，在推展的過程中，後來由於太平洋戰爭爆發，而與另一個運動—「新國民運動」匯流成爲淪陷區交互作用的兩項運動。

第　　頁

寄軍委會委員長汪鈞鑒學員隊遵令自七月十五日起至八月十日止放暑假二十七天學生隊亦擬同時放假飭其回鄉宣傳從早收全面和平之效當否乞電示遵職李謳一叩宥

廣州來電 廿九年六月廿六日下午九時十半分 發 譯

備註 霜字

引自《汪偽檔案》

再者，汪與軍委會駐粵辦公室主任李謳一，深諳利用新聞記者為其軍隊造勢與宣傳，將文攻武鬥，畢其功於一役，觀之民國三十年（一九四一）七月二日下午八時發自廣州，次日上午十時三十分譯之李謳一致汪函電，談到：

明鈞鑒：二十師改編後，仗鈞座德威，粗已就緒，三十九旅，曹旅長患肝硬蠱脹，現住友邦陸軍醫院療治，經權派二十師楞參謀長銓禮赴桂洲，對該旅事代折代行，積極訓練四十旅整理後，漸有進步，該旅第八十團第二營長郭敏權查有不法行為，經扣留查辦，此後軍紀可望維持仍當積極整理訓練，俾副眷念，再本省八月開東亞新聞記者聯合宣傳大會，其時應否準備檢閱各軍以宣建成績，如何之處，敬候電示遵。職謳一。㉝

可知汪與李謳一除要求軍紀外，更希望透過在民國三十年八月左右在廣東省召開東亞新聞記者聯合宣傳大會，由汪親自檢閱軍隊，以宣傳建軍績效，強化汪偽之軍力。

第 頁

明鈞鑒二十師改編後仗鈞座前威粗已就緒卅九

旅曹旅長患肝硬蠱漲現住友邦陸軍醫院療治經

權派廿師楞寶灃長銓禮赴桂洲對該旅事代拆代

行積極訓練四十旅整理後漸有進步該旅下八十

團第二營長郭敏權查有不法行為經扣留查辦切

廣州來電 三十年七月二日下午八時 分 發

三日上午十時半 譯

備註

鍾

引自《汪偽檔案》

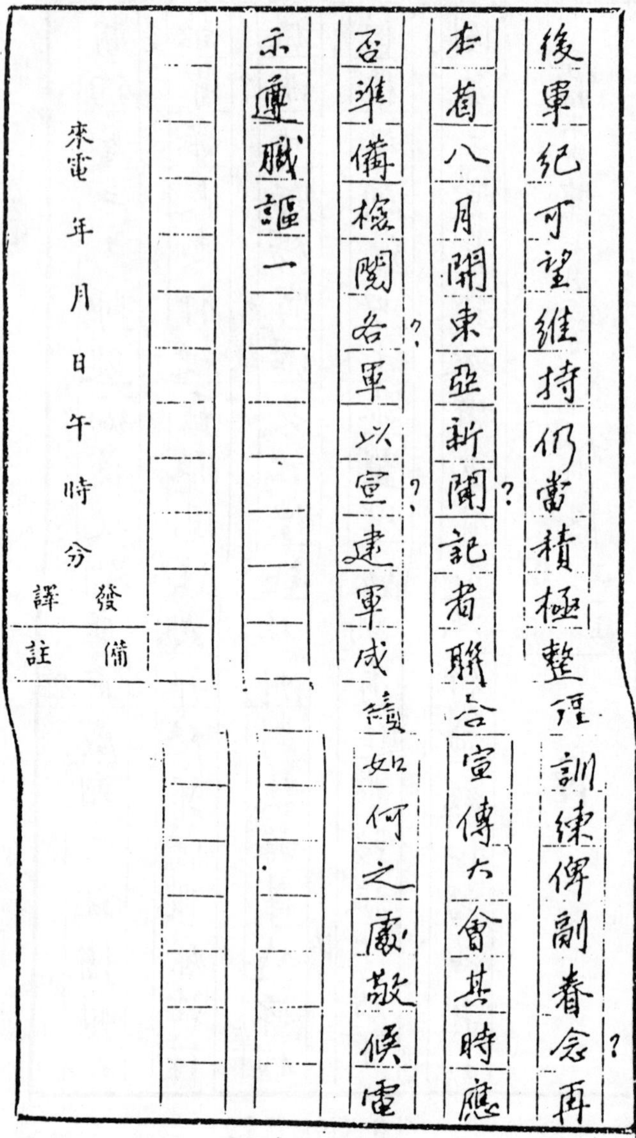
第　頁

後軍紀可望維持仍當積極整理訓練俾副眷念再

本省八月開東亞新聞記者聯合宣傳大會其時應

否準備檢閱各軍以宣建軍成績如何之處敬候電

示遵職謳一

來電　年　月　日　午　時　分

譯　發

註　備

引自《汪偽檔案》

伍　汪僞廣東省宣傳行政工作概況

（引自前揭書《廣東省政概況》第六編宣傳　頁一—五）

一、宣傳行政

㈠廣東省宣傳處

廣東府成立後，以推進和平運動宣傳力量，亟須設處辦理以專責成，遂電請宣傳部籌設廣東省宣傳處，於三十年四月二十八日組織成立，其內部組織，依照各省市宣傳處組織規程規定，於處長之下，分設總務、指導、事業三科，分別掌理全處事務，負責推動宣傳工作，并照各省市宣傳會議通則，訂定廣東省宣傳會議組織規程，分別選聘各與宣傳有關機關，學校及團體等三十八個單位代表，設立廣東省宣傳會議，以時開會，共同商討關於本省之一切宣傳問題及宣傳方案，以收實效。

㈡各縣市宣傳組織

廣東府爲調整各縣市宣傳機構及推進各縣市宣傳工作起見，訂定廣東省各縣市宣傳機構調整辦法及宣傳科組織規程，暨宣傳會議組織通則分別飭令本省各市縣切實辦理。現查各縣市政府增設宣傳科者，有廣州市政府及南海、東莞、三水、潮安、惠陽等五縣，指定專科掌理宣傳事務者，有汕頭市政府及番禺、中山、新會、增城、澄海、花縣、博羅、順德、寶安、潮陽等十二縣。

二、東亞新聞記者大會

㈠籌備概況

國民政府宣傳部為促進中日滿三國善鄰友好關係，溝通文化聯絡感情起見，定期三十年八月四日起至十日止，邀請中日滿三國新聞記者在廣州市舉行東亞新聞記者大會，以實現中日滿三國共同宣言之精神，並由本府擔負籌辦之責，與本府組織東亞新聞記者大會籌備委員會指派籌備委員十五人，由陳主席兼任委員長，林汝珩王英儒周應湘郭秀峰鄭洸薰周秉三高宮太平關仲義橫田實唐澤信夫王會傑陳嘉靄顧士謀林朝暉等為委員，分別積極籌備，並於會內設總務、會計、宿舍、連絡、宣傳、翻譯、紀錄、招待、會場佈置、警備、交通各系，負責分任各種工作。其大會經費，除由宣傳部撥國幣拾萬元外并由本府撥付軍票拾萬餘元，另由日本工商會議所中日文化協會等機關捐助軍票約二萬餘元，至出席代表名額，計中國方面約六十名，日本方面約二十名，滿洲國方面約十名，均由各國政府選定，於會期前先行抵達廣州，屆時本省各中日機關團體及民衆方面，以各代表遠道赴會，咸相熱烈歡迎。宣傳部長林柏生於七月三十一日由京飛粵，主持一切，同時復蒙國民政府　汪主席蒞粵巡視，親臨大會。本省民衆熱烈歡迎，盛況空前，而東亞新聞記者大會全體代表均由林部長引道于八月三日下午五時晉謁　汪主席致敬。

㈡開會情形

八月四日上午八時三十分，東亞新聞記者大會在廣州中山紀念堂舉行開會典禮，到會者，中國方面，有　汪主席，中央政治委員會委員陳璧君，宣傳部長林柏生，廣東省政府主席陳耀祖，及各機關代表來賓等，友邦方面，有今村軍司令官，副島海軍司令官，特務機關長，高津總領事，德國總領事，意國總領事等，暨中外新聞記者代表等約千餘人，冠蓋雲集，盛況空前，由宣傳部林部長任大會主席，致開會詞，繼由陳主席致歡迎詞，隨恭請　汪主席致訓詞，並請友邦各長官分別致詞，在後復由日本代表神子島梧郎，滿州代表大西秀治，中國代表秦墨哂致詞，散會後，即於是日下午二時起，開始討論提案。在大會舉行期間，中外各方賀電，如雪片飛來，具見中外各方期待之殷切。除發表宣言外，復以大會名義分電　汪主席及近衛首相致敬，並向中國派遣日陸海軍總司令官及華南日陸海軍最高指揮官送呈感謝決議文。至是月七日，大會在獲得完滿結果中，舉行閉幕典禮。八日，全體代表赴中山縣瞻仰國父故鄉，以示尊崇　國父之至誠。十日返廣州後，復舉行話別式，而負有建設東亞文化重大使命之東亞新聞記者大會，遂在熱烈融洽之空氣中完成。

三、宣傳工作概況

㈠宣傳指導方面

1.召開本省各市縣長宣傳工作座談會：本府以宣傳工作不在城市而在鄉村方面，故為明瞭各市縣地方環境情形，以備積極推進各市縣宣傳工作，遂飭廣東省宣傳處於廣東省第四次市縣長會議後，召集各市縣長舉行宣傳工作座談會，隨於三十年十一月廿八日在廣東省宣傳處舉行，當時出席者廣州市周市長番禺縣李縣長等數十人，談話結果，異常完滿。

2.確定本省各市縣宣傳事業費範圍：本省各市縣每月宣傳事業，經費向未核定，以致參差不齊，爲劃一支付計，遂由本府核定等級，計，一等縣五百元，二等縣四百元，三等縣三百元，均由各市縣政府自行籌撥；至廣州、汕頭兩市政府，則在五百元以上於可能範圍內，亦准其自行籌撥，以資因應。

3.派員協助友軍報道部檢查新聞雜誌：三十年十二月間，宣傳處准友軍報道部請派員協同檢查新聞雜誌，當即指派科員二人，前赴報道部協同辦理檢查事宜。

4.召開日對英美宣戰後宣傳座談會：三十年十二月八日大東亞戰爭發生後，爲使明瞭大東亞戰爭意義，特飭廣東省宣傳處於是月十一日，召集本省各有關宣傳機關及廣東省黨部暨中日文化協會。中央通訊社等代表數十人，會談宣傳方案，以利進行，除照製定方案，就廣州市內發動大規模宣傳工作外，並訂定宣傳計劃及宣傳大綱，分發各市縣宣傳機關擴大辦理。

(二) 宣傳事業方面

1.編輯發行刊物：關於文字宣傳，以協力月刊爲主，初爲月刊，嗣改爲半月刊，經先後刊有大東亞戰爭，慶祝新年特輯，新國民運動特輯，及南洋解放特輯等專號；至圖片宣傳以「新廣東」畫報爲主，由第四期起，悉以時事爲編輯題材，藉以引起民衆了解和運之眞詮及大東亞戰爭之意義。

2.舉辦連續廣播及擴大遊藝宣傳，自三十年十一月間實行，有「中日基本締約」，「大東亞解放」，「南洋解放」及「新國民運動」等廣播，約請各機關荐任以上長官及各界名流，按日蒞台主講，現仍繼續辦理。同時，并在本市長壽，金聲，新星等戲院舉行慶祝南洋解放，「大東亞戰爭等二次戰捷」等遊藝大會，以期擴大宣傳。

3.編輯每週時事報告：由三十一年一月份起，對於國際，國內及本省之政治，軍事，經濟，文化等重要新聞，每週摘要編輯，分發各報刊登。

4.推動新國民運動宣傳：自汪主席頒發新國民運動綱要後，宣傳處即策動成立廣東省新國民運動宣傳委員會，由三十一年二月一日起開始各種宣傳，印刷各種刊物及懸掛辪鐵標語，以喚起民衆對新國民運動義意之認識，並於二月二十八日，恭請陳主席親臨廣州中山紀念堂，對本省黨政軍全體公務人員訓示新國民運動之眞義；三月二日及三日，分別舉辦中小學校學生集訓，請教育廳林廳長，宣傳處郭處長等演講，指導新國民運動之方針；三月十二日，辦理新國民運動萬衆簽誓，如期辦理完畢。茲將廣東省各縣市宣傳機構調整辦法及宣傳科組織規程暨宣傳會議組織通則附載於后：

◎廣東省各縣市宣傳機構調整辦法

一、各縣市政府，依照各省市宣傳機構調整辦法第三條規定，得增設宣傳科，在不增設宣傳科者，仍應指定專科負責掌理宣傳事務。

二、各縣市政府宣傳科，承縣長市長之命，辦理不直屬省宣傳處之各縣市宣傳事宜，受宣傳處之指導與監督，宣傳科科長之委任，須經宣傳處處長之同意。

三、各縣市宣傳科增設後，原有各縣市區宣傳委員會，一律撤銷，參照省市宣傳會議組織通則之精神，組織縣市或區宣傳會議。

四、各縣市宣傳經費，由各縣市自行籌撥，列入預算。
五、各縣市宣傳科成立後，應按週將工作情況，塡具工作週報表，呈報宣傳處備查。
六、所有各縣市增設宣傳科或指定專科負責辦理者，須於奉令後一月內辦理完竣，除將情形呈報主管機關外，並呈報宣傳處備查。

陸　結　論

儘管汪僞集團依靠日本人的武力支持，在淪陷區不遺餘力地進行賣國宣傳，但是抗日力量仍然堅守著淪陷區的宣傳陣地，對漢奸的賣國行徑予以蔑視和抵抗。汪僞集團對淪陷區的抗日宣傳視之若蝎，採取和實行了文化專制的政策。民國三十二年（一九四三）六月，汪僞政府更宣布調整充實強化各種檢查機構，「務求機構簡化，事權統一，責任分明，聯繫緊密，由有關各機關派出檢查人員，會同實施圖書、新聞、雜誌、電影、戲劇、唱片、歌曲、廣播等有關文化宣傳作品之嚴格審查及檢查。」使之「符合國策之思想。」[34]他們還經常通過切斷紙張供應，利用特務組織等辦法來威脅和限制報章雜誌之生存與發展。在廣東省所進行的成立「中華東亞聯盟協會」、學生的宣傳隊及「東亞新聞記者聯合宣傳大會」，只是其衆多文化宣傳活動的一小部分而已，其他則不勝枚舉。

迨太平洋戰爭爆發以後，由於租界已被日軍佔領，汪僞的勢力也隨之蔓延到「孤島」，淪陷區的抗日宣傳已直接處於日僞的威脅之中，不能不轉入地下，進入了更加艱難的時期。從表面上看，汪僞的宣傳活動猖獗於一時，大有獨家經營之勢頭，淪陷區的文化宣傳狀況更顯得蕭條冷森，汪僞的賣國理論既早爲人民所不齒，漢奸風味的文藝作品也因其藝術的粗糙和內容的反動而缺乏生命力，人民的精神生活異常苦悶單調，一些描繪色情、庸俗不堪的作品趁機肆行其間，甚且青樓紅粉招徠生意之廣告在報刊中也赫然在目，連汪僞政府也不得不承認：「誨淫誨盜之作品亦輾轉傳誦，貽害國民思想，實深且鉅」。其窮途末路之迹象已於此中不難窺得。既然汪僞集團的賣國投降活動已遭全國人民之共憤，因此，儘管他們拼命爲之宣揚鼓吹，其作爲則是可以想像的，縱然有效也不大，根本無法挽回其失敗的命運。

註　釋：

❶、❷、❸、❹、❺、❻、❼分見黃美眞、張雲編：《汪精衛國民政府成立》，頁七七三、二一、七七三、二〇、九三、六五九、一七八，（上海人民出版社，一九八七年十月第二次印刷）。

❽《汪僞國民政府檔案》，二〇〇二—五〇八、四九七，（原件藏於南京，中國第二歷史檔案館）。

❾《南京人報》，一九四三年二月五日。

❿朱子家（金雄白）：《汪僞政權的開場與收場》，第一冊，）香港，《春秋》雜誌社，一九六〇年八月四日版）。

⓫《汪僞國民政府檔案》，二〇〇〇—五〇〇，（原件藏於中國第二歷史檔案館）。

⓬張慶軍、戚如高：〈簡論汪僞集團的文化宣傳〉，《民國檔案》，第三期，頁八一，（一九九〇年三月出版）。

⓭同前⓬，引自延安時事問題研究會編：《日本帝國主義在中國淪陷區》，（上海人民出版社）。

⓮同前⓬，引自羅啓強，〈僞廷幽影錄〉，《近代史資料》第五十六期。

⓯同前⓮。

⓰同前❽。

⓱堀場一雄，《支那事變戰爭指導史》，（東京，時事通訊社，昭和三十七年九月十日初版），頁五四五。當時，石原莞爾提倡東亞聯盟運動係著眼於「昭和的政治維新」，以「防止歐美帝國主義之壓迫爲本質」，主張「政治獨立」、「經濟一體化」、「共同國防」爲聯盟的基礎條件，參見今岡豐，《石原莞爾の悲劇》，（東京，芙蓉書房，昭和五十六年五月二十日），頁三九—四二。

⓲〈陳耀祖〉（華）、林汝珩致汪精衛函電）（民國二十九年七月二十三日、二十五日），《汪僞資料檔案》，法務部調查局資料室藏，鋼筆原件影本。

⑲ 汪精衛：〈東亞聯盟中國同志會成立訓詞〉，《汪主席和平建國言論選集》，頁一六一；紅筆：〈調整中日國交條約、中日滿三國共同宣言成立觀禮前後〉，華文大阪每日新聞，中國國民黨中央委員會黨史委員會藏照片。

⑳ 汪精衛於「中、日」國交調整條約簽署後對記者談話，《汪主席和平建國言論選集》，頁一六七。

㉑ Akira Odani: "Wang Ching-Wei and the fall of the Chinese Republic, 1905–1935" (PHD dissertation, Brown University, 1975) p.152.

㉒ 同前⑰，崛場一雄，前引書，頁五四七，日本防衛廳防衛研修所戰史室編撰、國防部史政編譯局譯，《日軍對華作戰紀要—初期陸軍作戰(三)：歐戰爆發前後之對華和戰》，（台北，國防部史政編譯局，民國七十六年七月出版）。

㉓ 蔡德金、李惠賢編，《汪精衛僞國民政府紀事》，（北平，中國社會科學出版社，一九八二年七月第一次印刷），頁九—一三；汪精衛對共和黨、大民會、興亞建國本部諸團體自動解散談話，《汪主席和平建國言論選集》，頁一七三。

㉔ 同前㉒，歐戰爆發前後之對華和戰，頁四四五。

㉕ 汪精衛：「所望於民國三十年者」，《汪主席和平建國言論選集》，頁一七四—五。

㉖ 汪精衛：「對東亞聯盟綱領的一點意見」，《汪主席和平建國言論選集》，頁一八二—四。

㉗ 周佛海著、蔡德金編注，《周佛海日記（上）》，頁四四四（北平，中國社會科學出版社，一九八六年七月第一次印刷）。

㉘ 同前㉓，頁九九。

㉙ 林汝珩：「現階段的東亞聯盟」，廣州《粵江日報》，民國三十二年二月一日，中國國民黨中央委員會黨史委員會藏。

㉚ 同前㉗，頁四五七。

㉛ 復旦大學歷史系中國現代史研究室編，《汪精衛漢奸政權的興亡—汪偽政權史研究論集》，（上海，復旦大學出版社，一九八七年七月第一次印刷），頁二七五—二七六。

㉜ 〈李謳一致汪精衛函電〉（民國二十九年六月二十八日），《汪偽資料檔案》，法務部調查局資料室藏，鋼筆原件影本。

㉝ 〈李謳一致汪精衛函電〉（民國三十年七月二日），《汪偽資料檔案》，法務部調查局資料室藏，鋼筆原件影本。

㉞ 同前❽，《汪偽國民政府檔案》，二〇〇二—五〇八、四九七，原件藏於南京、中國第二歷史檔案館。

第三節　汪偽集團與廣東華僑事務問題之關係

壹　前言

廣東是中國的主要僑鄉之一，祖籍廣東的華僑和外籍華人在二千萬以上，省內僑眷、歸僑約有一千萬人，在全省人口中佔相當大的比例❶。孫中山先生曾說：「華僑爲革命之母」，可見華僑與祖國關係密切，特別是僑鄉廣東有著千絲萬縷的聯繫，包括政治、經濟、文化諸方面。檔案作爲歷史的原始記錄，它以文字、圖像以至實物，記載著這諸多方面的情況，留下漫長的歷史足迹。本文擬先簡介廣東華工、華僑出國的歷史概況及民國時期廣東的僑匯狀況，進而探討汪精衛對廣東省僑務工作運作的梗概。

貳　廣東華僑、華工出國歷史與僑匯概況

廣東是中國華僑最多的省份，移居國外的華僑，分佈在世界各地，其中絕大部分在東南亞和北美。廣東人出國，可以上溯到唐代以前。唐以後僑居國外的人數日益增多，特別是從明代開始，僑居在新加坡、馬來西亞、泰國、印尼等國家和地區的人數有了顯著的增加。而這些都只是史書和方志的記載，眞正的原始檔案，目前廣東省尚未發現。而廣東省檔案館館藏檔案記載華工大量出國和人口大量移居國外，則是在鴉片戰爭以後的事。❷

廣東省華僑最多的是潮汕和興梅，其次是新會、台山、開平、恩平和中山、寶安，再次

是海南文昌、瓊山、瓊海和萬寧。出國的根本原因是破產的農、漁民、手工業者為謀生計及西方殖民者對中國的掠奪。

據檔案記載，廣東華工出洋，主要集中在清同治年間至民國初年，即十九世紀中葉至二十世紀初，中國人被拐賣出洋的達七百餘萬人，其中百分之七十是廣東人。❸這個時期出國的包括契約華工和被拐騙出洋華工。契約華工又包括政府選送的、募工承攬人（即經紀人）招募的和直接應募的。這方面記載較多的是瓊（今海口）海關檔案。其中不少是記錄法國和德國洋行販賣華工出洋的史料。一八七六年至一八九八年，瓊州往東南亞及香港的華人三四四、六九八人，多為華工。❹又據瓊海關檔案記載，一九〇八年一月至三月從瓊海關出口的男人三一〇一人，女人三三人，幼孩三〇六人，大部分運往新加坡。❺華工出洋的悲慘遭遇，檔案記載也甚為詳實；僅摘錄部分史實如下：

> 外洋招工有三病焉：一或因該處天氣不正，水土惡劣，華工到後百病叢生，十死八九。此種慘傷情形尚係由於天時不關人事，實屬無可奈何；二或因該處水土天氣不惡，華工到彼後可無時常病斃之虞，而又遭遇工頭虐待，終日逼作苦工，不容休歇，飲食臥處等於畜類。憔悴可憐一無好處，比之罪犯猶覺弗如。此則由於人事與天時無涉也；三或因該處天氣水土均甚惡劣，工頭待下又復苛刻異常，是天時人事兩無一善。華工到彼無異投身絕地，欲緩須臾勿死亦有未能。❻

至於史書記載華工歷年被打死、傷死、縊死、服毒死、打至傷殘，那就更多，不一一枚舉。而華僑再一次出國的高峰，是抗戰後歸國華僑的復出。這批出國人員，一部分是戰前世界經濟危機，僑居國經濟萎縮，華僑失業或受排斥被迫返國；二是在日本侵略戰爭中因僑居國淪陷而淪爲難民歸國的或因回國抗日的。抗戰勝利後，這批歸國華僑重新出國，返回原僑居國，自然也隨帶一批親戚朋友出國。據僑務機關檔案記載，一九四六年全國出國的人數爲二五、四二五人，其中往馬來亞、新加坡的最多，分別都在六千人以上，大部分是去經商和打工的。而出國的口岸以泉州和廣州最多，分別爲七、九八九人和五、四九二人。❼這些檔案反映了華僑出國的流向、人數，記載著華僑在異國的遭遇。

其次談到民國時期廣東的僑匯狀況與祖國的經濟亦有密切關切，大量的華僑在東南亞等地區的僑居國，出賣勞動力或苦心經營工商業，省吃儉用，把勞動所得以僑匯、投資或捐助等方式，源源不斷匯回祖國，接濟僑眷生活，在祖國興辦廠礦企業和衛生文化及其他福利事業，對廣東省經濟文化的發展起了積極的促進作用。在僑匯方面，除了大量的華僑單據和信函等史料外，也不乏較爲寬廣的統計史料。華務機關檔案記載的一些年度的僑匯金額統計很詳細，如民國二十年（一九三一）到民國二十九年（一九四〇）十年中，每年全國僑匯總額和廣東僑匯款額都有準確的記載。

民國二十年（一九三一）僑匯總額四二〇、〇〇〇、〇〇〇元（國幣，以下同）

民國二十年粵僑匯款額三四五、二〇〇、〇〇〇元

民國二十五年（一九三六）僑匯總額三二〇、〇〇〇、〇〇〇元

民國二十五年粵僑匯款二七二、〇〇〇、〇〇〇元

民國二十九年僑匯總額一、二〇〇、〇〇〇、〇〇〇元

民國二十九年粵僑匯款一、〇二〇、〇〇〇、〇〇〇元❽

以上僅挑三個年度爲例，可見匯款金額之巨。同時，檔案也記載著當時對僑匯問題的高度評價，評語摘錄如下：

> 華僑匯款，佔中國財政金融上重要位置，其作用爲增厚外匯基金與平衡國際收支。據中國銀行估計，戰前十年中國貿易常居入超地位，每年入超額約六〇、〇〇〇萬元，而華僑匯款，實爲抵補入超項下之主要項目，其可抵補數額，常爲入超總額之半數以上，而粵僑匯款，更爲此半數之大部分，故在平時中國財政上所患之「赤字病」，得賴「僑匯劑」以調治之。❾

事實上，檔案史料大量記載著廣大華僑，特別是東南亞地區各國華僑，他們從經濟上、道義上大力支持辛亥革命，從緬甸、越南等國利用地理上便利，運送槍枝回國，支持國民革命的武裝起義；更爲壯觀的是華僑「有力出力，有錢出錢，有人出人」支持中國抗戰，直到最後勝利。一是華僑在僑居國紛紛集會遊行，發表宣言、通電、嚴厲譴責日軍侵略暴行，聲援祖國抗戰。二是華僑在經濟上支援抗戰。華僑節衣縮食，慷慨解囊，把辛勤得來的錢，大量輸送給祖國。據史料記載：一九三七—一九四一年，海外華僑認銷公債、航空獻金等約爲

十八億元，投資六點八億元。⑩有的還捐獻了大量的汽車、飛機和醫療用品等物，有力地支持了抗戰事業。三是華僑在人力上支持祖國。華僑在僑居國紛紛成立抗日救國團體，開展多種救亡活動，並直接送子女回國上前線抗日，有的還獻出了寶貴的生命，檔案記載最多的東南亞各國僑胞抗戰史實。最爲著名的是僑領陳嘉庚先生爲主席的「南洋各屬華僑籌賑祖國難民總會」和南洋惠僑救鄉總會組織的東江華僑回鄉服務團。據不完全統計，參加東江人民抗日武裝的華僑和港澳同胞就達一千人以上。⑪

參　從函電史料觀抗戰時期汪精衛與僑務工作關係

一、民國三十年二月二十七日陳耀祖從廣州致函電汪精衛，該函電內容如下：

密行政院汪院長鈞鑒：汕頭爲僑胞出入國口岸，向由僑委會設僑務局，處理僑務事宜，逮事變後，汕頭市政府自行設局代辦，規模頗大，惟查僑務事宜隸屬僑委會主管，自應將該市府僑務局改隸僑委會管轄以明系統，茲查僑委會常委李仲猷籍隸潮、汕，熟悉僑情，近因本府派爲澄海縣長，格於成案，未能復兼原職，擬請准予仍用常委名義調兼汕頭僑務局長，俾盡所長，謹電察核，俯准飭行僑委會陳委員長照辦，並乞電復祇遵。陳耀祖。⑫

事實上在民國時期廣東省政府爲了保障華僑產業權益，進行了專門的立法。民國十三年（一九二四）一月，孫中山先生任陸海軍大元帥的廣東革命政府制定出《內政部僑務局保護僑民專章》，民國三十五年（一九四六）七月，省政府主席羅卓英發佈了保護華僑產業辦法六項的訓令；省政府還明令廣州地產仲裁會制訂保障僑產辦法五條。[13]又民國時期中央和省政府爲了鼓勵華僑捐資辦實業，制定出一系列獎勵政策。如民國十八年（一九二九）的《華僑回國興辦實業獎勵法》，民國二十五年（一九三六）廣東省政府制定的《廣東省獎勵歸國華僑投資興辦實業暫行辦法》等。[14]這些都是很好的做法。從上述函電史料，顯示汪精衛仍重視僑務工作，中央設有僑委會，地方設僑務局，一方面汪早年追隨孫中山革命，向南洋華僑募款，深知華僑的重要。另一方面汪僞控制下的廣東省，所需的人力、物力、經費也非求助於華僑不可。因此，廣東省省長陳耀祖向汪報告，應將汕頭市僑務局改隸僑委會直接管轄，並由熟悉僑情之李仲猷兼僑務局局長。

二、民國三十年十二月十二日汪精衛致電函李尙銘、鄺啓東、汪屺等同志，該函電內容爲：

李尙銘、鄺啓東、汪屺諸同志：蒸電誦悉，齊日國民政府主席聲明已指出，華僑奮鬥途徑，請本此進行，那香港未下以前，廣東省政府應在可能範圍內，盡力救治僑民，香港現下，國民政府應即派人前往慰藉，盼諸同志協同負責爲荷。兆銘。[15]

上述函電顯示汪如何宣達僑務政策及要求所屬關懷香港僑民之舉措。

三、一對未署明時間而由汪精衛致廣東省政府之函電，該函電內容如下：

廣東省政府鑒：眞電誦悉，李副處長式曾，忠勇精勤，任事以來，除暴安良，成效甚著，兆銘三月來粵，目睹正績，僑界方殷，乃竟爲萬惡匪徒狙擊以身隕職，曷勝痛憤，除明令褒卹外，著即懸重賞，嚴緝匪徒，益著向澳門當局嚴重交涉，並將交涉情形具報爲要。汪兆銘。⑯

上述函電史料顯示有僑民或僑領人士被暴徒所殺，汪除予以明令褒卹外，另懸賞緝兇，並向澳門當嚴重交涉，亦可見汪對僑胞生命財產之重視。

肆　結　論

綜上所述，從函電史料可以看出汪精衛對廣東僑務工作的重視，希望與華僑建立良好的關係，以拉攏華僑的心來支持汪僞政權。但汪並未完全和僑領建立良好的關係，例如遭到愛國華僑陳嘉庚怒斥其「叛國行徑有如秦檜、張昭」⑰，事實上汪精衛原是陳嘉庚的老朋友，辛亥革命前，尤其是在一九〇五—一九〇七年著名的思想論戰中，汪精衛作爲國民革命的主要撰寫者和權威發言人，以闡明孫中山革命三民主義的深刻理論，鋒利筆調，反擊保皇立憲派，名揚一時。黃興稱讚他「那種獨有的筆鋒使無數青年熱血沸騰，歸附革命」。⑱而深切同情和密切注意國內開展的革命運動，一向嚮往孫中山革命事業的陳嘉庚，當然也非常讚賞汪。一九〇七年汪隨孫中山到南洋後，擔任《中興日報》的主筆，到處演講、寫文章，宣傳革命「極得聽衆信仰」。當時孫中山也讚許汪的文章「言中外之情勢，原原本本，使中國人士恍然大悟」，「使讀者快慰不已」[19]，陳嘉庚也爲之拍手叫好。一九一〇年陳嘉庚加入中國同盟會，結識了汪精衛。不久，汪精衛刺殺攝政王未遂被捕入獄的愛國行爲以及他那首「慷慨歌燕市，從容作楚囚，引刀成一快，不負少年頭」的著名占詩，更使陳嘉庚無限欽敬，感動不已，難以忘懷。以至十年後在籌辦厦門大學時，特地邀請汪精衛到集美參觀，向他詳細介紹籌辦厦門大學計劃，並聘爲厦大校長。只因後來廣州局勢有所發展，粵軍回粵成功，汪精衛要到陳炯明那裡做官，便以政務繁忙未暇兼顧而婉言辭職，才沒有實現。到了抗日戰爭時期，汪精衛反對抗日，鼓吹什麼「和平運動」，最後投敵叛國，陳嘉庚就毅然決然地撕破了老朋友情面，大膽站出來揭露汪精衛賣國的罪行。

註釋：

❶《當代中國的廣東》，下冊，頁二七三，轉引自林志業、林水先，〈廣東省檔案館館藏清末、民國時期華僑史料的特點及價值分析〉，《民國檔案》一九九五年第四期，（南京：中國第二歷史檔案館，一九九五年十一月出版）頁六六。

❷同前❶，〈廣東省檔案館館藏清末、民國時期華僑史料的特點及價值分析〉，頁六八。

❸同前❶，《當代中國的廣東》，下冊，頁二七五。

❹《簡明廣東史》，頁四四三，轉引自〈廣東省檔案館館藏清末、民國時期華僑史料的特點及價值分析〉，頁六八。

❺、❻《華僑與僑務史料選編》，第一冊，頁四六、四二，轉引自〈廣東省檔案館館藏清末、民國時期華僑史料的特點及價值分析〉，頁六八—六九。

❼同前❺，《華僑與僑務史料選編》，第一冊，頁一四八—一五一。

❽同前❼，《華僑與僑務史料選編》，第一冊，頁二〇六。

❾同前❼，《華僑與僑務史料選編》，第一冊，頁二〇八。

❿同前❹，《簡明廣東史》，頁七六九。

⓫同前❹，《簡明廣東史》，頁七七一。

⓬〈陳耀祖致汪精衛函電〉（民國三十年二月二十七日），《汪偽資料檔案》，法務部調查局資料室藏，鋼筆原件影本。

⓭、⓮林志業、林水先，〈廣東省檔案館館藏清末、民國時期華僑史料的特點及價值分析〉，頁七一。

⓯〈汪精衛致李尚銘、鄺啓東、汪屺等函電〉（民國三十年十二月十二日），《汪偽資料檔案》，法務部調查局資料室藏，毛筆原件影本。

⑯〈汪精衛致廣東省政府函電〉（時間不詳），《汪僞資料檔案》，法務部調查局資料室藏，毛筆原件影本。

⑰方式先，〈陳嘉庚怒斥汪精衛的幾件史實〉，《史學月刊》，第一期，（一九八四年）頁七六—八一。

⑱同前⑰，頁八一，轉引自宮崎滔天：《與革命黨領袖黃興談話》《宮崎滔天全集》第一卷，頁五一五，（平凡社，一九七一年日文版）。

⑲同前註⑰，頁八一，〈陳嘉庚怒斥汪精衛的幾件史實〉乙文。

第　　頁

密行政院汪院長鈞鑒汕頭為僑胞出入國口岸向由僑委會設僑務局處理僑務事宜迨事變後汕頭市政府自行設局代辦規模頗大惟查僑務事宜隸屬僑委會主管自應將該市府僑務局改隸僑委會管轄以明系統茲查僑委會常委李仲猷籍隸潮汕熟悉僑情近因本府派為澄海縣長格於成案未能復兼原職擬請准予仍用常委名義調兼汕頭僑務局長俾盡所長謹電察核俯准飭行僑委會陳委員長照辦並乞電復祇遵陳耀祖

廣州來電 三十年二月廿五日 下午五時卅分

譯 發

註 備

去字

引自《汪偽檔案》

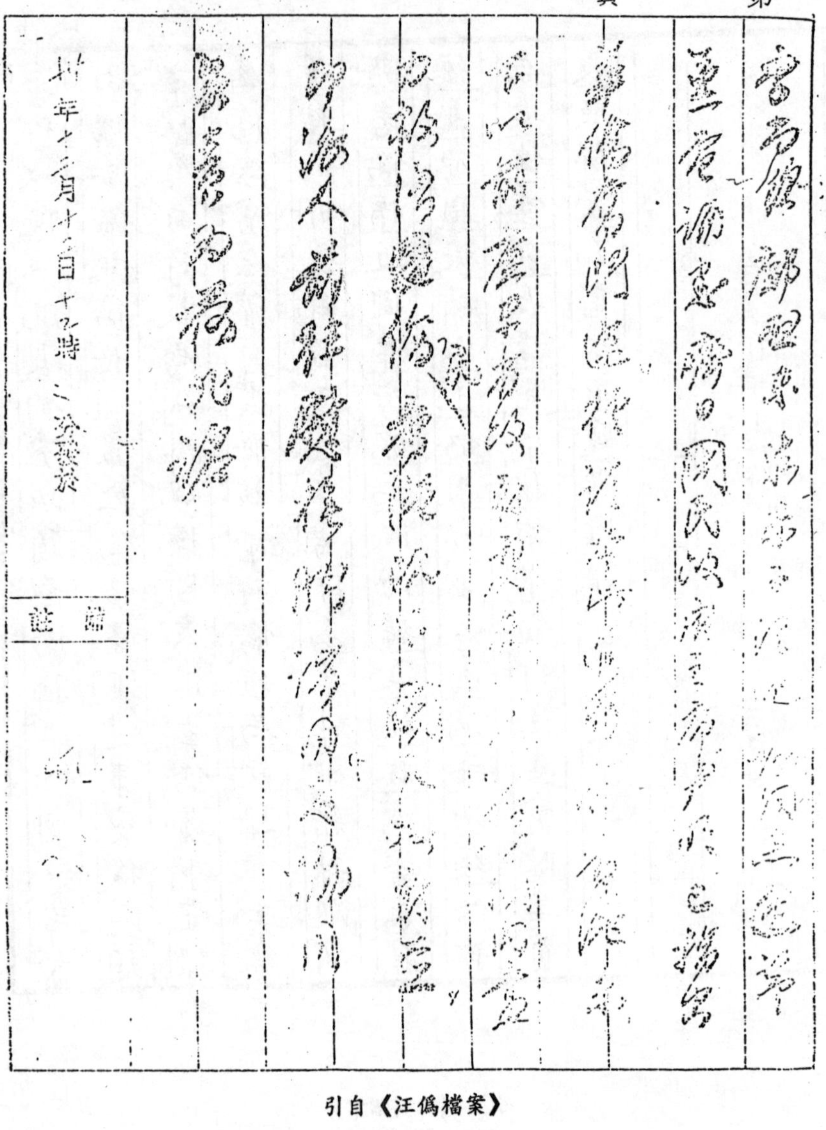
第　頁

卅年十二月十二日十[illegible]時二[illegible]分發

備註

引自《汪僞檔案》

廣東省政府 [illegible]

勤 任事以來 [illegible]

績 [illegible]

[illegible]

陷 戰區 [illegible]

省 [illegible]

[illegible]

[illegible]

[illegible]

國民政府用箋

引自《汪僞檔案》

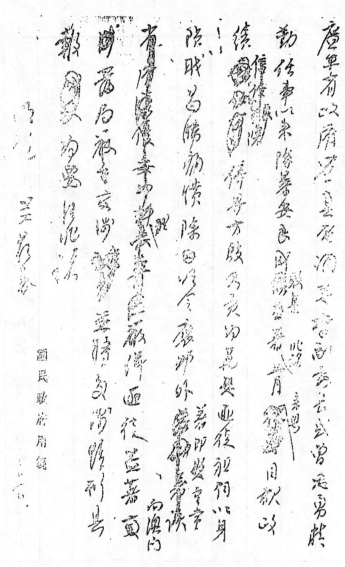

第 三

廣州李謳一先生鑒：昨接黃大偉素電如下
「香港寓電如下」。以黃大偉未可先接洽，請
本此意婉拒為要。兆銘治東

廿九年四月一日 時 分發於京

備註

引自《汪偽檔案》

第　　頁

南京汪主席鈞鑒逮密國府還都普天同慶偉前派李秘書長壽卿郭秘書海鳴赴京參加盛典藉表頌忱諒邀垂察偉部在粵招募成績尚佳因於徵日親到廣州主持編練事宜如有指示請電廣州清水壕一三四號復有懇者鈞座在華南方面已經聯絡就緒之部隊如患今由偉統率節制則指揮既能統一實力自可增厚而鈞座坐鎮中樞亦免南顧之憂矣是否有當仍乞鈞裁黃大偉叩卅

廣州來電 廿九年四三月一卅日未一時卅分

發譯

備註

引自《汪僞檔案》

第八章　結論

總而言之，對日抗戰，原爲中華民族生死存亡的重大關鍵，凡屬稍有血氣之國民，無不同仇敵愾，奮起禦侮，以爭取民族之生存；即使不能積極的參加戰鬥任務，最低限度亦當採取消極抵抗的態度，堅拒與敵方發生任何關係，以保持個人忠貞不二的人格。詎料自抗戰軍興後，各地竟有不少不肖份子利令智昏，甘心靦顏事敵；信念薄弱之汪精衛等人甚至中途脫離抗戰陣營，藉敵人勢力組織僞政府，供敵驅策，危害國家民族之利益至鉅。以統治廣東省爲例，雖然利用家族親信掌握廣東之黨政、軍事、經濟、文教、特工等組織與人事，但仍難脫離日軍的魔掌，終其對廣東省的控制，只不過是傀儡政權的一部分而已，從《汪僞檔案》函電史料的公佈，促使抗日戰史中汪精衛集團與廣東省間的歷史眞相，更加大白。

茲將汪精衛集團與廣東省黨務、省政、軍政、經濟、財政、金融、警政、特工、軍訓、高教、文宣、僑務等相關往返函電史料作一統計如後，從表列很明顯的，可以看出掌控汪僞廣東省的黨、政、軍、經、教等大權者，不外集中在汪精衛、陳璧君、陳耀祖、李謳一、周佛海、陳公博、林汝珩、汪宗準等少數人手中，而這些圍繞在汪精衛、陳璧君週遭的人物，應可稱之爲「公館派」之核心人物，亦即汪派之核心人物，而在這一集團之後的最大幕後老板是日本軍方操控一切。

往返函電對象統計表

類別	往返函電對象數量
一、廣東省黨務人事類	1. 汪精衛致陳耀祖函電三件 2. 汪精衛致彭東原函電一件 3. 汪精衛致李謳一函電一件 4. 汪精衛致陳璧君函電一件 5. 陳璧君致汪精衛函電一件 6. 陳璧君致陳公博函電一件 7. 陳璧君致周佛海函電一件 8. 陳耀祖致汪精衛函電五件
二、廣東省政人事類	1. 汪精衛致陳璧君函電六件 2. 陳璧君致汪精衛函電二件 3. 李謳一致汪精衛函電二件

	4. 李謳一致陳璧君函電一件 5. 陳耀祖致汪精衛函電五件 6. 汪精衛攻陳耀祖函電四件
三、廣東省軍政人事類	1. 汪精衛致陳璧君函電六件 2. 汪精衛致李謳一函電八件 3. 汪精衛致陳耀祖函電四件 4. 汪精衛致黃子蔭函電一件 5. 李謳一致汪精衛函電八件 6. 陳耀祖致汪精衛函電一件 7. 彭佩茂致汪精衛函電二件 8. 「鐵」致「崖公」函電一件 9. 汪宗準致汪精衛函電一件
四、廣東省經濟運作類	1. 汪精衛致蔣中正函電一件 2. 汪精衛致陳耀祖函電二件 3. 陳耀祖致汪精衛函電一件 4. 陳璧君致汪精衛函電一件

五、廣東省財政運作類	1. 陳耀祖致周佛海函電四件 2. 陳耀祖致汪精衛函電五件 3. 汪宗準致汪精衛函電二件 4. 汪宗準致周佛海函電二件
六、廣東省金融運作類	1. 汪精衛致陳耀祖函電二件 2. 汪精衛致李謳一函電一件 3. 李謳一致汪精衛函電一件
七、廣東省警政保安類	1. 汪精衛致陳璧君函電一件 2. 陳璧君致汪精衛函電一件 3. 林汝珩致汪精衛函電一件 4. 仲豪致汪精衛函電一件 5. 李謳一致汪精衛函電一件 6. 林汝珩致陳公博函電一件 7. 林汝珩致陳耀祖函電一件 8. 仲豪致陳公博函電一件 9. 仲豪致陳耀祖函電一件 10. 李謳一致陳公博函電一件

	11.李謳一致陳耀祖函電一件 12.陳耀祖致汪精衛函電四件 13.汪宗準致汪精衛函電一件
八、廣東省特務工作類	1.汪精衛致陳璧君函電四件 2.汪精衛致陳耀祖函電一件 3.李謳一致汪精衛函電二件 4.陳耀祖致汪精衛函電二件 5.林汝珩致汪精衛函電一件 6.陳耀祖致陳璧君函電一件 7.陳耀祖致李士群函電一件 8.汪屺致汪精衛函電一件
九、廣東省軍事訓練類	1.汪精衛致陳璧君函電一件 2.陳耀祖致陳公博函電一件 3.汪精衛致李謳一函電一件 4.李謳一致汪精衛函電四件 5.陳耀祖致汪精衛函電一件 6.汪宗準致汪精衛函電一件

十、廣東省高等教育類	1. 陳璧君致汪精衛函電一件 2. 陳耀祖致汪精衛函電一件 3. 周佛海致汪精衛函電一件
十一、廣東省文化宣傳類	1. 林汝珩致汪精衛函電一件 2. 陳耀祖致汪精衛函電一件 3. 李謳一致汪精衛函電一件
十二、廣東省華僑事務類	1. 陳耀祖致汪精衛函電一件 2. 汪精衛致李尚銘函電一件 3. 汪精衛致鄺啓東函電一件 4. 汪精衛致汪屺函電一件 5. 汪精衛致陳耀祖函電一件

引用及參考資料目錄

一 檔案、會議記錄及文件

㈠中國國民黨中央委員會黨史委員會藏會議記錄及檔案

中國國民黨第五屆中央執行委員會常務委員會第一〇八次會議（臨時會）記錄，民國二十八年一月一日。

日華協議記錄（日文），民國二十七年十一月二十日。華方提出關於收拾時局之具體辦法及日方之意見（日文），民國二十八年六月。

關於保障中國主權獨立之最低條件，民國二十八年六月。

華方要望實行尊重中國主權之原則日方對此之意見（中、日文）民國二十八年六月二十六日。

中日新關係調整綱要及附件，民國二十八年十一月二日。

中日新關係調整綱要修正案，民國二十八年十一月十二日。

中日新關係調整綱要修正案（中、日文），民國二十八年十一月十五日。

關於中日新事態之秘密諒解事項，民國二十八年十一月十五日。
調整中日新關係之協議文件及附錄，民國二十八年十二月三十一日。
青島會談關於保留事項答覆之態度，民國二十九年一月。
青島會談綱領，民國二十九年一月。
青島會談秘密諒解事項，民國二十九年一月。
青島會談第一次、第二次記錄，民國二十九年一月二十四日、二十五日。
汪兆銘指定僞中央政治會議委員暨當然委員名單，民國二十九年一月。
中央政治會議預擬議案，民國二十九年三月。
中央政治會議議事日程，民國二十九年三月。
中央政治會議宣傳工作日程表，民國二十九年三月。
汪精衛指定中央政治委員會委員名單，民國二十九年三月二十四日。
中日調整邦交會議正式會議公認議事錄，第一次至第十六次，民國二十九年七月至八月。
關於中華民國日本國間基本關係條約案，民國二十九年八月三十一日。
關於校對協議文件之節略（日文），民國二十九年八月。
汪、日同意修正「中日滿共同宣言」及「關於中華民國日本國間基本關係條約附屬文書案」之節略，民國二十九年十月一日。
「中日條約」簽字典禮程序，民國二十九年十一月三十日。
汪僞國民政府對英美宣戰聲明，民國三十二年一月九日。

(二)法務部調查局(薈廬資料)《汪僞資料檔案》(按本書章節順序及函電先後時間)

1.關於汪僞廣東省黨務人事類函電史料

(1)汪精衛致陳耀祖函電民國二十九年三月十四日。
(2)汪精衛致華(陳耀祖)函電(未署明年月日)。
(3)汪精衛致彭東原、何韻珊函電民國二十九年三月十五日。
(4)汪精衛致陳璧君、李謳一函電民國二十九年四月二十一日。
(5)汪精衛致彭東原函電民國二十九年五月五日。
(6)陳璧君致汪精衛、陳公博、周佛海函電民國二十九年六月七日上午九時十分發自廣州。
(7)陳耀祖致汪精衛函電民國二十九年七月十七日上午七時五十分發自廣州。
(8)陳耀祖致汪精衛函電民國二十九年七月二十一日下午六時發自廣州。
(9)華(陳耀祖)致汪精衛函電民國二十九年七月二十八日下午三時十五分發自廣州。
(10)華(陳耀祖)致汪精衛函電民國三十年五月二十九日上午十時四分發自廣州。
(11)華(陳耀祖)致汪精衛函電民國三十年五月三十一日下午六時發自廣州。
(12)汪精衛致陳耀祖函電民國三十年(月日不詳)。

2.關於汪僞廣東省省政人事類函電史料

(1)汪精衛致陳璧君函電民國二十八年十二月一日十八時發。
(2)汪精衛致陳璧君函電民國二十八年十二月二十一日十八時發。
(3)汪精衛致陳璧君函電民國二十九年二月二十日十七時發。
(4)汪精衛致陳璧君函電民國二十九年二月二十二日。
(5)汪精衛致廣州函電民國二十九年四月十五日。
(6)汪精衛致陳璧君函電民國二十九年四月十六日。
(7)汪精衛致陳璧君函電民國二十九年四月十九日。
(8)汪精衛致陳璧君函電民國二十九年四月二十四日。
(9)陳璧君致汪精衛函電民國二十九年四月二十六、二十七、二十九日。
(10)汪精衛致陳璧君及陳璧君君再致汪函電民國二十九年四月二十六、二十七、二十九日。
(11)汪精衛致未署明何人之函電民國二十九年五月五日。
(12)汪精衛致陳璧君函電民國二十九年五月五日。
(13)李謳一致汪精衛、陳璧君函電民國二十九年五月十八、二十日。
(14)陳璧君致汪精衛函電民國二十九年六月三、四日。
(15)陳耀祖致汪精衛函電民國二十九年六月十四、十八日。
(16)陳耀祖致汪精衛函電民國二十九年六月十六、十七日。
(17)陳耀祖致汪精衛函電民國二十九年六月十九、二十日。
(18)陳耀祖致汪精衛函電民國二十九年六月二十五、二十六日。

(19)李謳一致汪精衛函電民國二十九年六月二十四、二十五日。
(20)陳耀祖致汪精衛函電民國二十九年七月二十四、二十五日。
(21)陳耀祖致汪精衛函電民國二十九年七月二十六、二十七日。
(22)汪精衛致陳耀祖函電年月日時間不詳。
(23)汪精衛致陳耀祖函電民國三十年五月四日。

3. 關於汪偽廣東省軍政人事類函電史料

(1)汪精衛致陳璧君函電民國二十八年十二月十四日二十一時。
(2)汪精衛致廣州當局函電民國二十八年十二月九日十四時。
(3)汪精衛致李謳一函電民國二十九年三月十四日。
(4)汪精衛致李謳一函電民國二十九年三月二十四日。
(5)汪精衛致李謳一函電民國二十九年三月二十八日。
(6)汪精衛致李謳一函電民國二十九年三月三十一日。
(7)汪精衛致黃子蔭函電民國二十九年四月一日。
(8)汪精衛致未署明何人之函電民國二十九年四月十六日。
(9)汪精衛致陳璧君函電民國二十九年四月十九日。
(10)汪精衛致陳璧君、李謳一函電民國二十九年四月二十日。
(11)汪精衛致陳璧君、李謳一函電民國二十九年四月二十七日。

⑿汪精衛致陳璧君函電民國二十九年五月四日。
⒀李謳一致汪精衛函電民國二十九年五月二十三、二十四日。
⒁陳耀祖致汪精衛函電民國二十九年六月七日、九日。
⒂李謳一致汪精衛函電民國二十九年六月七日、九日。
⒃李謳一致汪精衛函電民國二十九年六月二十四、二十五日。
⒄李謳一致汪精衛函電民國二十九年六月二十八日。
⒅彭佩茂致汪精衛函電民國二十九年七月二十四、二十五日。
⒆李謳一致汪精衛函電民國二十九年七月十七、十九日。
⒇李謳一致汪精衛函電年月日時間不詳。
(21)汪精衛致陳璧君函電民國三十年四月三日。
(22)汪精衛致李謳一函電民國三十年四月十七日。
(23)鐵致崖公函電民國三十年五月六日。
(24)李謳一、汪宗準、彭佩茂聯合致汪精衛函電民國三十年五月十六、十七日。
(25)汪宗準致崖公函電民國三十年五月二十四、二十五日。
(26)李謳一致汪精衛及崖函電民國三十年五月二十七日。
(27)汪精衛致陳耀祖、李謳一函電民國三十年十月十九日。
(28)汪精衛致華(陳耀祖)函電民國三十年十一月二十三日。
(29)汪精衛致陳耀祖、李謳一、鄭洸薰函電民國年月日時間不詳。

4. 關於汪偽廣東省經濟運作類函電史料

(1)汪精衛致蔣總裁函電民國二十七年十月二十九日。
(2)汪精衛致陳耀祖函電民國二十九年二月四日。
(3)汪精衛致陳耀祖函電年月日時間不詳。
(4)陳耀祖致汪精衛函電民國二十九年六月三日。
(5)陳璧君致汪精衛函電民國三十年三月二十七日。
(6)汪精衛致陳璧君函電民國三十年三月二十七日。

5. 關於汪偽廣東省財政運作類函電史料

(1)陳耀祖致汪精衛、周佛海函電民國二十九年五月二十九、三十日。
(2)陳耀祖、汪宗準致汪精衛、周佛海函電民國二十九年五月十四、十五日。
(3)陳耀祖、汪宗準致汪精衛、周佛海函電民國二十九年六月七、九日。
(4)陳耀祖致汪精衛、周佛海函電民國二十九年七月二十二、二十四日。
(5)陳耀祖致汪精衛函電民國二十九年七月二十四、二十五日。

6. 關於汪偽廣東省金融運作類函電史料

(1)汪精衛致未署明何人之函電民國二十八年十二月十四日十一時。
(2)汪精衛致陳耀祖函電民國二十八年十二月二十二日。

(3)汪精衛致李謳一函電民國二十九年二月六日。

(4)李謳一致汪精衛函電民國三十年四月二十二、二十四日。

7. 關於汪偽廣東省警政保安類函電史料

(1)陳璧君致汪精衛函電民國二十九年四月二十六、二十七日。

(2)汪精衛致陳璧君函電民國二十九年四月二十六、二十七日。

(3)林汝珩、仲豪、李謳一致汪精衛、陳公博、陳耀祖函電民國二十九年四月二十九、三十日。

(4)陳耀祖致汪精衛函電民國二十九年七月十八、二十一日。

(5)陳耀祖致汪精衛函電民國三十年三月七、八日。

(6)陳耀祖、汪宗準致汪精衛函電民國三十年五月三十日。

8. 關於汪偽廣東省特務工作類函電史料

(1)汪精衛致陳璧君函電民國二十八年十二月二十一日。

(2)汪精衛致陳璧君函電民國二十八年十二月二十四日。

(3)汪精衛致陳璧君、陳耀祖函電民國二十九年二月五、六日。

(4)汪精衛致陳璧君函電民國二十九年四月十四日。

(5)李謳一致汪精衛函電民國二十九年六月十四、十八日。

(6)陳耀祖致汪精衛函電民國二十九年七月二十一、二十四日。

(7)陳耀祖、林汝珩致汪精衛函電民國二十九年七月二十三日、二十五日。
(8)李謳一致汪精衛函電民國二十九年七月三十一日、八月一日。
(9)陳耀祖致陳璧君函電民國三十年一月四、五日。
(10)陳耀祖致汪精衛、李士群函電民國三十年二月十九、二十日。
(11)汪屺致汪精衛函電民國三十年二月十九、二十日。

9.關於汪偽廣東省軍事訓練類函電史料

(1)汪精衛致陳璧君函電民國二十八年十二月九日。
(2)陳耀祖致陳公博函電民國二十九年二月四日。
(3)汪精衛致李謳一函電民國二十九年五月二十二日。
(4)李謳一致汪精衛函電民國二十九年六月十四、十八日。
(5)李謳一暨駐粵辦公處全體官佐學生致汪精衛函電民國二十九年十二月一、四日。
(6)李謳一致汪精衛函電民國三十年五月二十七日。
(7)李謳一致汪精衛函電民國三十年五月二十九日。
(8)陳耀祖、汪宗準致汪精衛函電民國三十年五月三十日。

10.關於汪偽廣東省高等教育類函電史料

(1)陳璧君致汪精衛函電民國二十九年六月二十二、二十三日。

(2)陳耀祖致汪精衛函電民國二十九年六月二十五、二十六日。
(3)陳耀祖致汪精衛函電民國二十九年七月二十三、二十五日。
(4)周佛海致汪精衛函電民國三十年七月二日。
(5)陳耀祖致汪精衛函電民國三十年七月二、三日。

11.關於汪偽廣東省文化宣傳類函電史料

(1)李謳一致汪精衛函電民國二十九年六月二十八日。
(2)林汝珩、陳耀祖致汪精衛函電民國二十九年七月二十三、二十五日。
(3)李謳一致汪精衛函電民國三十年七月二日。

12.關於汪偽廣東省華僑事務類函電史料

(1)陳耀祖致汪精衛函電民國三十年三月二十七日。
(2)汪精衛致李尙銘、鄺啓東、汪屺等函電民國三十年十二月十二日。
(3)汪精衛致廣東省政府函電民國年月日時間不詳。

(三)文　件

汪精衛爲「中日和平」之商榷致日本近衛文麿首相函，毛筆原件，民國二十七年三月，黨史會藏，以下同。

汪精衛致重慶中央黨部蔣總裁暨中央執監委員電（豔電），鋼筆原件，民國二十七年十二月二十九日。

汪精衛：「舉一個例」，鋼筆原件，民國二十八年三月二十七日。

汪精衛覆華橋某君書，鋼筆原件，民二十八年三月三十日。

汪精衛：「曾仲鳴先生行狀」，鋼筆原件，民國二十八年四月六日。

汪精衛覆吳佩孚函，毛筆原件，民國二十八年十月九日。

汪精衛：「我對於中日關係之根本觀念及前進目標」，鋼筆原件，民國二十八年七月九日。

汪精衛：「怎樣實現和平」，鋼筆原件，民國二十八年八月九日。

汪精衛在僞國民黨第六次全國代表大會致詞，鋼筆原件，民國二十九年八月二十八日。

汪精衛在僞中央政治會議開會致詞，鋼筆原件，民國二十九年三月二十二日。

汪精衛在僞中央政治會議閉會致詞，毛筆原件，民國二十九年三月二十二日。

汪精衛就任僞國民政府主席通電，毛筆原件，民國二十九年十一月二十九日。

汪精衛在「中日滿共同宣言」簽字典禮致詞，民國二十九年十一月三十日。

汪精衛：「東亞聯盟與興亞同盟」，毛筆原件，民國三十年十二月七日。

汪精衛：「怎樣同甘共苦」，打印原件，民國三十一年十二月九日。

汪精衛致日本首相東條英機函，毛筆原件，民國三十一年五月。

汪精衛：「十年來的和平運動」，鋼筆原件，民國三十一年七月。

汪精衛：「今年新國民運動之重點」，毛筆原件，民國三十二年一月一日。

周佛海致汪精衛函（二封），鋼筆原件，民國二十九年三月三日及六日。

一九三九年底汪精衛、周佛海致陶希聖函（六封），《檔案與歷史》，總第十二期，上海市檔案館，一九八八年六月五日出版。

汪精衛與近衛文麿談話錄（一九三九年六月），《檔案與歷史》，總第十四期，上海市檔案館，一九八八年十二月五日出版。

汪精衛：「汪精衛日記」(一)，民國二十九年，《檔案與歷史》，總第十一期，上海市檔案館，一九八八年三月五日出版。

汪精衛致近衛文麿函（一九三九－一九四一年），計四封，《檔案與歷史》，總第十二期，上海市檔案館，一九八八年六月五日出版。

周佛海：「中日事變秘聞－我的鬥爭記」，原載「華文大阪每日新聞」，黨史會藏照片。

重光葵關於同汪精衛會談情況的報告，一九四二年二月二日，《檔案與歷史》，總第十三期，上海市檔案館，一九八八年九月五日出版。

桂永清、陳介等爲德國擬調停中日戰爭及承認汪僞事致蔣介石密電一組，一九四〇年十月－一九四一年十月，《民國檔案》，總第十八期，南京，民國檔案編輯部，一九八九年十一月出版。

二 專書論著

㈠中文書籍

日本防衛廳防衛研修所戰史室編撰，國防部史政編譯局譯，《日軍對華作戰紀要—治安作戰㈡：大戰期間華北「治安」作戰》，台北，國防部史政編譯局，中華民國七十七年六月出版。

日本防衛廳防衛研修所戰史室編撰，國防部史政編譯局譯，《日軍對華作戰紀要—初期陸軍作戰㈢：歐戰爆發前後之對華和戰》，台北，國防部史政編譯局，中華民國七十六年七月出版。

（僞）中央電訊社編印，《汪主席和平建國言論選集》，南京，中華民國三十三年九月出版。

中國陸軍總司令部編，《中國戰區中國陸軍總司令部處理日本投降文件彙編》，上卷，中華民國三十四年十月；下卷，中華民國三十五年四月。

中國國民黨中央執行委員會宣傳部編印，《汪逆賣國之鐵證》，重慶，中華民國二十九年一月二十四日。

（僞）中國國民黨中央宣傳部編印，《汪主席和平建國言論集》，上海，中華民國二十八年十二月十日版。

（僞）中國國民黨浙江省執行委員會編印，《廣播專刊》，杭州，中華民國三十一年四月出版。

中華民國外交問題研究會編，《中日外交史料叢編㈣—盧溝橋事變前後的中日外交關係》，台北，中華民國外交問題研究會，中華民國五十五年七月。

中華民國外交問題研究會編，《中日外交史料叢編(五)—日本製造偽組織與國聯的制裁侵略》，台北，中華民國外交問題研究會，中華民國五十五年六月。

少石編，《河內血案—行刺汪精衛始末》，北京，檔案出版社，一九八八年第一版。

正論出版社編印，《國人皆曰汪精衛賣國》，第六、七、八輯，中華民國二十九年二月五日出版地點不詳。

古屋奎二著，中央日報譯印，《蔣總統秘錄》，台北，中央日報社，中華民國六十六年五月三十一日初版。

朱子家（金雄白），《汪政權的開場與收場》，香港，春秋雜誌出版；第一冊，一九六〇年八月四版；第二冊，一九六一年三月再版；第三冊，一九六〇年九月再版；第四冊，一九六一年五月初版；第五冊，一九六四年二月初版；第六冊，台北，古楓出版社，一九八六年。

朱金元、陳祖恩，《汪偽受審紀實》，浙江，人民出版社，一九八八年十二月第一次印刷。

冷欣，《從參加抗戰到目睹日軍投降》，台北，傳記文學出版社，中華民國五十六年九月一日初版。

良雄，《戴笠傳》，上、下冊、台北，傳記文學出版社，中華民國七十一年十一月二十日再版。

李理、夏潮著，《汪精衛評傳》，武漢，武漢出版社，一九八八年四月第一版。

李雲漢，《盧溝橋事變》，台北，東大圖書公司，中華民國七十六年九月初版。

吳相湘，《民國百人傳》，第三、四冊，台北，傳記文學出版社，中華民國六十年元月十五日初版。

吳相湘，《第二次中日戰爭史》，上冊，台北，綜合月刊社，中華民國六十二年五月初版。

吳學誠，《汪僞政權與日本關係之研究》，中國文化大學碩士論文，民國六十九年。

余子道、劉其奎、曹振威編，《汪精衛國民政府「清鄉」運動》，上海，人民出版社，一九八五年五月第一次印刷。

何應欽，《日軍侵華八年抗戰史》，台北黎明文化事業股份有限公司，中華民國七十二年九月出版。

青韋編，《汪精衛與日本》，一九三九年七月，出版地不詳。

邵毓麟，《勝利前後》，台北，傳記文學出版社，中華民國五十六年九月一日出版。

岩淵辰雄著、雲明譯，《日本軍閥禍國史》，上海，國際文化服務社，中華民國三十七年出版。

周佛海著、蔡德金編注，《周佛海日記》，上、下冊，北京，中國社會科學出版社，一九八六年七月第一版。

服部卓四郎著，軍事譯粹社譯，《中東亞戰爭全史》，全四冊，台北，軍事譯粹社，中華民國六十七年三月版。

近衛文麿著，高天原、孫識齊譯，《日本界二十年—「近衛手記」》，上海，國際文化服務社，中華民國三十七年四月初版。

馬嘯天、汪曼雲遺稿，黃美眞整理，《汪僞特工內幕—知情人談知情事》，河南，河南人民出版社，一九八六年十二月第一版。

南華日報社編輯部，《汪精衛先生重要建議》，香港，南華日報社，中華民國二十八年一月二十日出版。

重光葵著，徐義宗、邵友保合譯，《日本之動亂》，香港，南風出版社，民國四十三年三月初版。

秦孝儀總編纂，《總統蔣公大事長編初稿》，卷四上、下冊，中華民國六十七年十月三十一日。

秦孝儀主編，《中華民國重要史料初編—對日抗戰時期，第六編，傀儡組織㈢、㈣》，台北，中華民國七十年九月初版。

徐達人編，《汪精衛是什麼東西？第一輯》，遂溪，嶺南出版社，中華民國二十八年十月初版。

徐達人，《汪精衛罵汪兆銘》，遂溪，嶺南出版社，中華民國二十八年十月十日初版。

馮子超，《中國抗戰史》，山東，正氣書局，中華民國三十六年四月再版。

郭廷以編著，《中華民國史料日誌》，第四冊，台北，中央研究院近代史研究所，中華民國七十四年五月初版。

黃友嵐，《抗日戰爭時期的「和平」運動》，北京，解放軍出版社，一九八八年八月第一次印刷。

黃美眞、張雲編，《汪精衛國民政府成立》，上海人民出版社，一九八七年十月第二次印刷。

黃美眞編，《僞廷幽影錄—對汪僞政權的回憶紀實》，北京，中國文史出版社出版，一九九一年五月第一版。

黃美眞主編，《汪僞十漢奸》，上海人民出版社，一九八六年十月第一版。

黃美眞、姜義華、石源華，《汪僞「七十六號」特工總部》，上海人民出版社，一九八五年五月第二次印刷。

黃美眞、張雲著，《汪精衛集團叛國投敵記》，河南，人民出版社，一九八七年六月第一版。

陶菊隱等著，《汪政權雜錄》，澳門，大地出版社，一九六三年八月。

陶希聖，《汪記舞台內幕》，江西，戰地圖書出版社，中華民國二十九年九月初版。

陶希聖，《潮流與點滴》，傳記文學叢刊之二，台北，傳記文學出版社，中華民國五十九年九月一日初版。

張玉法，《中國現代史》，下冊，台北，東華書局，中華民國六十六年七月初版。

張其昀，《黨史概要》，第三、五冊，台北，中央文物供應社，中華民國六十八年三月二十九日再版。

張同新編著，《蔣汪合作的國民政府》，哈爾濱，黑龍江人民出版社，一九八八年。

《陳公博、周佛海回憶錄合編》，香港，春秋出版社，中華民國六十年九月再版。

陳公博著，李鍔、汪瑞炯、趙令揚編注，《苦笑錄》，香港大學，一九七九年。

陳恭澍，《河內汪案始末》，台北，傳記文學出版社，中華民國七十二年，五月十五日出版。

陳嘉庚，《南僑回憶錄》，上冊，新加坡，中華民國三十五年二十日初版，作者印行。

國防部情報局編印，《戴雨農先生年譜》，台北，中華民國六十五年五月二十五日再版。

第二戰區司令長官司令部政治部編，《汪逆賣國醜史》，黃河書局，中華民國二十九年十月一日初版。

粟顯運，《日汪密約的解剖》，出版地不詳，國民圖書出版社，中華民國二十九年九月初版。

程舒伸編著，《汪精衛與陳璧君》，長春市，吉林文史出版社，一九八八年三月第一版。

復旦大學歷史系中國現代史研究室編，《汪精衛漢奸政權的興亡—汪偽政權史研究論集》，上海，復旦大學出版社，一九八七年七月第一次印刷。

萬墨林，《滬上往事，第一冊》，台北，中外圖書出版社，中華民國六十六年七月再版。

廖毅甫編，《汪精衛是什麼東西？第二輯》，遂溪，嶺南出版社，中華民國二十八年十二月初版。

聞少華，《汪精衛傳》，台北，李敖出版社，一九八八年十二月三十一日初版。

蔡德金、李惠賢編，《汪精衛國民政府紀事》，北京，中國社會科學出版社，一九八二年七月第一次印刷。

蔡德金，《汪精衛評傳》，四川，人民出版社，一九八八年四月第一版。

蔣祖緣、方志欽主編，《簡明廣東史》，廣東人民出版社，一九九三年七月第一版。

陳耀祖編，《廣東省政概況》，汪偽廣東省政府出版，一九四二年五月出版。

費正、李作民、張家驤著，《抗戰時期的僞政權》，河南人民出版社，一九九三年七月一版。

㈡日文書籍

維新政府概史編纂委員會編，《中華民國維新政府概史》，南京，維新政府概史編纂委員會，中華民國二十九年，三月三十日出版。

犬養健，《揚子江は今もている》，東京，中央公論社，昭和五十九年二月十日。

今井武夫，《支那事變の回想》，東京，みすず書房，昭和三十九年九月第一刷。

臼井勝美編，《現代史資料⒀—日中戰爭⑸》，東京，みすず書房，昭和四十一年七月三十日第一刷。

臼井勝美，《日中戰爭—和平ヵ戰線擴大ヵ》，東京，中央公論社，昭和六十三年一月二十五日二十五版。

風見章，《近衛內閣》，東京，中央公論社，昭和五十七年八月十日。

鹿島平和研究所編，《日本外交史》，第二十四卷，大東亞戰爭，戰時外交。東京，鹿島研究所出版會，昭和四十九年七月三十日第二刷。

田中香苗、村上剛，《汪兆銘と新支那》，東京，日本青年外交協會，昭和十五年二月二十日。

西義顯，《悲劇の證人—日華和平工作秘史》，東京，文獻社，昭和三十七年三月三十日。

晴氣慶胤，《上海テロ工作76號》，東京，每日新聞社，昭和五十五年四月二十五日。

防衛廳防衛研修所戰史室編，《戰史叢書─大本營陸軍部大東亞戰爭開戰經緯(1)》，東京，朝雲新聞社，昭和四十八年五月二十七日。

防衛廳防衛研修所戰史室編，《戰史叢書─大本營陸軍部大東亞戰爭開戰經緯(3)》，東京，朝雲新聞社，昭和四十八年一月二十日。

堀場一雄，《支那事變戰爭指導史》，東京，時事通信社，昭和三十七年九月十日初版。

益井康一，《漢奸裁判史（一九四六－一九四八）》，東京，みすず書房，一九七七年四月八日。

松本重治，《近衛時代（上）、（下）》，東京，中央公論社，社，昭和六十一年一月二十五日、六十二年一月二十五日。

(三)英文書籍

Bunker, Gerald E. The Peace Conspiracy: Wang Ching-wei and the China War 1973-1941. Cambridge: Garvard University Press, 1972.

Dorn. Frank. The Sino-Japanese War. 1937-41. New York: Macmillan Publishing Co, Inc., 1974.

Green, O.M. China's Struggle with the Dictators. Plymouth: Mayflowers Rress. 1941.

Hsu, Immanuel C.Y. The Rise of Modern China. NeW York: Oxford University Press, 1970.

Iriye, Akira edited. The Chinese and the Japanese: Essays in Political and Culcural Interactions. New Jersey: Princton University Press, 1980.

Jansen, B Marius. Japan and China: from War to Peace, 1894-1972. Chicago: Rand Mc Nally College Publishing Company. 1975.

三　報刊專文

方式先：〈陳嘉庚怒斥汪精衛的幾件史實〉，《史學月刊》第一期，一九八四年。

王鳳喈：〈戰後中國教育問題述要〉，《教育雜誌》，第三十二卷第二號（民國三十六年八月一日）。

石　公：〈廣州企市生活〉，《中山日報》，一九四〇年十月六日第三版。

任　泉：〈魔掌下的廣州經濟〉，《香港工商日報》，一九四一年九月五日。

何品樞：〈六年來廣東金融之實況〉，《經濟月報》，第一卷第一期。

林藻坤：〈建設廳紡紗廠之過去與現在〉，《建設月報》，第一卷第一期（廣州：廣東省政府建設廳建設月報社，一九四四年九月）。

林志業、林水先：〈廣東省檔案館藏清末、民國時期華僑史料的特點及價值分析〉，《民國檔案》一九九五年第四期，（南京：中國第二歷史檔案館，一九九五年十一月出版。

林汝珩：〈現階段的東亞聯盟〉，廣州《粵江日報》，民國三十二年二月一日，中國國民黨中央黨史委員會藏。

徐景唐：〈廣東一年來省營工業概況〉，《新政周刊》，第一卷第二十五期（廣州：新政周刊社，一九三八年六月）。

峰：〈廣州貧民的生活〉，《中山日報》一九四〇年三月二十七日至四月一日。

區聲白：〈廣東省最近之經濟建設〉，《建設月報》，第一卷第一期（廣州：廣東省建設廳建設月報社，一九四四年五月）。

馮白駒：〈堅決反對英美非法與日媾和〉，《新海南報》，一九五一年九月三日。

雲盈波：〈戰爭爆發前後之廣州工商業〉，《貫徹評論》，第二期（廣州：貫徹評論社，一九三八年四月）。

張鳴皋：〈廣東大學與陳炳權〉，《廣州文史資料》，第十七輯（一九七九年十二月）。

張慶軍、戚如高：〈簡論汪偽集團的文化宣傳〉，《民國檔案》第三期，一九九〇年三月出版。

廣東省政府：〈建設廳一年來之工作及將來之計劃〉《建設季刊》第一卷一期，一九四五年一月。

廣東省政府：〈廣州日僑之工業〉，《建設月報》第一卷一期（廣州：廣東省政府建設廳建設月報社，一九四四年九月）。

盧　森：〈今日廣州的奸偽政治〉，《廣東一月間》，民國三十年（一九四一）三月號。

鄺蔭泉：〈廣州敵偽東亞聯盟協會的剖視〉，《廣東一月間》，民國三十年（一九四一）三月號。
鍾景熹：〈廣東工業鳥瞰〉，《廣東省銀行月刊》，復第三卷第一期（廣州：廣東省銀行經濟研究室，一九四七年一月）。

國家圖書館出版品預行編目資料

從函電史料觀抗戰時期汪精衛集團治粵梗概
／陳木杉著. --初版. --臺北市：
臺灣學生，民85
面； 公分
參考書目： 面
ISBN 957-15-0774-1 (精裝)
ISBN 957-15-0775-X (平裝)

1.中國 － 歷史 － 民國26-34年(1937-1945)

628.5 85009216

從函電史料觀抗戰時期汪精衛集團治粵梗概

著作者：陳木杉
出版者：臺灣學生書局
發行人：丁文治
發行所：臺灣學生書局
臺北市和平東路一段一九八號
郵政劃撥帳號○○○二四六六八號
電話：三六三四一五六
傳眞：三六三六三三四

本書局登記證字號：行政院新聞局局版臺業字第一一○○號

印刷所：常新印刷有限公司
地址：板橋市翠華街八巷一三號
電話：九五二四二一九

定價 精裝新臺幣五○○元
平裝新臺幣四二○元

中華民國八十五年九月初版

62807

ISBN 957-15-0774-1（精裝）
ISBN 957-15-0775-X（平裝）